LÖSUNGEN

MATHEMATIK
ALLGEMEINE HOCHSCHULREIFE

GESUNDHEIT, ERZIEHUNG UND SOZIALES | KLASSE 11

Von:
Juliane Brüggemann
Hildegard Michael
Kathrin Rüsch
Susanne Viebrock

unter Mitarbeit der Redaktion

Mit Beiträgen von:
Sebastian Eichholz
Andreas Höing
Jörg Rösener
Volker Schmitt

Mithilfe der Marginalien – z. B. 33 – findet man die Lösung einer Aufgabe unter der gleichen Seitennummer wie die Aufgabenstellung im Lehrbuch.

Redaktion: Angelika-Fallert-Müller, Groß-Zimmern; Christian Hering
Grafik: Stephanie Neidhardt, Oldenburg; Martin Frech, Tübingen
Umschlaggestaltung: EYES-OPEN, Berlin
Technische Umsetzung: Stephanie Neidhardt, Oldenburg

www.cornelsen.de

Die Webseiten Dritter, deren Internetadressen in diesem Lehrwerk angegeben sind, wurden vor Drucklegung sorgfältig geprüft. Der Verlag übernimmt keine Gewähr für die Aktualität und den Inhalt dieser Seiten oder solcher, die mit ihnen verlinkt sind.

1. Auflage, 1. Druck 2015

Alle Drucke dieser Auflage sind inhaltlich unverändert und können im Unterricht nebeneinander verwendet werden.

© 2015 Cornelsen Schulverlage GmbH, Berlin

Das Werk und seine Teile sind urheberrechtlich geschützt.
Jede Nutzung in anderen als den gesetzlich zugelassenen Fällen bedarf der vorherigen schriftlichen Einwilligung des Verlages.
Hinweis zu den §§ 46, 52 a UrhG: Weder das Werk noch seine Teile dürfen ohne eine solche Einwilligung eingescannt und in ein Netzwerk eingestellt oder sonst öffentlich zugänglich gemacht werden.
Dies gilt auch für Intranets von Schulen und sonstigen Bildungseinrichtungen.

Druck: AZ Druck und Datentechnik GmbH, Kempten

ISBN 978-3-06-451028-9

PEFC zertifiziert
Dieses Produkt stammt aus nachhaltig bewirtschafteten Wäldern und kontrollierten Quellen.
www.pefc.de

Inhaltsverzeichnis

Grundlagen   **5**
    Aussagen und Mengen 5
    Rechnen mit reellen Zahlen 8
    Gleichungen und Gleichungssysteme 11

1   Von Daten zu Funktionen   **14**
    1.1   Aufbereitung und Darstellung statistischer Daten 14
    1.2   Deutung und Bewertung von Daten 28
    1.3   Regression und Korrelation 33
    1.4   Einführung in die Funktionen 42

2   Ganzrationale Funktionen   **53**
    2.1   Lineare Funktionen 53
    2.2   Quadratische Funktionen 69
    2.3   Ganzrationale Funktionen höheren Grades 89

3   Einführung in die Differenzialrechnung   **125**
    3.1   Von der Änderungsrate zur Ableitung 125
    3.2   Untersuchung ganzrationaler Funktionen 154

Grundlagen

Aussagen und Mengen

1. $A = \{1; 2; 3; 4; 6; 8; 12; 24\}$ $B = \{17; 19; 23; 29\}$ C: Individuelle Lösungen

2. $A = \{0; 1; 2; 3; 4; 5; 6\}$ $B = \{3; 4; 5; 6; 7\}$ $C = \{K; i; n; d; e; r; g; a; t\}$

3. $A = \{x \mid x \text{ ist ein Wochentag}\}$ $B = \{x \mid x \text{ ist eine ungerade ganze Zahl}\}$
   $C = \{x \mid x \text{ ist eine Quadratzahl der natürlichen Zahlen von 1 bis 6}\}$ $D = \{x \mid x \text{ ist eine Primzahl}\}$

4. **A** $T_1 = \{2\}$ $T_2 = \{3\}$ $T_3 = \{4\}$ $T_4 = \{5\}$ $T_5 = \{2; 3\}$
   $T_6 = \{2; 4\}$ $T_7 = \{2; 5\}$ $T_8 = \{3; 4\}$ $T_9 = \{3; 5\}$ $T_{10} = \{4; 5\}$
   $T_{11} = \{2; 3; 4\}$ $T_{12} = \{2; 3; 5\}$ $T_{13} = \{2; 4; 5\}$ $T_{14} = \{3; 4; 5\}$ $T_{15} = \{2; 3; 4; 5\}$
   $T_{16} = \{\}$

   B $T_1 = \{\text{Lena}\}$ $T_2 = \{\text{Pia}\}$ $T_3 = \{\text{Judith}\}$ $T_4 = \{\text{Lena; Pia}\}$
   $T_5 = \{\text{Lena; Judith}\}$ $T_6 = \{\text{Pia; Judith}\}$ $T_7 = \{\text{Lena; Pia; Judith}\}$ $T_8 = \{\}$

   C $T = \{\}$

   D $T_1 = \{x\}$ $T_2 = \{y\}$ $T_3 = \{z\}$ $T_4 = \{x; y\}$ $T_5 = \{y; z\}$
   $T_6 = \{x; z\}$ $T_7 = \{x; y; z\}$ $T_8 = \{\}$

   E $T_1 = \{1\}$ $T_2 = \{\}$

   F $T_1 = \{4\}$ $T_2 = \{8\}$ $T_3 = \{4; 8\}$ $T_4 = \{\}$

1. a) $B \cup C = \{d; e; f; g; h; i; j; k\}$
   b) $A \cap C = \{d; e\}$
   c) $A \cap B = \{\}$
   d) $A \cup B \cup C = \{a; b; c; d; e; f; g; h; i; j; k\}$
   e) $C \cap (A \cup B) = \{d; e; h\}$
   f) $(A \cup B) \setminus C = \{a; b; c; f; g\}$

2. $\overline{A} = \{x \mid x \text{ ist Schüler Ihrer Klasse}\}$

3. a) $A \cap B = \{3; 4; 6\}$ $A \cup B = \{2; 3; 4; 5; 6; 8; 9; 10\}$ $A \setminus B = \{2; 5\}$

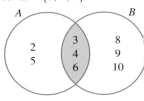 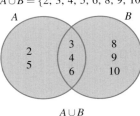 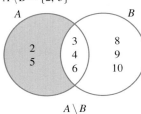

b) $A \cap B = \{l; m\}$ $A \cup B = \{a; b; j; k; l; m; n\}$ $A \setminus B = \{j; k\}$

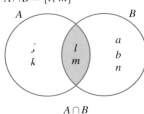 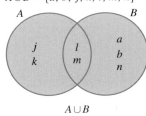 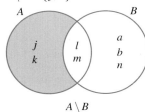

4. Es handelt sich um die Menge der Jugendlichen mit höchstens einem der beiden Symptome. Jugendliche mit höchstens einem der beiden Symptome haben **nicht beide** Symptome. Alle, die beide Symptome haben, sind in der Schnittmenge zusammengefasst. Gesucht ist also das Komplement der Schnittmenge $A \cap B$.
Aber auch hier können wir anders überlegen: Jugendliche mit höchstens einem der beiden Symptome sind solche, die keine Rückenschmerzen **oder** kein Übergewicht oder beides nicht haben. Gesucht ist also die Vereinigungsmenge der Komplemente von A und B. Folglich stimmen die beiden Mengen überein.

1. Bei einer Aussage muss eindeutig entschieden werden können, ob sie wahr oder falsch ist.
 a) keine Aussage
 b) wahre Aussage
 c) wahre Aussage
 d) keine Aussage
 e) keine Aussage
 f) wahre Aussage
 g) keine Aussage
 h) falsche Aussage
 i) keine Aussage
 j) falsche Aussage, Gegenbeispiel $3 + 7 = 10$
 k) falsche Aussage
 l) keine Aussage
 m) falsche Aussage $3 + 9 = 12$
 n) falsche Aussage $3 + 4 = 7$
 o) wahre Aussage
 p) wahre Aussage
 q) wahre Aussage
 r) wahre Aussage

2. a) $x = 7$
 b) z.B. $x = 9$ und $y = 16$
 c) z.B. $a = 6$
 d) z.B. $x =$ Aspirin
 e) $x = 4$
 f) $x = 10$
 g) unendlich viele Lösungen
 h) $x = 1$
 i) $x = 6$
 j) $x = 2$
 k) unendlich viele Lösungen, z.B. $x = 2, y = 2$
 l) unendlich viele Lösungen, z.B. $x = 0,1$, $y = 0$

Aussagen und Mengen

3. a) Stephan ist nicht 18 Jahre alt.
b) $2+4 \neq 6$
c) Eine Jeans ist nicht immer blau.
d) Nicht alle Schüler kennen die Prüfungstermine.
e) Es gibt mindestens eine Banane, die nicht gelb ist.
f) Es gibt mindestens eine gerade Primzahl.
g) Es können mehr als 6 Personen den Aufzug benutzen.
h) Es können höchstens 3 Personen den Aufzug benutzen.
i) Es gibt einen Besucher, der nicht den Aufzug benutzt.
j) Es gibt einen Niederländer, der nicht Fussballfan ist.
k) Alle Männer können nicht kochen.
l) $3 \cdot 4 \neq 12$
m) $3+4 \neq 8$

4. Aussage:
Die Kindergruppe „Wühlmäuse" aus dem Kindergarten Kunterbunt in Aachen besucht den Freizeitpark „Fun-Park".
Und-Verknüpfung von Aussagen:
Der Freizeitpark ist 500 m von der holländischen Grenze entfernt und liegt an einem See.
Folgerung von Aussagen:
Wenn die Kinder ankommen, werden sie mit einem Eis begrüßt.
Oder-Verknüpfung von Aussagen:
Sie können dort mit dem Boot fahren oder auf den Kinderspielplatz gehen.

5.

	A	B	$A \wedge B$	$A \vee B$	$A \Rightarrow B$
a)	wahr	falsch	falsch	wahr	falsch
b)	falsch	falsch	falsch	falsch	wahr
c)	falsch	wahr	falsch	wahr	wahr
d)	wahr	wahr	wahr	wahr	wahr

6. a) nicht äquivalent, da für $x = -5$ Aussageform A zu einer wahren, aber Aussageform B zu einer falschen Aussage wird
b) äquivalent

1. a) $\mathbb{N}; \mathbb{Z}; \mathbb{Q}; \mathbb{R}$ **c)** $\mathbb{R}$ **e)** $\mathbb{Q}; \mathbb{R}$ **g)** $\mathbb{R}$ **i)** $\mathbb{N}; \mathbb{Z}; \mathbb{Q}; \mathbb{R}$
b) $\mathbb{Z}; \mathbb{Q}; \mathbb{R}$ **d)** $\mathbb{Q}; \mathbb{R}$ **f)** $\mathbb{Z}; \mathbb{Q}; \mathbb{R}$ **h)** $\mathbb{Q}; \mathbb{R}$

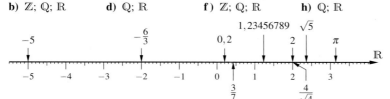

2. a) falsch **b)** falsch **c)** wahr **d)** wahr **e)** falsch **f)** wahr

3. a) $0,\overline{8} = \frac{8}{9}$ c) $3,\overline{21} = 3\frac{21}{99}$ e) $-2,56\overline{7} = -2\frac{511}{900}$
        $= 3\frac{7}{33}$ $\approx -2,57$
   b) $0,239\overline{2} = \frac{2153}{9000}$ d) $-4,2378\overline{5} = -4\frac{21407}{90000}$ f) $8,76\overline{546} = 8\frac{76470}{99900}$

4. a) wahr   b) falsch   c) falsch

5. a) wahr   b) wahr   c) falsch   d) falsch

6. a) wahr   b) wahr   c) falsch

7. a) $I_a = [-7;\,2]$

   b) $I_b = \,]-6;\,4]$

   c) $I_c = [-3;\,2[$

   d) $I_d = \,]-8;\,1[$

8. a) $\{x|-1 \leq x \wedge x \in \mathbb{R}\}$
   b) $\{x|-2 < x < 5 \wedge x \in \mathbb{R}\}$
   c) $\{x|-4 \leq x \leq 1 \wedge x \in \mathbb{R}\}$
   d) $I_1 = \{x|2 \leq x \leq 6 \wedge x \in \mathbb{R}\}$
      $I_2 = \{x|2 < x < 4 \wedge x \in \mathbb{R}\}$
      $I_3 = \{x|3 \leq x < 8 \wedge x \in \mathbb{R}\}$
      $I_4 = \{x|-4 < x \leq 1 \wedge x \in \mathbb{R}\}$

9. Annahme: dass $\sqrt{5}$ rational ist, sich also als Bruch zweier ganzer Zahlen $p, q \in \mathbb{Z}$ darstellen lässt; dabei nimmt man außerdem an, dass $\frac{p}{q}$ schon ein teilerfremder, also gekürzter Bruch ist. Aus $\sqrt{5} = \frac{p}{q}$ folgt direkt: $(\sqrt{5}) = \frac{p}{q}$ bzw. $5 = \frac{p}{q}$.
   $\Rightarrow p = 5 \cdot q$ Gleichung (*)
   Da das Produkt $5 \cdot q$ durch 5 teilbar ist, muss auch die linke Seite, also p durch 5 teilbar sein, $p = 5 \cdot r$ (mit $r \in \mathbb{Z}$). Weiter mit Gleichung (*): $5 \cdot q = p = (5r) = 25r$, also $5 \cdot q = 25r$, nach Division durch 5: $q = 5r$. Ist die rechte Seite durch 5 teilbar, muss es auch die linke sein. Da nun p und q einen gemeinsamen Teiler, nämlich die 5, haben, erkennt man den Widerspruch zur (falschen) Annahme, dass $\frac{p}{q}$ schon ein teilerfremder, also gekürzter Bruch ist. Dieser Widerspruch zeigt, dass die Annahme, $\sqrt{5}$ sei eine rationale Zahl, falsch ist und daher das Gegenteil gelten muss. Damit ist die Behauptung, dass $\sqrt{5}$ irrational ist, bewiesen.

10. a) $1,414213562$ Die Satzzeichen wurden nicht berücksichtigt.
    b) 3730 (TR wie oben)
    c) individuell, z.B. $\pi = 3,141592654$ Mit π kann's schon kreisende $2r$ wählen ...

Rechnen mit reellen Zahlen

1. a) $5+3x-6-7x = -1-4x$
   b) $-3x-4a+3x-40a = -44a$
   c) $10-15x$
   d) $-38x+19+32x = -6x+19$
   e) $2(3(-2x+10)+15) = 2(-6x+30+15)$
      $= -12x+90$
   f) $bx-ax+ax-bx = 0$
   g) $16x^2+72x+81$
   h) $9-25y^2$

2. a) $2(a+2b)$
   b) $3a(c+2b)$
   c) $7ab(ab+7)$
   d) $3x^2y^2(1+3c)$
   e) $4ab(b+4+8a)$

3. a) $3(x-y)(x+y) = 3(x^2-y^2) = 3x^2-3y^2$
   b) $2(x+4)(x-4) = 2(x^2-16) = 2x^2-32$
   c) $4(3a-2b)\cdot 5(3a+2b) = 20(9a^2-4b^2) = 180a^2-80b^2$

4. a) $2(4x-y)$
   b) $5(2a+3b-2)$
   c) $0{,}5(2x+z)$
   d) $(a+b)^2$
   e) $(z-1)^2$
   f) $(6a-5b)^2$
   g) $(1+2a)(1-2a)$
   h) $(6x+10)(6x-10)$
   i) $12(x+y)(x-y)$
   j) $(a+b)(a-b)$

5. $(a+b)(a+b) = aa+ab+ba+bb = a^2+2ab+b^2$
   $(a-b)(a-b) = aa-ab-ba+bb = a^2-2ab+b^2$
   $(a+b)(a-b) = aa-ab+ba-bb = a^2-b^2$

1. a) $\frac{5}{6}+\frac{14}{6} = \frac{19}{6}$
   b) $-\frac{4}{8}+\frac{20}{8}-\frac{3}{8} = \frac{13}{8}$
   c) $\frac{13}{12}-\frac{21}{12}+\frac{30}{12} = \frac{22}{12} = \frac{11}{6}$
   d) $\frac{6}{24}+\frac{15}{24}+\frac{1}{24}-\frac{14}{24} = \frac{8}{24} = \frac{1}{3}$
   e) $-\frac{125}{225}+\frac{162}{225}-\frac{12}{225} = \frac{25}{225} = \frac{1}{9}$
   f) $49 = 7^2 \quad 98 = 2\cdot 7^2 \quad 21 = 3\cdot 7 \quad 42 = 2\cdot 3\cdot 7 \quad 28 = 2^2\cdot 7$
      Hauptnenner: $2^2\cdot 3\cdot 7^2 = 588$ Rechnung: $\frac{432}{588}-\frac{78}{588}+\frac{476}{588}-\frac{70}{588}+\frac{651}{588} = \frac{1411}{588}$
   g) Hauptnenner: $2^3\cdot 3^2\cdot 5^2 = 1800$ Rechnung: $\frac{1350}{1800}+\frac{1125}{1800}+\frac{720}{1800}-\frac{200}{1800}+\frac{600}{1800}-\frac{792}{1800} = \frac{2803}{1800}$
   h) $\frac{1}{x(x-1)}-\frac{x^2}{x+1} = \frac{x+1}{x(x-1)(x+1)}-\frac{x^3(x-1)}{x(x-1)(x+1)} = \frac{x+1-x^4+x^3}{x(x-1)(x+1)} = \frac{-x^4+x^3+x+1}{x(x^2-1)}$

2. a) $\frac{28}{15}$
   b) $\frac{3\cdot 25\cdot 3}{1\cdot 9\cdot 5} = \frac{1\cdot 5\cdot 1}{1\cdot 1\cdot 1} = 5$
   c) $\frac{15}{4}\cdot\frac{16}{10} = \frac{15\cdot 16}{4\cdot 10} = \frac{3\cdot 2}{1\cdot 1} = 6$
   d) $\left(\frac{25}{3}\cdot\frac{35}{14}\right)\cdot\frac{5}{3} = \frac{25\cdot 35\cdot 5}{3\cdot 14\cdot 3} = \frac{25\cdot 5\cdot 5}{3\cdot 2\cdot 3} = \frac{625}{18}$

3. a) $\frac{4a(3+b)}{2a(b-2)} = \frac{6+2b}{b-2}$
   b) $\frac{a(b+c)}{a} = b+c$
   c) 1
   d) $\frac{a(b-c)}{b-c} = a$

Grundlagen

26

1. a) -8 b) 4 c) $8a^3$ d) $25c^2$ e) $625c^2$ f) $625c$

2. a) $4a^3 - 5b^3 + 2b^2$
   b) $9a^2 - 9a^2 - 18a^2 = -18a^2$
   c) $81a^4 + 9a^4 - 9a^4 = 81a^4$
   d) $9y^2 - 8y^3$ oder $y^2(9-8y)$
   e) $12a^2bc + 12ab^2c + 3abc^2$ oder $3abc(4a+4b+c)$
   f) $40ax^2 - 40a^2x$ oder $40ax(x-a)$

3. a) 5^9
   b) $\left(\frac{1}{3}\right)^{17}$
   c) $270n^6$
   d) $3a^3b^4$
   e) $9^x \cdot 4^x = 36^x$ oder $3^{2x} \cdot 2^{2x} = 6^{2x}$
   f) a^{2x}
   g) 100^5
   h) $(3x)^4$
   i) $2^{47} \cdot 3^{10}$
   j) $-10x^5y^4z^5$
   k) $288a^{10}b^7$
   l) $128a^3x^6y^8$

4. a) $6a^3$
   b) $8x$
   c) $3a$
   d) $3ab^2$
   e) a^{2y}
   f) 2^4
   g) $\left(\frac{4}{3}\right)^3$
   h) $(a+b)^5$
   i) 1
   j) $\frac{x+7}{x^5}$

5. a) $\frac{5}{3}$
   b) $\left(\frac{3}{7}\right)^0 = 1$
   c) $x^9y^{-6}z^{-2} = \frac{x^9}{y^6z^2}$
   d) $\frac{(u+v)(u-v)\cdot(a-b)^2}{(a+b)(a-b)\cdot(u+v)^2} = \frac{(a-b)(u-v)}{(a+b)(u+v)}$

6. a) 2^{15} b) a^{15} c) $a^{18}b^{12}$ d) $243x^{10}y^{15}$ e) a^{bc} f) $a^{x^2-b^2}$

7. a) $500\,000$ b) $50\,000$ c) $0{,}000006$ d) $7 \cdot 10^6$ e) $1{,}5 \cdot 10^{-6}$ f) $6{,}25001 \cdot 10^8$

28

1. a) 3 b) 2 c) 5

2. a) kann nicht zusammengefasst werden
   b) $-3\sqrt[4]{u}$
   c) $-2\sqrt{a} - 9\sqrt{b}$
   d) 0

3. a) $\sqrt{36} = 6$
   b) $2x^2$
   c) $\sqrt[3]{u^{10}}$
   d) $2 \cdot 3 = 6$
   e) $16 - a$
   f) $\sqrt[4]{625} = 5$
   g) $\sqrt{16} = 4$
   h) $\sqrt{\frac{xy \cdot a}{3a \cdot x^2}} = \sqrt{\frac{y}{3x}}$

4. a) a b) $2\sqrt[3]{y}$ c) $\frac{3}{a^2}$ d) $\frac{3}{7}$

5. a) $\frac{2}{\sqrt{2}} \cdot \frac{\sqrt{2}}{\sqrt{2}} = \sqrt{2}$
   b) $\frac{4}{2} \cdot \frac{1}{\sqrt{2}} \cdot \frac{\sqrt{2}}{\sqrt{2}} = \sqrt{2}$
   c) $\frac{\sqrt{2}}{2-\sqrt{2}} \cdot \frac{2+\sqrt{2}}{2+\sqrt{2}} = \frac{2\sqrt{2}+2}{4-2} = \sqrt{2}+1$
   d) $\frac{4}{3+\sqrt{5}} \cdot \frac{3-\sqrt{5}}{3-\sqrt{5}} = \frac{4(3-\sqrt{5})}{9-5} = 3-\sqrt{5}$
   e) $\frac{\sqrt{a}-\sqrt{c}}{\sqrt{a}+\sqrt{c}} \cdot \frac{\sqrt{a}-\sqrt{c}}{\sqrt{a}-\sqrt{c}} = \frac{(\sqrt{a}-\sqrt{c})^2}{a-c}$
   f) $\frac{\sqrt{a-b}}{\sqrt{a+b}} \cdot \frac{\sqrt{a+b}}{\sqrt{a+b}} = \frac{\sqrt{a^2-b^2}}{a+b}$

6. a) $27 + 10\sqrt{2}$ b) $18 - 8\sqrt{2}$ c) $12 + 2\sqrt{35}$ d) 32

29

1. a) 5 b) 3 c) 3 d) 0 e) -2 f) -2

2. a) $\log a + 2 \cdot \log b$
   b) $4 \cdot \log x - \log y$
   c) $3 \cdot \log x + 2 \cdot \log y - 3 \cdot \log z$
   d) $\frac{1}{2} \log \frac{a^2 \cdot b^7}{\sqrt{z}} = \log a + \frac{7}{2} \cdot \log b - \frac{1}{4} \cdot \log z$ (für $a > 0$)
   e) $\log \frac{a^3}{b}$
   f) $\log x^{10}$

Gleichungen und Gleichungssysteme

Übungen zum Rechnen mit reellen Zahlen

1. a) $-7 < -5,5 < -5\frac{1}{3} < -5$ b) $-4 < -0,25 < 0,25 < 4$

2. a) $\frac{1}{5}$ b) $\frac{2}{5}$ c) $\frac{6}{5}$ d) $\frac{7}{50}$

3. a) können nicht weiter addiert werden d) $12a^7$ g) $\frac{12}{a^7}$ j) 125
   b) können nicht weiter addiert werden e) $25a^2$ h) $4ab$ k) $a4$
   c) können nicht weiter addiert werden f) $-\frac{12}{a^3}$ i) $\frac{5}{a^2}$ l) ab^3

4. a) $-72x^2 + 18x + 35$ b) $\frac{25}{9}x^2 - \frac{40}{3}xz + 16z^2$

5. a) $(2a+1)^2$ c) $2(b-1)^2$
   b) $(0,25a + 0,5b)$ d) $(b-0,5)^2$

6. a) 6 e) $8\frac{a^{15}}{b^2}$
   b) 2 f) $\log \frac{c\sqrt{a}}{b^4}$
   c) $\frac{50}{9}$ g) $\log 4$
   d) $\frac{50}{9}$ h) 6

7. a) $8\sqrt{3}$ b) 4 c) 3 d) $\sqrt[3]{9}$

8. Gesamtverdienst in €: $30 \cdot 8,50 + 8 + 6,50 + 9 + 16,20 + 19,50 = 314,20$

Gleichungen und Gleichungssysteme

1. a) $L = \{4\}$ g) $z = -18$
   b) $L = \{-\frac{1}{3}\}$ h) $1 - \frac{1}{5}z = 9$ $L = \{-40\}$
   c) $L = \{\frac{4}{3}\}$ i) $\frac{3}{4} - \frac{11}{2}a = a - 2,5$ $L = \{\frac{1}{2}\}$
   d) $7x - 14 = 21$ $L = \{5\}$ j) $5b - 2 = 6 - b$ $L = \{\frac{4}{3}\}$
   e) $28y + 28 = 28$ $L = \{0\}$
   f) $L = \{12\}$

1. a) $x_{1,2} = -2 \pm \sqrt{16}$ $L = \{2; -6\}$
   b) $x_{1,2} = 2,5 \pm \sqrt{12,25}$ $L = \{6; -1\}$
   c) $x(x-6) = 0$ $L = \{0; 6\}$
   d) $x^2 + 3,5x - 2 = 0$ $x_{1,2} = -1,75 \pm \sqrt{5,0625}$ $L = \{0,5; -4\}$
   e) $x^2 = -9$ $L = \{\}$
   f) $x^2 - 6x - 7 = 0$ $x_{1,2} = 3 \pm \sqrt{16}$ $L = \{7; -1\}$
   g) $L = \{2; 3\}$
   h) $L = \{0; 5\}$

33

i) $x^2 - 5x + 4 = 0$ $x_{1,2} = 2{,}5 \pm \sqrt{2{,}25}$ $L = \{4;\ 1\}$
j) $x^2 = 25$ $L = \{5;\ -5\}$
k) $x^2 - 9x + 18 = 0$ $x_{1,2} = 4{,}5 \pm \sqrt{2{,}25}$ $L = \{6;\ 3\}$
l) $x^2 = 25$ $L = \{5;\ -5\}$

2. a) $x^2 - 3x - 10 = 0$ c) $x^2 + 8{,}75x = 0$ e) $x^2 - 12x + 36 = 0$
   b) $x^2 + 0{,}5x - 14 = 0$ d) $x^2 - \frac{4}{9} = 0$ f) $x^2 - \pi x = 0$

3. a) $(x-4)(x-3) = 0$ c) $x(x-4) = 0$ e) $2(x+2)^2 = 0$
   b) $0{,}25(z-3)(x-1) = 0$ d) $3(x+5)(x-5) = 0$ f) $(x+4)(x-4) = 0$

4. x: Alter von Vivien
   $x + (x-12) + (x+4) = 97 \Leftrightarrow 3x - 8 = 97 \Leftrightarrow x = 35$
   Vivien ist 35 Jahre alt, ihr Bruder ist 23 Jahre alt und ihre Schwester ist 39 Jahre alt.

5. x: Seitenlänge in m
   $(x+1)^2 = 3x^2 \Leftrightarrow x^2 - x - \frac{1}{2} = 0$ $x_{1,2} = \frac{1}{2} \pm \sqrt{\frac{3}{4}}$
   $x_1 = \frac{1+\sqrt{3}}{2} \approx 1{,}37;\ x_2 = \frac{1-\sqrt{3}}{2} \approx -0{,}37$ (nicht relevant)
   Die Seitenlänge beträgt ca. $1{,}37$ m.

35

1. a) z.B. Additionsverfahren
      (I) $\cdot 3$ ergibt:
      (I) $45a - 3b = 7{,}8$
      (II) $5a + 3b = 2{,}2$
      $50a = 10$
      $a = 0{,}2 \quad b = 0{,}4$
      $L = \{(0{,}2;\ 0{,}4)\}$

   h) $L = \{(1;\ -1)\}$

   b) z.B. Einsetzungsverfahren
      $3x + (-6x + 5) = 3{,}5$
      $x = 0{,}5 \quad y = -2$
      $L = \{(0{,}5;\ -2)\}$

   i) $L = \{(-2;\ -5)\}$

   c) z.B. Gleichsetzungsverfahren
      (I) $: 2$ ergibt:
      (I) $u = 3v - 13$
      (II) $u = 12 - 2v$
      $3v - 13 = 12 - 2v$
      $v = 5 \quad u = 2$
      $L = \{(2;\ 5)\}$

   j) $L = \{(0{,}8;\ 1{,}2)\}$

   d) z.B. Einsetzungsverfahren
      $2(5b - 10) = -2b + 4$
      $b = 2 \quad a = 0$
      $L = \{(0;\ 2)\}$

   k) $L = \{(8;\ 6)\}$

   e) $x = 2,\ y = 4$
   f) $x = 0{,}5,\ y = 0{,}25$
   g) $x = 5,\ y = 3$

   l) $L = \{(-1;\ 3)\}$
   m) $L = \{(3;\ -2)\}$

Gleichungen und Gleichungssysteme

35
36
37

2. CAS $x = 1, y = 2, z = 3$

1. a) $L = \{(0{,}5;\ -2;\ 1{,}5)\}$ b) $L = \left\{\left(-\frac{c}{5};\ \frac{4c+10}{5};\ c\right) \mid c \in \mathbb{R}\right\}$ c) $L = \{(2;\ -7{,}5;\ 3)\}$

1.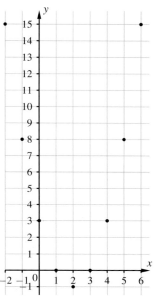

2.
x	y
−4	0
−3	2
−2,5	1
−1	−1
0	−1,5
1	1,5

3. In einem kartesischen Koordinatensystem stehen die Achsen senkrecht zueinander. Einheiten und Pfeile dürfen nicht vergessen werden.

4. Ausgehend vom I. Quadranten, der oben rechts ist, werden gegen den Uhrzeigersinn die anderen Quadranten bezeichnet.

1. Nur die die ersten beiden Angebote enthalten Pizza. Es ist sinnvoll, den Preis pro Fläche zu vergleichen.
„2 Pizza":
Gesamtfläche in cm²: $A = 2\pi r^2 = 2\pi \left(\frac{29}{2}\right)^2 \approx 1321$ Preis in ct pro cm²: $\frac{1500}{1321} \approx 1{,}14$
„Pizza-Party-Blech":
Gesamtfläche in cm²: $A = 45 \cdot 45 = 2025$ Preis in ct pro cm²: $\frac{2100}{2025} \approx 1{,}04$
Die Preise pro Fläche unterscheiden sich kaum. Das Angebot „2 Pizza" ist günstiger, da es zusätzlich noch Salat, Pizzabrötchen und Wein enthält. Jede der 5 Personen erhält dann 1321 cm² : 5 ≈ 264 cm² Pizza. Aufgrund der zusätzlichen Beigaben sollte die Menge ausreichen. Soll aber jede Person zum Beispiel mindestens 300 cm² Pizza erhalten, kann es sinnvoller sein, das „Pizza-Party-Blech" zu wählen als zweimal das Angebot „2 Pizza" zu bestellen.

38

1 Von Daten zu Funktionen

1.1 Aufbereitung und Darstellung statistischer Daten

1.1.1 Merkmalsarten und Messskalen

43

1. a) Merkmalsträger: Passanten

Merkmal	Merkmalsausprägungen
wöchentliche Nutzungsdauer	weniger als 1 Stunde; 1–5 Stunden; 5–10 Stunden mehr als 10 Stunden
berufliche/private Nutzung	ausschließlich beruflich; überwiegend beruflich; überwiegend privat; ausschließlich privat
Vorhandensein einer Flatrate	ja; nein
Nutzungszweck	Informationsbeschaffung; Kommunikation; Spiele; Repräsentation und Werbung; Datenlagerung; Sonstiges
Beeinträchtigung durch Verzicht	gar nicht; kaum; deutlich; enorm
Anzahl internetfähiger Geräte	0; 1; 2; 3; ...

    b) quantitative Merkmale: wöchentliche Nutzungsdauer; Anzahl internetfähiger Geräte
    qualitative Merkmale: berufliche/private Nutzung; Vorhandensein einer Flatrate; Nutzungszweck; Beeinträchtigung durch Verzicht

    c) metrische Skala: die Merkmalsausprägungen der wöchentlichen Nutzungsdauer und der Anzahl internetfähiger Geräte
    ordinale Skala: die Merkmalsausprägungen der beruflichen/privaten Nutzung, des Vorhandenseins einer Flatrate und der Beeinträchtigung durch Verzicht
    nominale Skala: die Merkmalsausprägungen des Nutzungszwecks

2. Individuelle Lösungen

1.1.2 Häufigkeiten

46

1. a) $41\,\%$ von $80\,715\,982 = 33\,093\,552,62$
    $43\,\%$ von $80\,715\,982 = 34\,707\,872,26$

    b) $\frac{8\,998\,300}{80\,715\,982} \approx 11,15\,\%$

    $\frac{4\,090\,100}{80\,715\,982} \approx 5,07\,\%$

    c) Individuelle Lösungen

1.1 Aufbereitung und Darstellung statistischer Daten

2. a)

Blattlausbefall in %	Betroffene Pflanzen	Relative Häufigkeit (in %)
≤ 20	5	2,96
21–30	22	13,02
31–40	31	18,34
41–50	36	21,30
51–60	34	20,12
61–70	27	15,98
71–80	11	6,51
> 80	3	1,78

b)

Blattlausbefall in %	Betroffene Pflanzen	Relative Häufigkeit (in %)
≤ 20	5	2,96
21–40	53	31,36
41–60	70	41,42
61–80	38	22,49
> 80	3	1,78

c) Die Klasseneinteilung aus b) ist übersichtlicher, da es weniger Klassen gibt. Zudem werden die Unterschiede zwischen den einzelnen Klassen deutlicher. Der Verlust an Informationen ist im Kontext nicht weiter relevant. Variante b) ist also vorzuziehen.

3. a)

B	C
2	1
3	3
9	8
12	10
13	12
16	15
17	15
17	19
18	26
22	38
26	42
37	46
46	47
46	48
50	57

b)

Blattlausbefall in absoluten Zahlen	Betroffene Pflanzen (B)	Betroffene Pflanzen (C)
≤ 10	3	4
11–20	6	4
21–30	2	1
31–40	1	1
> 40	3	5

oder

Blattlausbefall in absoluten Zahlen	Betroffene Pflanzen (B)	Betroffene Pflanzen (C)
≤ 20	9	8
21–40	3	2
> 40	3	5

c) Das biologische Mittel ist (im Bezug auf die 15 untersuchten Pflanzen) wirksamer, da besonders hoher Blattlausbefall seltener auftritt.

4. a)

Partei	Anteil der gültigen Zweitstimmen (in %)	Anteil der Sitze im Bundestag (in %)
CDU/CSU	41,54	49,29
SPD	25,73	30,59
FDP	4,76	0,00
Die Linke	8,59	10,14
GRÜNE	8,45	9,98
Sonstige	10,92	—

46 b) Die Anteile stimmen nicht überein, die Anteile in der rechten Spalte der Tabelle sind größer. Dies liegt an der 5 %-Hürde, da die Sitze im Bundestag (aktuell 631) nur unter den Parteien CDU/CSU, SPD, Die Linke und GRÜNE aufgeteilt wurden.

1.1.3 Diagramme

52 1. a) Der Leitzins lag im Jahr 1998 bei 3 % und sank dann auf ca. 2,5 %. In den folgenden Jahren stieg der Leitzins bis auf sein Maximum im Jahr 2000 bei 4,8 %. Im Jahr 2001 lag er bei ca. 3,3 %, bevor er auf 2 % in der zweiten Jahreshälfte 2002 sank. Dieser Wert blieb bis zum Jahresbeginn 2005 bestehen. Dann nahm der Wert des Leitzinses stetig zu, bis zu dem Maximum bei ca. 4,3 %, bevor er – bedingt durch die Finanzkrise ab 2007 – auf das absolute Minimum bei 1 % fiel. Dieser Wert blieb bis 2010 bestehen.

b)

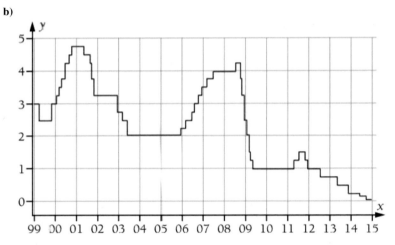

Quelle: http://de.global-rates.com/zinssatze/zentralbanken/zentralbank-europa/ezb-zinssatz.aspx; alternativ: http://epp.eurostat.ec.europa.eu/portal/page/portal/eurostat/home/; Stand: Juni 2015

c)

Änderung des Leitzinses im Zeitraum	1999–2004	2004–2009	2009–Mai 2013	2009–Nov. 2013
Absolute Änderung	– 1	– 1	– 0,5	– 0,75
Relative Änderung	– 33,34 %	– 50 %	– 50 %	– 75 %

1.1 Aufbereitung und Darstellung statistischer Daten

2.

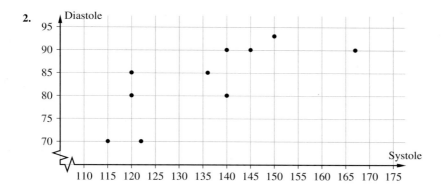

3. a) Generell scheint das Fahrverhalten der Bürger nur wenig von der Einwohnerzahl des Wohnorts abzuhängen. Etwa 26 % fahren weniger als 5 Kilometer pro Woche, etwa 12 % fahren zwischen 5 und 10 Kilometer pro Woche, etwa 19 % zwischen 10 und 20 Kilometer pro Woche, etwa 8 % zwischen 20 und 30 Kilometer pro Woche und etwa 15 % mehr als 30 Kilometer pro Woche. Der Anteil der Befragten ohne Fahrrad liegt bei etwa 20 %.

In kleinen Ortschaften wird das Fahrrad tendenziell etwas weniger genutzt – möglicherweise aufgrund von zu großen Entfernungen zwischen den jeweiligen Fahrtzielen.

b) Individuelle Lösungen

4. a)

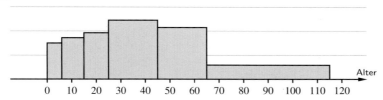

▶ Jede Rechteckfläche entspricht dem Bevölkerungsanteil der jeweiligen Altersgruppe.

b) Individuelle Lösungen

5. a) Wahlergebnis 2009

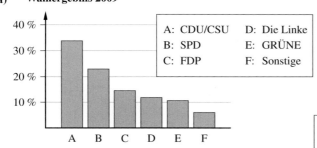

A: CDU/CSU   D: Die Linke
B: SPD   E: GRÜNE
C: FDP   F: Sonstige

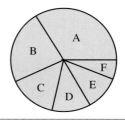

Winkelgrößen: 121,68°; 82,8°; 52,56°; 42,84°; 38,52°; 21,6°

b) **Wahlergebnisse 2005/2009**

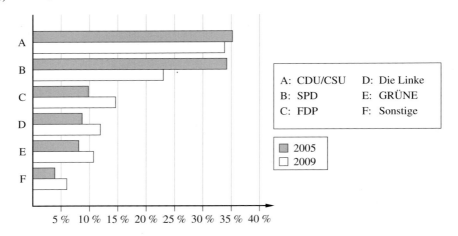

c) **Landtagswahl 2012**

CDU	SPD	GRÜNE	FDP	Die Linke	Piraten	Sonstige
26,3 %	39,1 %	11,3 %	8,6 %	2,5 %	7,8 %	4,4 %

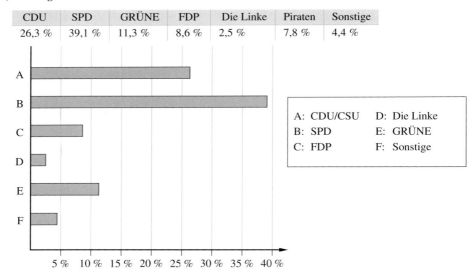

1.1 Aufbereitung und Darstellung statistischer Daten

d) Ein Vergleich der Daten zwischen Bund und NRW ist sinnvoll, um die Stellung der Parteien zu vergleichen. Zu beachten sind immer unterschiedliche Themenschwerpunkte. Nicht immer sinnvoll ist der Vergleich über größere Zeiträume hinweg, z.B. zwischen der Bundestagswahl 2005 und der Landtagswahl 2012.

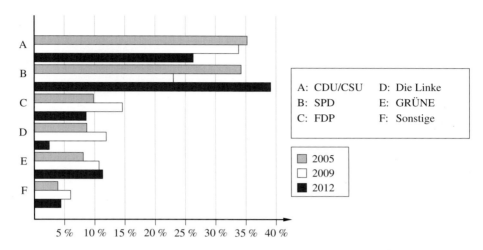

Übungen zu 1.1

1.

Anzahl an PCs	0	1	2	≥ 3
Absolute Häufigkeiten	4	96	82	18
Relative Häufigkeiten	2 %	48 %	41 %	9 %
Kumulierte Häufigkeiten	2 %	50 %	91 %	100 %

2. Bei Halbierung der Seitenlänge eines Würfels halbiert sich nicht das Volumen. Daher ist der Würfel für das Jahr 2013 zu klein gewählt. Bei Seitenlänge a für 2012, müsste man für 2013 als Seitenlänge $\frac{a}{\sqrt[3]{2}} \approx 0,79a$ wählen.

3. a) Dargestellt ist ein Kreisdiagramm der erhobenen Daten. In 82 % der Haushalte lebt mindestens 1 Kind, in 30 % der Haushalte leben mindestens 2 Kinder, in 18 % der Haushalte lebt kein Kind und in 6 % der Haushalte leben mindestens 3 Kinder.

b) Nachteilig ist, dass Informationen verloren gehen. In Haushalten, in denen mindestens 3 Kinder leben, leben natürlich auch mindestens 2 Kinder und mindestens 1 Kind. Dies sollte berücksichtigt werden. Ein Kreisdiagramm wäre geeignet, die relativen Häufigkeiten von Haushalten ohne Kinder/mit einem Kind/mit zwei Kindern/mit mehr als 2 Kindern aufzuzeigen, denn diese ergänzen sich sinnvoll zu 100 %.

c) Geeigneter ist ein Histogramm der kumulierten Häufigkeiten.

4. Die x-Achse sollte gleichmäßig eingeteilt werden, damit man einen nicht verzerrten Überblick über die Bevölkerungsentwicklung erhält.

5. Die Einteilung auf der y-Achse ist unterschiedlich, wodurch der Wert der beworbenen Aktie vermeintlich stärker steigt. Bei genauer Betrachtung zeigt sich aber, dass die Aktienwerte bei beiden Diagrammen identisch sind.

6. Individuelle Lösungen

7. Beispiele:

a) Mitgliederzuwachs

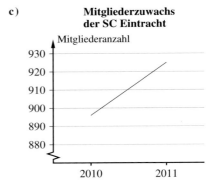

c) Mitgliederzuwachs der SC Eintracht

b) Mitgliederzahlen 2010

8. a)

Bildungsabschluss	2011		2012	
	1000	%	1000	%
Bevölkerung insgesamt	71 167	100	71 421	100
Nach allgemeiner Schulbildung				
Noch in schulischer Ausbildung	2715	3,8	2657	3,7
Haupt-(Volks)schulabschluss	25 859	36,3	25 392	35,6
Abschluss der polytechnisches Oberschule	5021	7,1	4961	6,9
Realschule- oder gleichwertiger Abschluss	15 479	21,8	15 818	22,1
Fachhochschul- oder Hochschulreife	18 957	26,6	19 488	27,3
Ohne Angabe zur Art des Abschlusses	158	0,2	141	0,2
Ohne allgemeinen Schulabschluss	2684	3,8	2700	3,8

Quelle: https://www.destatis.de/DE/ZahlenFakten/GesellschaftStaat/BildungForschungKultur/Bildungsstand/Tabellen/Bildungsabschluss.html; Stand: Juni 2015

1.1 Aufbereitung und Darstellung statistischer Daten

b)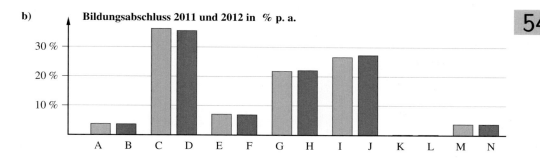

A: Noch in schulischer Ausbildung (2011)
B: Noch in schulischer Ausbildung (2012)
C: Haupt-(Volks)schulabschluss (2011)
D: Haupt-(Volks)schulabschluss (2012)
E: Abschluss der polytechnischen Oberschule (2011)
F: Abschluss der polytechnischen Oberschule (2012)
G: Realschul- oder gleichwertiger Abschluss (2011)
H: Realschul- oder gleichwertiger Abschluss (2012)
I: Fachhochschul- oder Hochschulreife (2011)
J: Fachhochschul- oder Hochschulreife (2012)
K: Ohne Angabe zur Art des Abschlusses (2011)
L: Ohne Angabe zur Art des Abschlusses (2012)
M: Ohne allgemeinen Schulabschluss (2011)
N: Ohne allgemeinen Schulabschluss (2012)

9. a)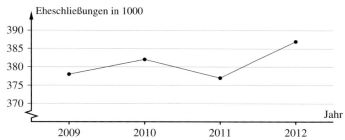

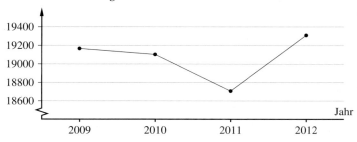

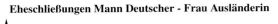
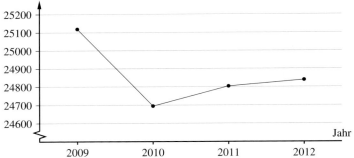
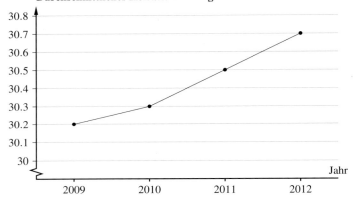
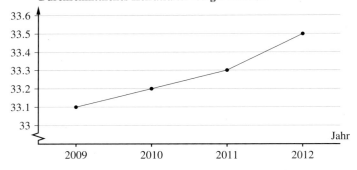

b)

Eheschließungen	2009	2010	2011	2012
Ein Ehepartner Ausländer	44 286	43 798	43 511	44 175

1.1 Aufbereitung und Darstellung statistischer Daten

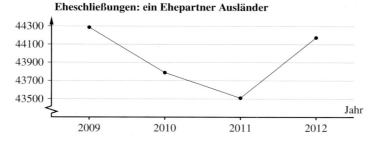

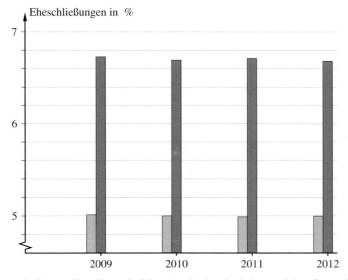

c)

Anteil aller Eheschließungen in %	2009	2010	2011	2012
Frau Deutsche, Mann Ausländer	5,06	5,00	4,95	4,99
Mann Deutscher, Frau Ausländerin	6,64	6,46	6,56	6,41
Ein Ehepartner Ausländer	11,70	11,46	11,52	11,40

hellgrau = Frau Deutsche/Mann Ausländer, dunkelgrau = Mann Deutscher/Frau Ausländerin

54

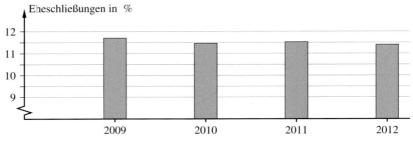

Ein Ehepartner Ausländer

d)
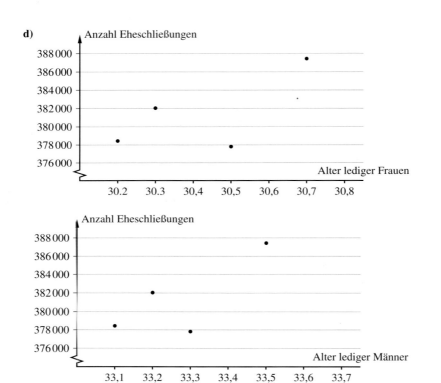

e) Individuelle Lösungen

1.1 Aufbereitung und Darstellung statistischer Daten

10. a)

nach Ländern	Bevölkerung	Ausländische Bevölkerung	Ausländische Bevölkerung je 1000 Einwohner
Baden-Württemberg	10.623.527	1.323.683	124,6
Bayern	12.587.921	1.305.794	103,7
Berlin	3.407.614	491.900	144,4
Brandenburg	2.449.366	59.580	24,3
Bremen	655.751	88.753	135,3
Hamburg	1.748788	253.013	144,7
Hessen	6.040.127	810.639	134,2
Mecklenburg-Vorpommern	1.597.057	37.827	23,7
Niedersachsen	7.791.958	1.963.242	67,5
Nordrhein-Westfalen	17.563.784	1.963.242	111,8
Rheinland-Pfalz	3.993.433	328.783	82,3
Saarland	991.540	85.793	86,5
Sachsen	4.044.209	106.663	26,4
Sachsen-Anhalt	2.245.917	54.125	24,1
Schleswig-Holstein	2.813.643	151.157	53,7
Thüringen	2.161.447	46.987	21,7
Deutschland	80.715.982	7.633.628	94,6

b) Aufgrund der unterschiedlichen Bevölkerungszahlen der Bundesländer lassen sich die absoluten Werte nicht vergleichen. Die relativen Werte dienen der Vergleichbarkeit der Bundesländer.

c) Individuelle Lösungen, es sollten Säulen- bzw. Balkendiagramm, Kreisdiagramm, Liniendiagramm und Streudiagramm und evtl. Histogramm geprüft werden.

d) Säulen- bzw. Balkendiagramm dienen dem Vergleich, sinnvollerweise werden relative Werte dargestellt.

Ein Kreisdiagramm für die 16 Bundesländer ist eher unübersichtlich, zudem müssen neue Rechnungen erstellt werden (Anteil der gesamten ausländischen Bevölkerung je Bundesland).

Linien- und Streudiagramm liefern keine sinnvollen Informationen.

Die Darstellung im Histogramm nach Klassenbildung ist sinnvoll.

e) Individuelle Lösungen

Test zu 1.1

1. a) Umfang der Stichprobe: 20
Anzahl der Merkmalsausprägungen: 10
Merkmalsart: quantitativ

b)

Anzahl der Jungen	3	4	5	6	7	8	9	10	11	12
absolute Häufigkeit	1	2	2	4	2	3	2	2	1	1
relative Häufigkeit	5 %	10 %	10 %	20 %	10 %	15 %	10 %	10 %	5 %	5 %

c)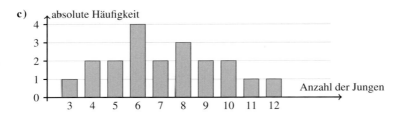

2. **a)** 175 Haushalte wurden befragt.
   b) 25 Haushalte hatten maximal 2 Handys.
   c) 150 Haushalte hatten mehr als 2 Handys.
   d)

Handyanzahl	0	1	2	3	4	5	6	7
Anzahl Haushalte (in %)	2,86	2,86	8,57	20	34,29	22,86	5,71	2,86

3. Solarstromerzeugung: Stromerzeugung durch erneuerbare Energien:

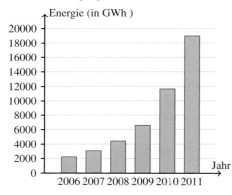 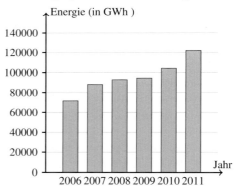

Anteile der Solarstromerzeugung an der Stromerzeugung durch erneuerbare Energien:

2006	2007	2008	2009	2010	2011
3,10 %	3,48 %	4,75 %	6,96 %	11,20 %	15,58 %

4. a)

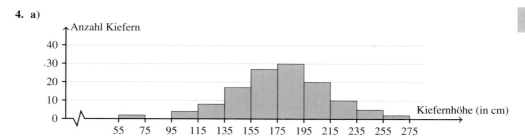

b) Tabelle der Teilsummen:

bis zu einer Höhe (in cm) von unter	75	95	115	135	155	175	195	215	235	255	275
Kiefernanzahl	2	2	6	14	31	58	88	108	118	123	125

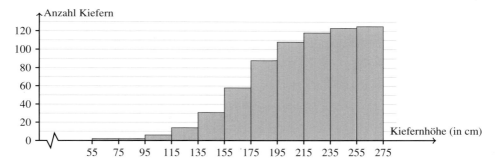

5. a) Das Liniendiagramm zeigt die Entwicklung der Aktie von August bis Dezember. Der Wert ist von 50 € (05.08.) kontinuierlich auf 20 € (22.12.) gefallen. Seitdem ist der Wert der Aktie wieder kontinuierlich gestiegen, auf zuletzt ca. 27 € (27.12.). Die Schüler gehen davon aus, dass dieser Anstieg von Dauer sein wird.

b) Der Kursanstieg während der letzten 2 Börsentage sagt nichts darüber aus, ob der Kurs mittelfristig oder langfristig steigt oder fällt. Für eine Kauf- oder Verkaufsempfehlung müssen mehr Daten – und nicht nur Kurse – hinzugezogen werden.

1.2 Deutung und Bewertung von Daten

1.2.1 Lageparameter und Mittelwerte

1. a) $\sum_{i=1}^{5} i = 1+2+3+4+5 = 15$
   b) $\sum_{i=3}^{6} i = 3+4+5+6 = 18$
   c) $\sum_{k=2}^{5} k = 2+3+4+5 = 14$
   d) $\sum_{j=1}^{5} 1 = 1$
   e) $\sum_{j=1}^{n} = 1$

2. a) $\sum_{i=2}^{6} i$
   b) $\sum_{i=1}^{4} 2i$
   c) $\sum_{i=1}^{n+1} x_i$
   d) $\sum_{i=0}^{n-1} y_i$

3. a) arithmetisches Mittel: $\bar{x} = \frac{179}{11} \approx 16,27$ Median: $\tilde{x} = 11$ Modalwert: 27
   b) arithmetisches Mittel: $\bar{x} = \frac{202}{15} \approx 13,47$ Median: $\tilde{x} = 13$ Modalwert: 12
   c) arithmetisches Mittel: $\bar{x} = \frac{\frac{489}{28}}{6} \approx 2,91$ Median: $\tilde{x} = \frac{0,75+0,75}{2} = 0,75$ Modalwert: 0,75
   d) Arithmetisches Mittel und Median lassen sich nicht angeben. Modalwert: gut

4. $\bar{x} = \frac{0\cdot 27 + 30\cdot 8 + 60\cdot 9 + 90\cdot 18 + 120\cdot 15 + 150\cdot 12 + 180\cdot 6 + 210\cdot 4 + 240\cdot 1}{100}$ min $= \frac{8160}{100}$ min $= 81,6$ min

5. z.B. 1. Möglichkeit: 60 €; 60 €; 60 €; 40 €; 30 €
       2. Möglichkeit: 65 €; 60 €; 60 €; 45 €; 20 €
       3. Möglichkeit: 100 €; 60 €; 60 €; 30 €; 0 €

6. Das arithmetische Mittel ist bei symmetrischen Verteilungen besonders aussagekräftig. Bei Daten mit starken „Ausreißern" vermittelt es mitunter ein gänzlich falsches Bild der Verteilung. Dies kann durch gleichzeitige Angabe des Medians verhindert werden, der gegen „Ausreißer" resistent ist. Der Modalwert ist besonders nützlich, wenn eine Merkmalsausprägung sehr viel häufiger vorkommt als die anderen.

7. Die Klasse hat z.B. 20 Schülerinnen und Schüler.

Zensur	1	2	3	4	5	6
1. Möglichkeit	1	7	9	2	0	1
2. Möglichkeit	3	4	10	1	1	1
3. Möglichkeit	4	4	6	4	2	0

8. a) Das arithmetische Mittel gibt keine Auskunft über die Verteilung der Gehälter. Da vermutlich einige Spitzengehälter deutlich über dem arithmetischen Mittel liegen, wird das Gehalt der meisten Beschäftigten darunter liegen.
   b) Beispielsweise können Einkommensklassen gebildet werden und es wird jeweils der Anteil der Beschäftigten angegeben, der zu diesen Einkommensklassen gehört.

1.2 Deutung und Bewertung von Daten

9. Aufgabenstellungen z.B.
   - Geben Sie 16 mögliche Körpergrößen für die Schüler der Klasse 11c an.
   - Bestimmen Sie den Median.

   Lösungen z.B.

Körpergröße	1,56 m	1,60 m	1,81 m	1,82 m
Anzahl der Schüler	3	5	4	4

   Median: $\tilde{x} = \frac{1{,}60\,m + 1{,}81\,m}{2} = 170{,}5\,m$

10. a) In der Regel ist die Anzahl der Daten so groß, dass „Ausreißer" nicht so stark ins Gewicht fallen.

    b) Wenn die Verteilung der Werte sehr unsymmetrisch ist oder es starke „Ausreißer" gibt, ist auch die Angabe des Medians interessant.

11. Individuelle Lösungen

1.2.2 Streuungsmaße

1. Das arithmetische Mittel ist bei beiden Reihen 20, jedoch liegen die Werte der Reihe 2 nah beieinander, bei Reihe 1 sind sie weit gestreut.

2. a) z.B.    b) z.B.

3. a) Spannweite: 193 cm − 168 cm = 25 cm

   b) Median: $\frac{180\,cm + 180\,cm}{2} = 180\,cm$ 1. Quartil: $\frac{178\,cm + 178\,cm}{2} = 178\,cm$

   3. Quartil: $\frac{182\,cm + 182\,cm}{2} = 182\,cm$

   c)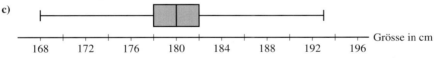

4. kleinster Wert: 190   1. Quartil: 205   Median: 220
   3. Quartil: 230   größter Wert: 300
   Spannweite: 300 − 190 = 110   Quartilsabstand: 230 − 205 = 25
   Die Werte konzentrieren sich im unteren Bereich des Intervalls [190; 300], in dem alle Werte liegen.
   50 % der Kindergärten hatten zwischen 205 und 230 Anmeldungen.

5. $\bar{x} = \frac{9294}{10} = 929{,}4$ $\frac{1}{10}\sum_{i=1}^{10}|x_i - \bar{x}| = 91{,}32$ $s^2 = 13\,136{,}64$ $s \approx 114{,}6$

6. a)

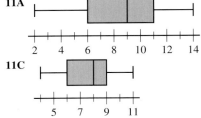

b) 11A: $\bar{x} = \frac{211}{25} = 8{,}44$ 11B: $\bar{x} = \frac{240}{27} \approx 8{,}89$ 11C: $\bar{x} = \frac{193}{25} = 7{,}72$

c) Die Klasse 11B erreichte – gemessen am arithmetischen Mittel – durchschnittlich mit ca. 8,9 Punkten die höchste Punktzahl in der Klausur.

Gemessen am Median sind die Klassen 11A und 11B durchschnittlich gleich stark, allerdings weist die Klasse 11A eine höhere Streuung auf: 50 % aller Werte liegen zwischen 6 und 11 Punkten, bei der Klasse 11B liegen 50 % der Ergebnisse zwischen 7 und 10 Punkten. Auch wurde in der Klasse 11B die Höchstpunktzahl von 15 Punkten erreicht.

Die Klasse 11C erreichte im Mittel die wenigsten Notenpunkte und weist die geringste Streuung auf, 50 % aller Ergebnisse liegen zwischen 6 und 9 Punkten, der niedrigste Wert liegt bei 4 Punkten, der höchste Wert bei 11 Punkten.

7. a) Median: $\frac{0{,}22\,€ + 0{,}28\,€}{2} = 0{,}25\,€$ Quartilsabstand: $0{,}55\,€ - 0{,}17\,€ = 0{,}38\,€$

b) $\bar{x} = \frac{3{,}61\,€}{10} = 0{,}361\,€$ $s \approx 0{,}23\,€$

c) Der Median ist kleiner als das arithmetische Mittel, der Quartilsabstand aber größer als die Standardabweichung.

Übungen zu 1.2

1. a) Station A: $\bar{x} = \frac{92}{23} = 4$ Station B: $\bar{x} = \frac{103}{25} = 4{,}12$

b) Station A
1, 2, 2, 2, 3, 3, 3, 3, 3, 4, 4, 4, 4, 4, 5, 5, 5, 5, 6, 6, 7, 7
Median: $\tilde{x} = 4$
Modalwert: 4

Station B
0, 0, 1, 1, 2, 2, 3, 3, 3, 4, 4, 5, 5, 5, 5, 6, 6, 6, 6, 6, 6, 7, 7, 7
Median: $\tilde{x} = 5$
Modalwert: 6

Der Vergleich zeigt, dass wie auch in Aufgabenteil a) der Mittelwert der Station A niedriger ist als der der Station B. Jedoch fallen die Unterschiede bei Median und Modalwert größer aus.

c)
Station A: $s^2 = 2{,}44$; $s \approx 1{,}56$
Station B: $s^2 = 4{,}6656$; $s = 2{,}16$

1.2 Deutung und Bewertung von Daten

d) Station A: $\bar{x}+s \approx 5{,}56$ $\bar{x}-s \approx 2{,}44$
Innerhalb des Bereiches $\bar{x} \pm s$ liegen 15 Mitarbeiter. Dies sind ca. 65,2 % der Mitarbeiter von Station A.
Station B: $\bar{x}+s \approx 6{,}28$ $\bar{x}-s \approx 1{,}96$
Innerhalb des Bereiches $\bar{x} \pm s$ liegen 18 Mitarbeiter. Dies sind 72 % der Mitarbeiter von Station B.

e) Die Mittelwerte liegen auf Station A bei 4 Nachtdiensten pro Monat, auf Station B sind sie etwas größer. Die Streuung ist bei Station B größer, bei Station A sind die Nachtdienste gleichmäßiger auf die Mitarbeiter verteilt.

2. $\bar{x} = \frac{2446\,€}{6} = \frac{1223}{3}\,€ \approx 407{,}67\,€$ Standardabweichung: $s \approx 22{,}45\,€$

3. a)

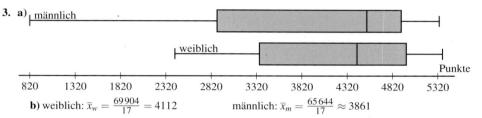

b) weiblich: $\bar{x}_w = \frac{69\,904}{17} = 4112$ männlich: $\bar{x}_m = \frac{65\,644}{17} \approx 3861$

c) weiblich: $s_w^2 = 888\,416$ $s_w \approx 943$ männlich: $s_m^2 \approx 1\,857\,577$ $s_m \approx 1363$

d)

Bereich	$\bar{x}_w \pm s_w$	$\bar{x}_m \pm s_m$	$\bar{x}_w \pm 2s_w$	$\bar{x}_m \pm 2s_m$	$\bar{x}_w \pm 3s_w$	$\bar{x}_m \pm 3s_m$
Anzahl außerhalb	5	5	0	1	0	0

4. Individuelle Lösungen

Test zu 1.2

1. a) $\bar{x} \approx 8{,}78$; $\tilde{x} = 8$;   Modalwert: 8
b) $\bar{x} \approx 5{,}46$; $\tilde{x} = 4$;   Modalwert: 2
c) Der Modalwert ist „Rot", die beiden anderen Werte existieren nicht.

2. a)

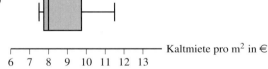

b)

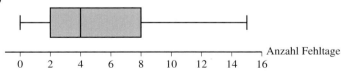

3. a) Jan: $\bar{x} = \frac{154{,}8}{22} \approx 7{,}036$; $s^2 \approx 0{,}163$; $s \approx 0{,}404$
Levent: $\bar{x} = \frac{148{,}9}{22} \approx 6{,}768$; $s^2 \approx 0{,}129$; $s \approx 0{,}359$

b) Jan: 11 der 22 Stichprobenwerte, also 50 %, liegen im Intervall.
$$I = [\bar{x} - s;\ \bar{x} + s] = [7{,}036 - 0{,}404;\ 7{,}036 + 0{,}404] = [6{,}632;\ 7{,}44].$$
Levent: 14 der 22 Stichprobenwerte, also 64 %, liegen im Intervall
$$I = [\bar{x} - s;\ \bar{x} + s] = [6{,}768 - 0{,}359;\ 6{,}768 + 0{,}359] = [6{,}409;\ 7{,}127].$$

c) Jans Aussage ist falsch. Durchschnittlich verbraucht er auf 100 km mehr Sprit als Levent. Auch wenn die Standardabweichung verglichen wird, schneidet Jan nicht besser ab.

4. $74 = \frac{80+68+73+64+84+x+60+82+86+69+72+76}{12} \Leftrightarrow 74 = \frac{814+x}{12} \Leftrightarrow x = 74$

5. Eva: $\bar{x} \approx 5{,}08$; $s \approx 0{,}35$;   Paula: $\bar{x} = 5{,}10$; $s \approx 0{,}14$
Eva springt im Durchschnitt 2 cm kürzer; außerdem weichen ihre Sprünge durchschnittlich um 35 cm vom Mittelwert ab. Bei Paula beträgt die durchschnittliche Streuung nur 14 cm. Allerdings liegt Evas Bestweite mit 5,52 m deutlich über Paulas Bestweite von 5,33 m.
Ist Eva für den anstehenden Wettkampf ausreichend motiviert, sollte sie die erste Wahl des Trainers sein.

1.3 Regression und Korrelation

1.3.1 Regressionsgerade

1. a), b), c)

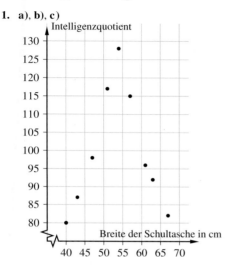

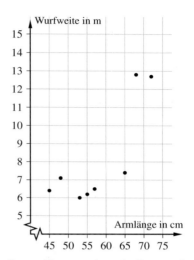

kein linearer Zusammenhang der Datenpunkte. Der Zusammenhang ist quadratisch.

linearer Zusammenhang der Datenpunkte
Realistisch betrachtet steigt die Wurfweite mit zunehmender Armlänge, es ist aber nicht von einem linearen Zusammenhang auszugehen.

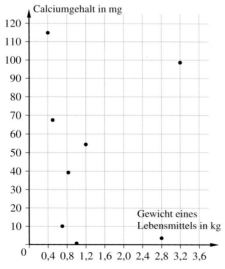

kein erkennbarer Zusammenhang der Datenpunkte
Betrachtet man ein bestimmtes Lebensmittel, sollte der Calciumgehalt proportional zum Gewicht sein.

2. a)

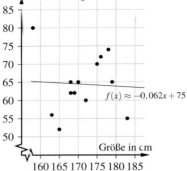

b) Individuelle Lösungen

c) $m \approx \dfrac{143\,326 - 13 \cdot 171{,}0769 \cdot 64{,}4615}{381\,066 - 13 \cdot 171{,}0769^2} \approx \dfrac{-36{,}4}{591{,}0}$
$\approx -0{,}062$

$n \approx 64{,}4615 - (-0{,}062) \cdot 171{,}0769 \approx 75$

Regressionsgerade: $f(x) \approx -0{,}062x + 75$

Hinweis: Stärkeres Runden der Zwischenergebnisse, insbesondere der arithmetischen Mittel, führt zu ungenauen bzw. falschen Ergebnissen.

d) Eine Regressionsgerade nach Augenmaß ist vermutlich steigend.

3. a)

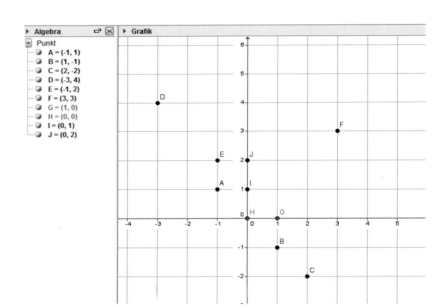

b) $F(3|3)$

1.3 Regression und Korrelation

c) $f(x) = -0,51x + 1,1$

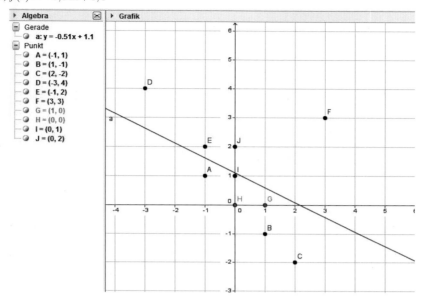

d) $f(x) = -1,14x + 0,65$.
Diese Regressionsgerade ist steiler und beschreibt den linearen Zusammenhang der Datenpunkte genauer, da der Ausreißer vernachlässigt wird.

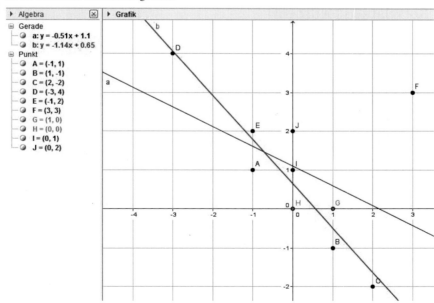

e) Individuelle Lösungen

4. a) $f(x) = -0,76x + 2,77$

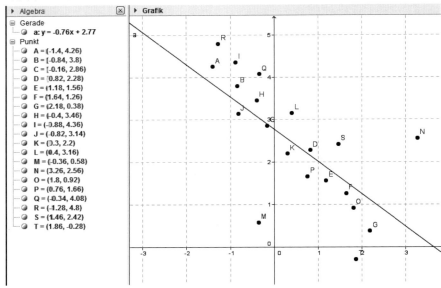

b) $M(-0,36|0,58)$ und $N(3,26|2,56)$, evtl. auch $T(1,86|-0,28)$

c) Individuelle Lösungen. M und N heben sich als Abweichungen nach oben und unten in etwa auf.

1.3.2 Korrelationskoeffizient

1. a) hoch   **c)** sehr hoch   **e)** mäßig   **g)** hoch
    b) schwach   **d)** niedrig   **f)** schwach   **h)** kein linearer Zusammenhang

2. a) (1) $r = \dfrac{27,5 - 4 \cdot 2,5 \cdot 2,25}{4 \cdot \sqrt{\dfrac{5}{4}} \cdot \sqrt{\dfrac{5,25}{4}}} = \dfrac{5}{\sqrt{26,25}} \approx 0,976$ (2) $r = \dfrac{26,5 - 4 \cdot 2,5 \cdot 2,5}{4 \cdot \sqrt{\dfrac{6,5}{4}} \cdot \sqrt{\dfrac{9}{4}}} = \dfrac{1,5}{\sqrt{58,5}} \approx 0,196$

   b) (1) sehr hoher linearer Zusammenhang   (2) schwacher linearer Zusammenhang

   c) (1)   (2)

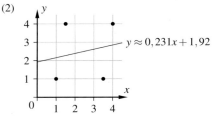

Das Einzeichnen einer Regressionsgeraden nach Augenmaß ist bei (1) (sehr hoher linearer Zusammenhang) einfacher.

3. a) $r = \dfrac{487 - 5 \cdot 12,6 \cdot 7}{5 \cdot \sqrt{\dfrac{147,2}{5}} \cdot \sqrt{\dfrac{16}{5}}} = \dfrac{46}{\sqrt{2355,2}} \approx 0,948$ **b)** sehr hoch

1.3 Regression und Korrelation

4. a) $r \approx \dfrac{143\,326 - 13 \cdot 171,0769 \cdot 64,4615}{13 \cdot 6,742 \cdot 7,692} \approx \dfrac{-36,4}{674,2} \approx -0,054$

Hinweis: Stärkeres Runden der Zwischenergebnisse, insbesondere der arithmetischen Mittel, führt zu ungenauen bzw. falschen Ergebnissen.

b)

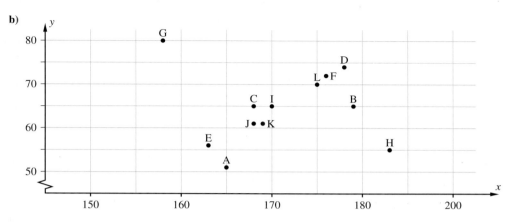

c) Aufgrund von $r \approx -0,054$ kein linearer Zusammenhang. Ohne die Ausreißer $G(158|80)$ und $H(183|55)$ besteht jedoch hoher linearer Zusammenhang ($r = 0,83$).

5. Individuelle Lösungen

Übungen zu 1.3

1. a)

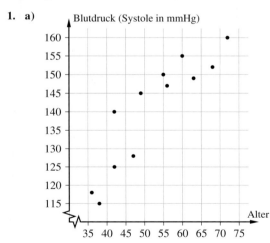

b) $m \approx \dfrac{89\,894 - 12 \cdot 52,333 \cdot 140,333}{34\,416 - 12 \cdot 52,333^2} = \dfrac{1765}{1551}$
$\approx 1,138$
$n \approx 140,333 - 1,138 \cdot 52,333 \approx 80,78$
Regressionsgerade:
$f(x) \approx 1,138x + 80,78$

c) $r \approx \dfrac{89\,894 - 12 \cdot 52,333 \cdot 140,333}{12 \cdot 11,37 \cdot 14,44} \approx \dfrac{1765}{1970}$
$\approx 0,896$
Es besteht ein hoher linearer Zusammenhang zwischen Alter und Blutdruck.

d) $1,138 \cdot 45 + 80,78 = 131,99$
Der Blutdruck (Systole) einer Frau im Alter von 45 Jahren beträgt ca. 132 mmHg. Die Schätzung beruht lediglich auf den 12 gegebenen Datenpaaren. Für eine zuverlässige Schätzung müsste die Stichprobengröße deutlich erhöht werden.

2. a) $m = \frac{68-4 \cdot 2,5 \cdot 6,25}{30-4 \cdot 2,5^2} = \frac{5,5}{5} = 1,1$

$n = 6,25 - 1,1 \cdot 2,5 = 3,5$

Regressionsgerade:

$f(x) = 1,1x + 3,5$

$r = \frac{68-4 \cdot 2,5 \cdot 6,25}{4 \cdot \sqrt{\frac{5}{4}} \cdot \sqrt{\frac{8,75}{4}}} = \frac{5,5}{\sqrt{43,75}}$

$\approx 0,832$

c) hoher linearer Zusammenhang

d) $m = \frac{73-5 \cdot 3 \cdot 5,2}{5^2-5 \cdot 3^2} = \frac{-5}{10} = -0,5$

$n = 5,2 - (-0,5) \cdot 3 = 6,7$

Regressionsgerade:

$f(x) = -0,5x + 6,7$

$r = \frac{73-5 \cdot 3 \cdot 5,2}{5 \cdot \sqrt{\frac{10}{5}} \cdot \sqrt{\frac{30,8}{5}}} = \frac{-5}{\sqrt{308}}$

$\approx -0,285$

b)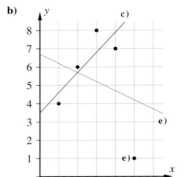

e) Durch das zusätzliche Datenpaar (5; 1) hat die Regressionsgerade eine negative Steigung, d.h., der Einfluss ist aufgrund der geringen Datenmenge sehr groß. Die Korrelationskoeffizienten geben Aufschluss über die Stärke des linearen Zusammenhangs der Daten. Wird der zusätzliche Punkt berücksichtigt, liegt nur ein niedriger linearer Zusammenhang zwischen den fünf Datenpaaren vor.

3. Korrelationskoeffizient: $r \approx \frac{926\,762 - 7 \cdot 195,714 \cdot 659,429}{7 \cdot 47,754 \cdot 73,942} \approx \frac{23\,346}{24\,717} \approx 0,94$

a), b) Zeitungsartikel und Leserbrief: individuelle Lösungen

Während der Zeitungsredakteur eher an einer bemerkenswerten Schlagzeile interessiert ist, wird der Mathematiklehrer darauf hinweisen, dass ein sehr hoher linearer Zusammenhang nichts darüber aussagt, ob auch ein ursächlicher Zusammenhang besteht.

4. a) $r = -0,99$ c) $r = 0,62$ e) $r = 0$
   b) $r = -0,77$ d) $r = 0,08$ f) $r = 0,27$

5. a)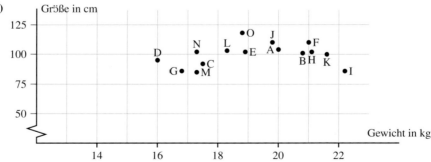

Regressionsgerade nach Augenmaß: Individuelle Lösungen.

1.3 Regression und Korrelation

b) $f(x) = 1{,}29x + 74{,}98$

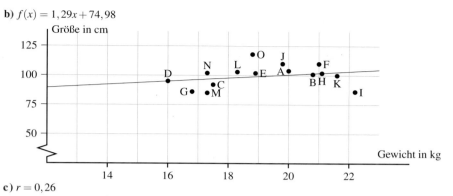

c) $r = 0{,}26$

d) Es liegt eine niedrige, fast schwache Korrelation vor. Eine Annäherung durch eine Gerade ist nur bedingt sinnvoll. Lisa sollte noch mehr Daten erheben oder die Daten der großen Studie nutzen.

6. 1. Datenreihe: $y = 3x$
Individuelle Lösungen, z.B.
  a) $P(7|-21)$ und $Q(9|-27)$
  b) $P(7|-21)$ und $Q(9|27)$
  c) $P(7|21)$ und $Q(9|27)$

2. Datenreihe: Individuelle Lösungen, z.B.
  a) $P(1{,}5|30)$; $Q(5{,}5|0)$; $R(9{,}75|0)$
  b) $P(1{,}5|0)$; $Q(5{,}5|10)$; $R(9{,}75|0)$
  c) $P(1{,}5|1)$; $Q(5{,}5|11)$; $R(9{,}75|23)$

7. a)

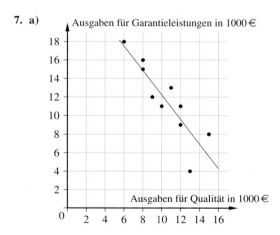

b) $m = \dfrac{1129 - 10 \cdot 10{,}4 \cdot 11{,}7}{1148 - 10 \cdot 10{,}4^2} = \dfrac{-87{,}8}{66{,}4}$
$\approx -1{,}322$
$n \approx 11{,}7 - (-1{,}322) \cdot 10{,}4 \approx 25{,}45$
Regressionsgerade:
$f(x) \approx -1{,}322x + 25{,}45$

c) $r = \dfrac{1129 - 10 \cdot 10{,}4 \cdot 11{,}7}{10 \cdot \sqrt{\frac{66{,}4}{10}} \cdot \sqrt{\frac{152{,}1}{10}}} = \dfrac{-87{,}8}{\sqrt{10099{,}44}}$
$\approx -0{,}874$

d) Da die Korrelation hoch ist, ist die Regressionsgerade eine gute Näherung.

e) Da die Steigung der Regressionsgeraden kleiner als -1 ist, nimmt die Summe der Ausgaben für Qualität und Garantieleistungen im Mittel mit steigenden Qualitätsausgaben ab. Es ist daher sinnvoll, mehr Geld in Qualität zu investieren.

Test zu 1.3

1. Individuelle Lösungen, vgl. Aufgabe 2.

2. **a)** $f(x) = -0,21x + 6,22$

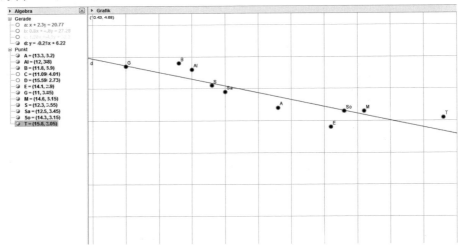

b) $f(x) = 23,36 + 94,37$

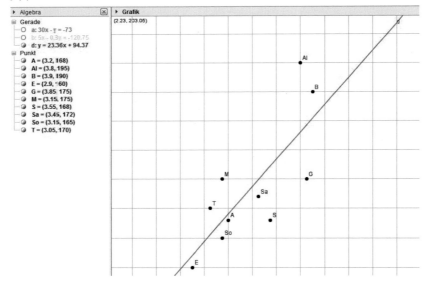

1.3 Regression und Korrelation

3. $f(x) = -3{,}71x + 222{,}61$

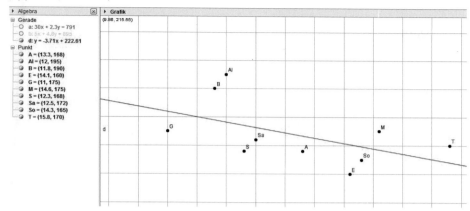

4. a) $r = 1$ **b)** $r = 1$ **c)** $r = 0{,}91$

5. Kopfumfang/Alter: $r = 0{,}92$ sehr hohe Korrelation.
Hohe Aussagekraft, Kopfumfang und Alter des Kindes stehen in einem starken (linearen) Zusammenhang

Länge des Mittelfingers/Intelligenzqoutient: $r = -0{,}23$ niedrige Korrelation keine Aussagekraft

Gewicht eines Apfels/Vitamin-C-Gehalt: $r = 0{,}84$ hohe Korrelation mäßige Aussagekraft, da sich der Vitamin-C-Gehalt der Äpfel je nach Sorte und/oder Herkunft stark unterscheiden kann

1.4 Einführung in die Funktionen

1.4.1 Zuordnungen

89
1. Individuelle Lösungen, z.B. Mia: freundlich, hilfsbereit; Jens: humorvoll, hilfsbereit (Es liegt keine Funktion vor.)

2. Individuelle Lösungen

90
3.

a)
x	1	2	3	4	5
y	1	4	9	16	25

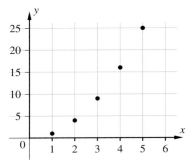

b)
x	1	2	3	4	5
y	0	1	2	3	4

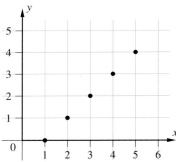

4. a)
x	1	1	1	2	2	3	4	5
y	2	3	4	2	1	1	1	1

b)
x	-2	-1	1	2	3
y	-1	-2	1	-1	1

1.4 Einführung in die Funktionen

5. a) Individuelle Lösungen, z. B.:

Uhrzeit	22.30	22.48	23.45	24.00	0.30
Wasserverbrauch in m³/h	8000	18000	7200	12500	12500

b) Text individuell mit folgenden Inhalten:
- 5 Minuten vor Beginn des Spiels und während der 1. Halbzeit Abnahme der Wassermenge
- Nach ganz wenigen Minuten in der Pause deutliche Erhöhung, dann wieder Abnahme
- Kurz nach Ende des Spiels wieder Erhöhung, aber nicht so sprunghaft wie in der Pause
- Wasserverbrauch bleibt hoch.

Verantwortlich für diesen Verlauf wird die Toilettennutzung sein.

6. Individuelle Lösungen, z.B.:

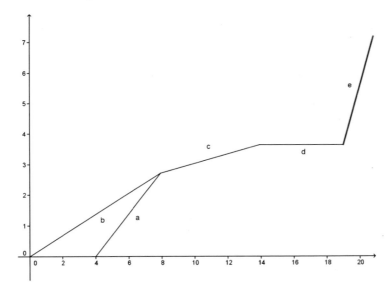

7. a)

a	1	2	4	6	10
b	11	10	8	6	2

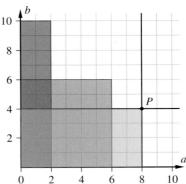

1) $U = 2a + 2b$
   $P(8|4)$ $a = 8$, $b = 4$
   $U = 16 + 8 = 24$

2) Rechteck dunkelgrau: $a = 2$, $b = 10$
   $U = 4 + 20 = 24$

3) Quadrat: $a = 6$, $b = 6$
   $U = 4 \cdot 6 = 24$

b)

a	1	2	4	$5\frac{1}{3}$	8
b	32	16	8	6	4

1) $A = a \cdot b$
   hellgrau: $a = 8$, $b = 4$
   $A = 32$

2) dunkelgrau: $a = 4$, $b = 8$
   $A = 32$

3) grau $a = 5\frac{1}{3}$, $b = 6$
   $A = 32$

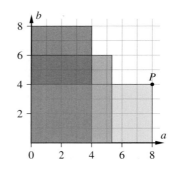

c)

a	2	4	6	8	10
b	1	2	3	4	5

1) hellgrau: $a : b = 8 : 4$
2) dunkelgrau: $a : b = 2 : 1$
3) grau: $a : b = 6 : 3$

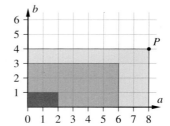

8. Individuelle Lösungen.

a) Zeit ↦ Länge der Kerze
b) Zeit ↦ Temperatur des Wassers
c) Zeit ↦ Füllhöhe des Gefäßes
d) Zeit ↦ Füllen eines Luftballons

Die Wertetabellen sind abhängig von den erzielten Messwerten.

9. a) Lösung zum Beispiel mit GeoGebra:

Unter „Ansicht": zweiten Unterpunkt „Tabelle"anklicken und die x-Koordinate unter A und die y-Koordinate unter B eintragen. Die Tabelle wird markiert und die rechte Maustaste gedrückt. Nun kann unter dem 5. Unterpunkt „Erzeuge" der Punkt „Liste von Punkten" angeklickt werden. Die Liste 1 erscheint im Algebrafenster.

In der Eingabezeile lauten die Befehle:

trendExp [Liste1] (exponentielle)

trendlinie[Liste1] (lineare)

Trendlog [Liste1] (logarithmische)

Trendpoly [Liste1.2] (quadratische)

1.4 Einführung in die Funktionen

b) Der lineare Zusammenhang beschreibt die Situation am besten.

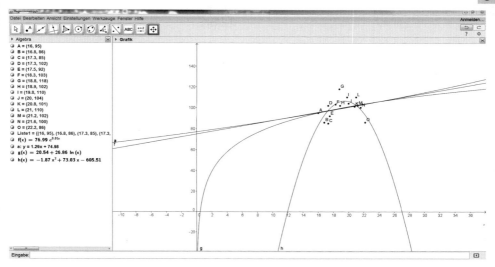

1.4.2 Funktionen

1. Es liegt der Graph einer Funktion vor, wenn jede Parallele zur y-Achse den Graphen in höchstens einem Punkt schneidet.
   a) Graph einer Funktion
   b) kein Graph einer Funktion

2. 1) Keine funktionale Zuordnung: Jedem Mitschüler werden zwei Eigenschaften zugeordnet.
   2) Bei Mehrfachnennungen keine Funktion.
   3) Funktion, Definition einer Funktion ist erfüllt.
   4) a. Keine Funktion, einem x-Wert werden mehrere y-Werte zugeordnet.
      b. Funktion.

3. **a)** $f(1) = 6$ $f(-2) = 3$ $f(8) = 13$ **c)** $f(1) = -2$ $f(-2) = 10$ $f(8) = 40$
   b) $f(1) = 2$ $f(-2) = -1$ $f(8) = -61$ **d)** $f(1) = 2$ $f(-2) = 2$ $f(8) = 2$

4. a)

x	-2	-1	0	1	2
$f(x)$	-3	-1	1	3	5

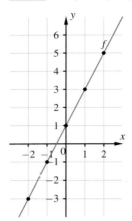

b)

x	0	1	2	3	4
$f(x)$	0	3	6	9	12

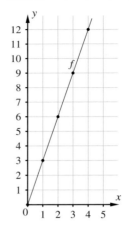

c)

x	0	1	$2,25$	4	9
$f(x)$	0	1	$1,5$	2	3

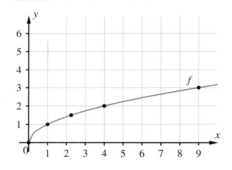

d)

x	0	2	4	6	8
$f(x)$	0	6	8	6	0

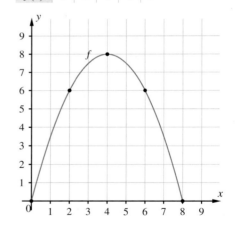

5. a) $D_f = \mathbb{R} \setminus \{0\}$ **b)** $D_f = \mathbb{R} \setminus \{-3\}$ **c)** $D_f = \mathbb{R} \setminus \{-2; 2\}$ **d)** $D_f = \mathbb{R}$

6. a) $W_f = \mathbb{R}$ **b)** $W_f = [-3; \infty[$ **c)** $W_f = \{2,5\}$ **d)** $W_f = \mathbb{R}_0^-$

1.4 Einführung in die Funktionen

7. a) $P: \quad 0 = 2 \cdot 0{,}5 - 1 \quad (w)$
$Q: \quad 6 = 2 \cdot 3 - 1 \quad (f)$
$R: \quad -3 = 2 \cdot (-2) - 1 \quad (f)$
Nur P liegt auf dem Graphen.

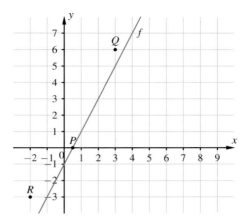

b) $P: \quad \frac{3}{2} = \frac{0^2 + 3}{2} \quad (w)$
$Q: \quad 2 = \frac{0{,}5^2 + 3}{2} \quad (f)$
$R: \quad 0{,}5 = \frac{(-2)^2 + 3}{2} \quad (f)$
Nur P liegt auf dem Graphen.

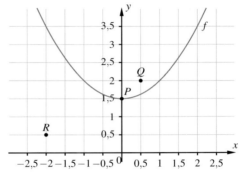

8. Individuelle Lösungen; vgl. Schülerbuch S. 93–95

9. a) $D_f = \mathbb{R}$ **b)** $D_g = \mathbb{Q}^+$ **c)** $W_g = [-1; 1]$ **d)** $f(3) = 9$ **e)** $f(5) = f(9)$ **f)** $f(x) = 1$

10. Individuelle Lösungen

11. Zuordnungsvorschrift: $x \mapsto \pi x^2$ \quad Funktionsgleichung: $A(x) = \pi x^2$ \quad $D_A = \mathbb{R}^+$; $W_A = \mathbb{R}^+$
Wertetabelle (Werte gerundet):

x	0,5	1	1,5	2	2,5	3
$A(x)$	0,79	3,14	7,07	12,57	19,63	28,27

12. $V(x) = a^2 x$
$V(x) = 4x, \quad x > 0$

x	1	2	3	4	5
$V(x)$	4	8	12	16	24

Übungen zu 1.4

1. a) $f(1) = 4 - 5 = -1$, P liegt auf dem Graphen.
   b) $f(2) = 4 \cdot 4 + 1 = 17$, P liegt auf dem Graphen.
   c) $f(2) = 8 - 1 = 7$, P liegt auf dem Graphen.
   d) $f(3) = 81 + 3 + 1 = 85$, P liegt nicht auf dem Graphen.

2. a) Der Zug hält an fünf Bahnhöfen, einschließlich des Startbahnhofs B_1 und Zielbahnhofs B_5.
   b)

B_1 ab	B_2 an	B_2 ab	B_3 an	B_3 ab	B_4 an	B_4 ab	B_5 an
$0'$	$30'$	$37,5'$	$60'$	$75'$	$105'$	$112,5'$	$180'$

   c) Von B_1 nach B_2: $\frac{60\,\text{km}}{0,375\,\text{h}} = 120\,\frac{\text{km}}{\text{h}}$
   Von B_2 nach B_3: $\frac{60\,\text{km}}{0,375\,\text{h}} = 160\,\frac{\text{km}}{\text{h}}$
   Von B_3 nach B_4: erst $\frac{12\,\text{km}}{0,25\,\text{h}} = 48\,\frac{\text{km}}{\text{h}}$, dann $\frac{48\,\text{km}}{0,25\,\text{h}} = 192\,\frac{\text{km}}{\text{h}}$
   Von B_4 nach B_5: $\frac{120\,\text{km}}{1,125\,\text{h}} \approx 107\,\frac{\text{km}}{\text{h}}$

   d) $\frac{300\,\text{km}}{3\,\text{h}} = 100\,\frac{\text{km}}{\text{h}}$

3. Die Zuordnung ist eine Funktion mit der Funktionsgleichung $f(x) = 0,197x + 92$.
Dabei ist x der Verbrauch in kWh und $f(x)$ der Rechnungspreis in €.
Definitionsbereich: $D_f = \mathbb{R}_0^+$;   Wertebereich: $W_f = [92; \infty[$

4. a) Zensur $\mapsto$ Anzahl der Arbeiten
   b)

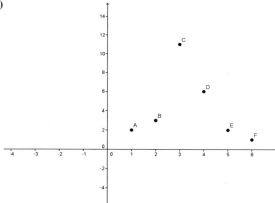

   c) Ja, jedem x-Wert aus dem Definitionsbereich wird eindeutig ein y-Wert zugeordnet.

1.4 Einführung in die Funktionen

5. a) Ja, denn $2^2 + 2^2 = 8$.

b) Alle Punkte, die auf dem Kreis liegen, erfüllen die Gleichung. Aus jedem Quadranten, z.B. $P(1|\sqrt{7})$, $Q(-1|\sqrt{7})$, $R(-1|-\sqrt{7})$, $S(1|-\sqrt{7})$.

c)

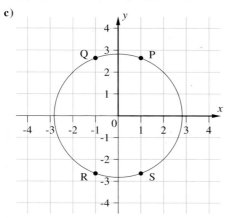

d) Es ist keine Funktionsgleichung, da die Zuordnung nicht eindeutig ist. Dem Wert 1 wird beispielsweise $\sqrt{7}$ und $-\sqrt{7}$ zugeordnet.

6. a)

1	2	3	30
100,5	101,0025	101,51	116,14

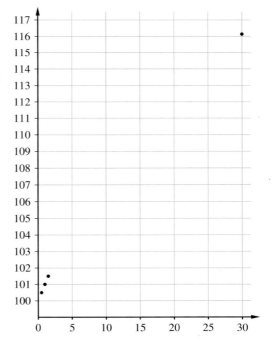

b) z.B. Gewicht des Briefes $\mapsto$ Portogebühr
Zeit $\mapsto$ zurückgelegte Strecke
Geschwindigkeit $\mapsto$ zurückgelegte Strecke
Dicke des Baumstamms $\mapsto$ Alter des Baumes
m^2 $\mapsto$ benötigte Farbe
Zeit $\mapsto$ Temperatur des Wassers (Zeit)
Zeit $\mapsto$ Wassermenge in der Badewanne

c) Farbe: Einem m^2 werden zwei Werte zugeordnet: 200 ml und 220 ml.

d) 116 m^2 (2-mal streichen) bedeutet, dass bei 200 ml/m^2 23,2 l Farbe benötigt werden.
$2{,}32 \cdot 8{,}60 = 19{,}95$ €. Bei 220 ml/m^2 kostet die Farbe 21,94 €.

e) Individuelle Lösungen

7. a) $D_f = \mathbb{R}\setminus\{-2; 2\}$; $W_f = \mathbb{R}$

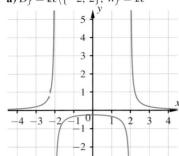

c) $D_f = \mathbb{R}\setminus]-2; 2[$; $W_f = \mathbb{R}^+$

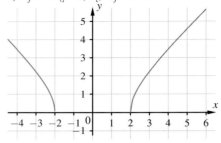

b) $D_f = \mathbb{R}\setminus\{-2\}$; $W_f = \mathbb{R}$

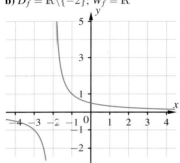

d) $D_f = \mathbb{R}\setminus\{-2\}$; $W_f = \mathbb{R}$

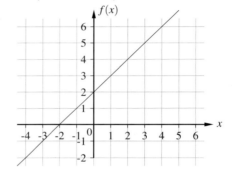

e) $D_f = \mathbb{R}$; $W_f = \{y | 0 < y \leq 0,25\}$

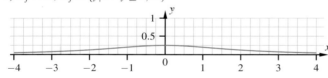

f) $D_f = \mathbb{R}$; $W_f = \{y | 2 < y \text{ und } y \in \mathbb{R}\}$

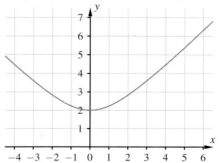

1.4 Einführung in die Funktionen 51

8. **a)** Funktion
   b) keine Funktion (Von 5 geht kein Pfeil aus.)
   c) keine Funktion (Von 1 gehen zwei Pfeile aus.)
   d) keine Funktion (Von 3 gehen drei Pfeile aus, von 1 und 2 gehen keine Pfeile aus.)
   e) Funktion, siehe Definition
   f) Funktion, siehe Definition
   g) keine Funktion (Von 2 gehen zwei Pfeile aus.)
   h) Funktion, siehe Definition

9. **a)** Funktion $f: x \to x$ **c)** Funktion $f: x \to 2x$
   b) Funktion $f: x \to x+1$ **d)** keine Funktion (Von 2 geht kein Pfeil aus.)

10. **a)** Funktion
    b) keine Funktion, da keine eindeutige Zuordnung vorliegt
    c) keine Funktion, da keine eindeutige Zuordnung vorliegt
    d) Funktion, wenn $D = \mathbb{R}$ ist

Test zu 1.4

1. Eine Zuordnung heißt Funktion, wenn jedem Element der Ausgangsmenge genau ein Element der Zielmenge zugeordnet wird.

2. **a)** keine Funktion
   b)– d) Es liegen funktionale Zusammenhänge vor.

3. In der linken und der rechten Grafik gibt es Werte für x, denen mindestens zwei Werte für y zugeordnet werden. Deshalb sind es keine Graphen der Funktionen.
   Die mittlere Grafik zeigt einen Graphen einer Funktion, wenn ihr Definitionsbereich eingeschränkt ist auf den Bereich zwischen 0 und dem Schnittpunkt des Graphen mit der x-Achse.

4. **a)** Nur P und Q liegen auf dem Graphen von f.
   b) Nur Q liegt auf dem Graphen von f.

5. **a)** falsch, Gegenbeispiel: $f(x) = x^2 + 1$
   b) falsch, Gegenbeispiel: $f(x) = x^2 + 1$
   c) richtig für $D = \mathbb{R}$
   d) wahr, sonst keine eindeutige Zuordnung für $x = 0$
   e) wahr, Widerspruch zur Definition einer Funktion (Testaufgabe 1)
   f) $f(10) = 2$: Die Koordinaten von A erfüllen die Funktionsgleichung.
   $f(0) = -98$: B liegt nicht auf dem Graphen der Funktion.

6. *Hinweis:* Fehler im 1. Druck der 1. Auflage: Die Tabelle zeigt die *weltweit* produzierten Maismengen.

a)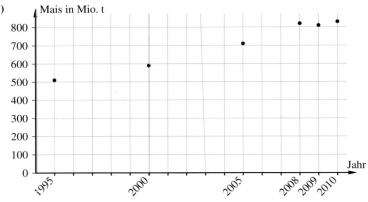

b) „Mais, Maiser, am Maisten" oder „Die Welt vermaist"

2 Ganzrationale Funktionen

2.1 Lineare Funktionen

2.1.1 Gleichungen und Graphen

1. Individuelle Lösungen

2.

	a)	b)	c)	d)	e)	f)	g)	h)
m	3	$\frac{3}{2}$	$-\frac{4}{3}$	0	$-\frac{1}{2}$	$\frac{1}{5}$	$\frac{3}{4}$	1,5
n	0	-1	$\frac{5}{2}$	4	0	2	-3	0,5

3.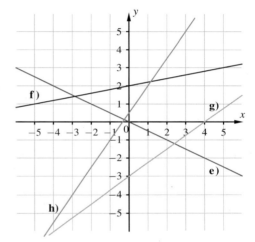

4.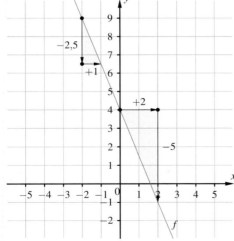

110

5. $f(x) = -2{,}5x + 4$ $\quad\quad g(x) = -4x - 5$ $\quad\quad i(x) = \frac{8}{11}x - \frac{15}{11}$
$j(x) = -\frac{1}{3}x$ $\quad\quad\quad\; m(x) = 0{,}25x + 2$ $\quad\; n(x) = -2{,}5$

6. a) $f(x) = 3x - 1$ **b)** $f(x) = -x - 2$ **c)** $f(x) = -2$ **d)** $f(x) = -4x + 6{,}5$

7. a) $f(x) = 0{,}5x - 0{,}5$ **c)** $f(x) = -x + 6$ **e)** $f(x) = 3$
b) $f(x) = \frac{4}{7}x - 2$ **d)** $f(x) = -2x - 3$

8. a) $f(t) = 10t$
b)

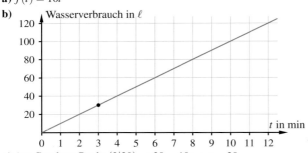

c) Am Graphen: Punkt $(3|30) \rightarrow 30 = 10t \Rightarrow t = 30$
Nach 10 Minuten sind 30 Liter Wasser eingelaufen.
d) $f(12) = 120$
Nach 20 Minuten sind 120 Liter Wasser in der Wanne.
e) Internet, z.B.:
Wie schnell sind 35 Liter Warmwasser verbraucht?
Badewanne: 3 min, Dusche: 5 min, Waschbecken: 7 min
Beim Duschen wird bei gleicher Dauer weniger Wasser verbraucht.

9. a) $f(x) = mx$

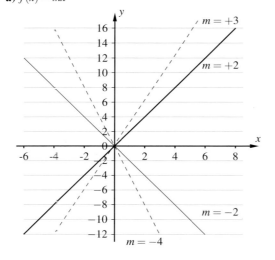

2.1 Lineare Funktionen

Je größer der Wert für *m* wird, desto steiler verläuft die Gerade. Wird der Wert für *m* negativ, fällt die Gerade. Ist der Wert für *m* negativ und wird der Betrag für *m* immer größer, dann fällt die Gerade steiler. Wird *m* gleich null, verläuft der Graph auf der *x*-Achse.

b) $f(x) = x + n$

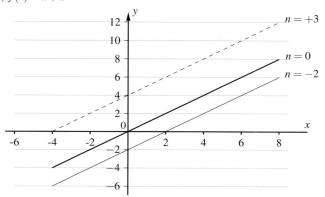

Wird der Wert für *n* größer, dann verschiebt sich der Graph nach oben, wird der Wert für *n* kleiner, verschiebt sich der Graph nach unten. In diesem Beispiel sind alle Geraden parallel, da die Steigung nicht verändert wird.

c) Das *m* beschreibt die Steigung des Graphen. Ist *m* positiv, steigt der Graph. Ist *m* negativ, dann fällt der Graph. Für *m* gleich null ergibt sich eine Parallele zur *x*-Achse. Der Wert für *n* gibt den Schnittpunkt der Geraden mit der *y*-Achse an. Wird der Wert für *n* größer, verschiebt sich der Graph nach oben, für kleinere Werte für *n* entsprechend umgekehrt.

10. Modellierung des aktuellen Tarifs durch die lineare Funktion $f(x) = 0,09x + 9$

Die Punkte A_1 bis A_{10} sollen die Kostenobergrenze der 10 Kunden symbolisieren. Dabei sind diese $A_i = (x_{i,alt}, f(x_{i,alt}) * 1,1)$. Es ist zu beachten, dass der neue Funktionswert mit 30 ersetzt werden muss, falls dieser größer als 30 ist.

Eingabe in GeoGebra lautet beispielsweise:

Umdefinieren: Punkt $A_1 \to (25, f(25) \cdot 1.1)$

Man erhält dadurch folgende Veranschaulichung im Koordinatensystem.

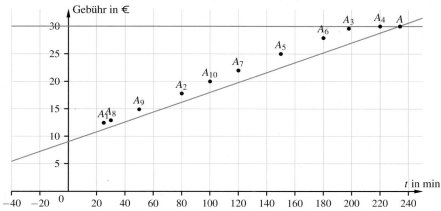

110 Hierdurch erkennt man, dass die für das Telekommunikationsunternehmen beste Gerade durch die Punkte A_1 und A_4 verläuft. Werden andere Punkte für die Konstruktion gewählt, so verläuft die Gerade für (mindestens) einen Kunden oberhalb seiner Kostenobergrenze.

Eingabe der Geraden durch die Punkte A_1 und A_4: $a = \text{Gerade}[A_1, A_4]$
In der Algebrasicht kann man dann die Funktionsgleichung der Geraden ablesen:

○ $a: y = 0.09x + 10.12$

Man erkennt also, dass bei einem einheitlichen Tarif nur die Grundgebühr angehoben wird und die Gebühr pro Minute gleich bleibt.

Einbeziehen eines Flatrate-Tarifs:
Da der Kunde 4 die obige Gerade durch seine Obergrenze von 30 € negativ beeinflusst, sollte dieser eine Flatrate von 30 € erhalten → Eingabe: $g(x) = 30$. Alle anderen Punkte der Kostenobergrenzen liegen auf einer Geraden, welche durch $b = \text{Gerade}[A_1, A_2]$ erzeugt werden kann. Man erhält dadurch folgendes Bild:

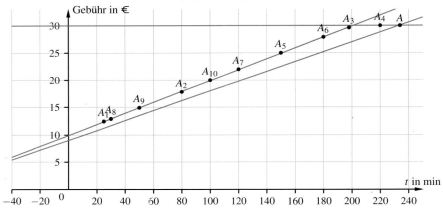

Die Gerade b kann wieder in der Algebrasicht abgelesen werden.

○ $b: y = 0.1x + 9.9$

Also erhöht sich unter Berücksichtigung eines Flatratetarifs von 30 € für die Kunden des Minutentarifs sowohl die Grundgebühr um 0,90 € als auch die Gebühr pro Minute um 1 Cent.

2.1.2 Berechnung von Schnittpunkten

113
1. a) $x_N = 2$; $n = 2$ c) keine Nullstelle; $n = 2$ e) $x_N = -10$; $n = 1$
   b) $x_N = \frac{8}{3}$; $n = -4$ d) $x_N = 0$; $n = 0$ f) $x_N = -1$; $n = 10$

2. a) $S(2|1)$ c) $S(2|5)$
   b) $S(5|-3)$ d) parallele Geraden, da $m_1 = m_2$

3. Individuelle Lösungen

4. a) x: Zeit seit 9 Uhr in Stunden
zurückgelegte Strecke in km:
Fahrer M1: $f(x) = 45x$
Fahrer M2: $g(x) = 60(x - 1{,}25) = 60x - 75$

b) $f(x) = 270 \Leftrightarrow 45x = 270 \Leftrightarrow x = 6$
Fahrer M1 ist um 15 Uhr am Ziel.
$g(x) = 270 \Leftrightarrow 60x - 75 = 270 \Leftrightarrow x = 5{,}75$
Fahrer M2 ist um 14.45 Uhr am Ziel.

c) $f(x_S) = g(x_S) \Leftrightarrow 45x_S = 60x_S - 75$
$\Leftrightarrow x_S = 5$
$f(5) = g(5) = 225 \quad S(5|225)$
Die Fahrer treffen sich um 14 Uhr. Sie sind dann 225 km vom Startpunkt entfernt.

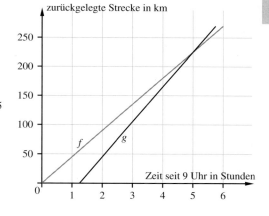

5. a) $f_1(t) = 2t$, t in Stunden $\quad f_2(t) = 0{,}5t + 3 \quad f_3(t) = 7{,}5$

b)

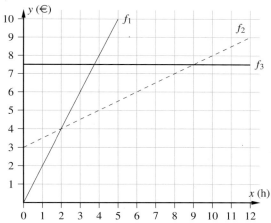

c) Lisa: $f(5) = 10 \quad$ Serdal: $f(5) = 5{,}5$
Der Unterschied beträgt 4,50 €.

d) $6{,}50 = 0{,}5t + 3 \Leftrightarrow t = 7$
Er hat 7 Stunden geparkt.

e) Parkplatz 3 ist günstiger als Parkplatz 2, wenn mehr als 9 Stunden geparkt wird. Bei mehr als 3 Stunden ist Parkplatz 3 günstiger als Parkplatz 1, da die Kosten pro begonnener Stunde berechnet werden.

114

6.

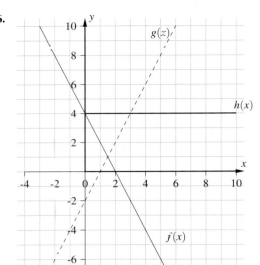

Schnittpunkte bestimmen:

$f(x) = g(x)$	$f(x) = h(x)$	$g(x) = h(x)$
$-2x + 4 = 2x - 2$	$-2x + 4 = 4$	$2x - 2 = 4$
$x_S = \frac{3}{2}$ $S(\frac{3}{2}\|7)$	$x_S = 0$ $S(0\|1)$	$x_S = 3$ $S(3\|4)$

7.

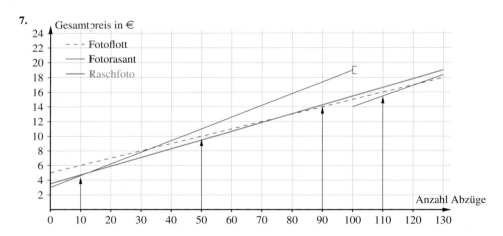

a) $f(x) = 0,12x + 3,5$

b) Stückpreis: 10 ct   Versandkosten: 5 € $g(x) = 0,1x + 5$

c) „17 ct pro Abzug und 3 € Versandkosten, Bestellungen ab 100 Fotos versandkostenfrei"

2.1 Lineare Funktionen

d)

Stückzahl	10	50	90	110	140
Raschfoto		x			
Fotoflott			x		x
Fotorasant	x			x	

8. a) 1. Angebot: $f_1(t) = 10t$ (t in Tagen)
2. Angebot: $f_2(t) = 120$; $D = [0; 20]$
3. Angebot: $f_3(t) = 8t + 20$

c) 1. Angebot: $f_1(11) = 110$
2. Angebot: $f_2(11) = 120$
3. Angebot: $f_3(11) = 108$
Das 1. Angebot ist das günstigste, wenn ein Fahrrad 11 Tage gemietet werden soll.

b) [Diagramm: Preis in € über Ausleihdauer in Tagen, mit Geraden $f_1(t)$, $f_2(t)$, $f_3(t)$]

d) Wird das Fahrrad für mehr als 10 Tage und weniger als 12 Tage gemietet, ist das Angebot 3 das günstigste.

9. a) Eingabe der Punkte im Koordinatensystem über Eingabezeile $P_i = (x_i, y_i)$
b) Eingabe der Flugrouten durch Geraden: a_{ij} = Gerade $[A_i, A_j]$
Nur zwei Flugrouten schneiden sich, und zwar Düsseldorf – Berlin mit Hamburg – München
Berechnung des Schnittpunktes durch S = Schneide$[a_{\text{DusBer}}, a_{\text{HHMun}}]$
Über die Befehle Strecke $[A_i, S]$ erhält man die jeweiligen Entfernungen der 4 Flughäfen zum Schnittpunkt.
c) Unter Angabe eines Maßstabes kann die Flugzeit vom Flughafen zum Schnittpunkt berechnet werden und damit können die Flugzeiten aufeinander abgestimmt werden.

2.1.3 Parallele und orthogonale Geraden

1. $G_1 \parallel G_3$; $G_2 \parallel G_6$; $G_7 \parallel G_8$ $G_1 \perp G_5$; $G_3 \perp G_5$; $G_2 \perp G_4$; $G_6 \perp G_4$

2. a) Parallele: $g(x) = 4x + 1$ Orthogonale: $h(x) = -0{,}25x - 3{,}25$
b) Parallele: $g(x) = -\frac{4}{5}x + \frac{3}{5}$ Orthogonale: $h(x) = \frac{5}{4}x + \frac{13}{8}$
c) $0 = -13{,}5 + n$, also $n = 13{,}5$ und g mit $g(x) = -4{,}5x + 13{,}5$ ist parallel zu f durch P.
$m = \frac{2}{9}$; $0 = \frac{2}{3}b + n$, also $n = -\frac{2}{3}$ und h mit $h(x) = \frac{2}{9}x - \frac{2}{3}$

116

3. a) $f(x) = -2x+6;$ $\quad g(x) = 2x-4;$
$h(x) = -2x-4;$ $\quad i(x) = 0,5x+3,5$

c) Schnittpunkt von f und g: $A(2,5|1)$
Schnittpunkt von g und h: $B(0|-4)$
Schnittpunkt von h und i: $C(-3|2)$
Schnittpunkt von i und f: $D(1|4)$

b)
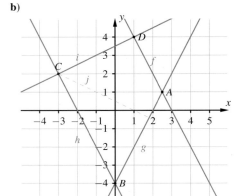

4. Individuelle Lösungen

Übungen zum Exkurs: Ökonomische Funktionen I

120

1. $K_v(x) = 14,5x \qquad K_f(x) = 234$

2. a)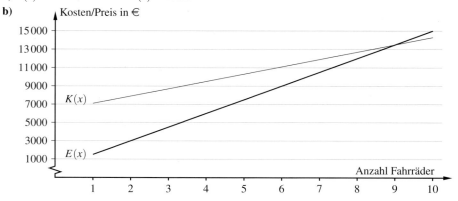

b) $K(x) = 2,5x + 320$
c) Graphen zeichnen und Punkt $P(40|420)$ markieren
Rechnerisch: $K(40) = 420$

3. $n = 8 \qquad 0 = 320m + 8 \Leftrightarrow m = -\frac{1}{40} \qquad p_N(x) = -\frac{1}{40}x + 8$

4. a) $K(x) = 800x + 6300 \qquad E(x) = 1500x$

b)

c) $800x + 6300 = 1500x \Leftrightarrow x = 9$
Werden mehr als 9 Fahrräder verkauft, ist der Erlös höher als die Kosten.

2.1 Lineare Funktionen

5. a) Höchstpreis (n) 48 €; Sättigungsmenge $-0,4x + 48 = 0 \Leftrightarrow x = 120$
  b) 31,20 €
  c) 24 Stück

6. a) Gesamtkosten in €: $K_1(x) = 100x + 20\,000$
  b) $K_1(250) = 45\,000$
     Die Gesamtkosten betragen 45 000 €.
  c) $K_1(x) = 72\,000 \Leftrightarrow 100x + 20\,000 = 72\,000$
     $\Leftrightarrow x = 520$
     Die Stückzahl beträgt 520.
  d) $\frac{20\,000\,€}{12,50\,€} = 1600$
     Es müssen 1600 Stück produziert werden.
  e) m: variable Kosten pro Stück in €
     n: Fixkosten in €
     Gesamtkosten in €: $K_2(x) = mx + n$
     $P_1(200|39\,000)$; $P_2(600|87\,000)$
     $m = \frac{87\,000 - 39\,000}{600 - 200} = 120$
     Einsetzen z.B. von P_1:
     $39\,000 = 120 \cdot 200 + n \Leftrightarrow n = 15\,000$
     $K_2(x) = 120x + 15\,000$
  f) $K_2(1000) = 135\,000$
     $K_1(x) = 135\,000 \Leftrightarrow 100x + 20\,000 = 135\,000$
     $\Leftrightarrow x = 1150$
     Die neue Stückzahl muss 1150 betragen.

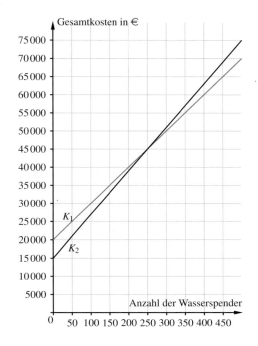

Übungen zu 2.1

1. a) $m = \frac{-3-5}{-2-6} = 1$ $P(6|5)$, $5 = 6 + n$,   also $n = -1$ und $f(x) = x - 1$
  b) $2 = 2 + n$,   also $n = 0$ und $f(x) = 2x$
  c) $n = 4,5$, $6,5 = -4m + 4,5 \Leftrightarrow m = -0,5$, also $f(x) = -0,5x + 4,5$
     Funktionsgleichung gilt für alle Werte der Tabelle.
  d) $m = \sqrt{3}$ $f(x) = \sqrt{3}x + 6$

2. $0,5 = 3m + 2 \Leftrightarrow m = -0,5$

3. a) $m = 1$,   also $f(x) = x + 1$

  b) $f(4) = 5$ Punkt $P(4|5)$
  c) $8 = x + 1$,   also $x = 7$

121

4. **a)**

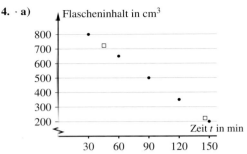

b) Aufstellen einer linearen Funktionsgleichung mithilfe der Punkte A und B
$A(30|800)$; $B(60|650)$
$m = \frac{650-800}{60-30} \Leftrightarrow m = -5$
$A: 800 = -150 + n \Leftrightarrow n = 950$, also $f(t) = -5t + 950$
Punktprobe $C: 500 = -450 + 950$ (wahre Aussage)
$D: 350 = -600 + 950$ (wahre Aussage)
$E: 200 = -750 + 950$ (wahre Aussage)
Es liegt also ein linearer Zusammenhang vor, der durch die Funktion $f(t) = -5t + 950$ beschrieben wird.

c) $f(45) = 725$
Nach 45 Minuten sind noch 725 cm³ im Tropf.

d) $220 = -5t + 950 \Leftrightarrow t = 146$
Nach 146 Minuten sind noch 220 cm³ im Tropf.

5. **Geschlossene Variante**

a)
Aufenthaltsdauer in min	0	40	80	120	160	200
Kosten in €	65	81	97	113	129	145

b)
Aufenthaltsdauer in min	0	40	80	120	160	200
Kosten in €	50	70	90	110	150	170

c) Es gibt alle 30 Minuten einen Preissprung, innerhalb eines 30-Minuten-Bereichs verändert sich der Preis aber nicht.

d) x: Aufenthaltsdauer in min
Kosten von Angebot A1 in €: $f(x) = 0{,}4x + 65$
$f(x) = 110 \Leftrightarrow 0{,}4x + 65 = 110 \Leftrightarrow x = 112{,}5$
Für 100 € beträgt die Aufenthaltsdauer bei Angebot A1 112,5 min, bei Angebot A2 120 min.

e) $f(x) = 90 \Leftrightarrow 0{,}4x + 65 = 90 \Leftrightarrow x = 62{,}5$
Angebot A1 ist günstiger bei einer Aufenthaltsdauer zwischen 60 und 62,5 Minuten, zwischen 90 und 112,5 Minuten und über 120 Minuten.

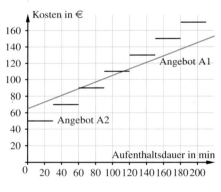

2.1 Lineare Funktionen

6. a) Graphen von f und g

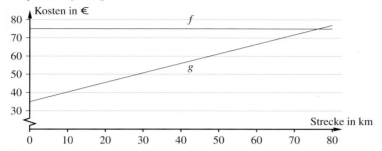

b) $f(x) = 75 \quad g(x) = 0{,}35x + 35 \quad g(110) = 73{,}5$
Also ist das Angebot 2 etwas günstiger als das Angebot 1.

7. a) m: monatlicher Mitgliedsbeitrag in €
$m \cdot 12 + 20 = 122 \Leftrightarrow m = 8{,}5$
x: Zeit in Monaten
Kosten in €: $f(x) = 8{,}5x + 20$
b) b_1) 8,50 €
b_2) Kosten in €: $f(36) = 326$
b_3) Man kann 30 Monate (2,5 Jahre) Mitglied sein, da $f(30) = 275$.
c) Kosten in €: $g(x) = mx + n$
$P_1(12|132); P_2(48|348) \quad m = \frac{348-132}{48-12} = 6$
Einsetzen z.B. von P_1:
$132 = 6 \cdot 12 + n \Leftrightarrow n = 60 \quad g(x) = 6x + 60$
d) d_1) 6 €
d_2) Kosten in €: $g(24) = 204$
d_3) Man kann 96 Monate (8 Jahre) Mitglied sein, da $f(96) = 636$.
e) $f(x_S) = g(x_S) \Leftrightarrow 8{,}5x_S + 20 = 6x_S + 60 \Leftrightarrow x_S = 16 \quad f(16) = g(16) = 156 \quad S(16|156)$
Die Kosten betragen nach 16 Monaten bei beiden Vereinen 156 €.

8. $(x-1) \cdot 1\frac{1}{3}$
Sie treffen sich nach 80 Minuten im Ziel.

9. a) a_1) $V_{Zylinder} = \pi \cdot r^2 \cdot h$; $r = 1,2$; $h = 0,6 \rightarrow V = \pi \cdot 1,2^2 \cdot 0,6 = 0,864\ \pi \approx 2,714\ [m^3]$
Für einen Füllstand von 60 cm werden etwa 2,714 m³ Wasser benötigt.

a_2) $f(x) = 12,5x$; x in Minuten; $f(x)$ in Litern (dm³)

a_3) 2,714 m³ = 2714 dm³
Gesucht x, sodass gilt: $f(x) = 2714$
Einsetzen ergibt: $2714 = 12,5x \Leftrightarrow x = 217,12$
Nach 3 Std. 37 Min. 7,2 Sek. ist der gewünschte Füllstand erreicht.

a_4) Zeitspanne 12 bis 15 Uhr → 3 Stunden
Laut Ergebnis aus (a_3) reicht die Zeit nicht aus. Es fehlen 37 Min. 7,2 Sek.
3 Stunden = 180 Minuten → $f(180) = 12,5 \cdot 180 = 2250$
Um 15 Uhr beträgt die Wassermenge im Becken 2250 Liter.
Dass die Zeit nicht ausreicht, kann man auch über die Wassermenge ermitteln: Mit dem Ergebnis aus (a_1) erhält man $2714 - 2250 = 464$.
Es fehlen also noch 464 Liter bis zur gewünschten Füllmenge.
2250 Liter = 2,250 m³
Für den Füllstand ist gesucht h, so dass gilt $\pi \cdot 1,2^2 \cdot h = 2,250$
$\Leftrightarrow h = \frac{2,25}{1,44\ \pi} \rightarrow h \approx 0,50$
Um 15 Uhr beträgt der Füllstand 50 cm.

b) b_1) $V_{Zylinder} = \pi \cdot r^2 \cdot h$; $r = 1,2$; $h = 0,75 : 2 = 0,375 \rightarrow V = \pi \cdot 1,2^2 \cdot 0,375 = 0,54\ \pi \approx 1,696\ [m^3]$
Um das Becken zur Hälfte zu füllen, werden 1,696 m³ Wasser benötigt.

b_2) Allgemeine Gleichung: $g(x) = mx + n$
Da das Becken anfangs leer ist, gilt: $g(0) = 0 \rightarrow n = 0$
Laut Ergebnis aus (b_1) beträgt die Wassermenge nach 120 Minuten 1696 Liter, d.h. $g(120) = 1696$, mit $n = 0$, also:
$m \cdot 120 = 1696 \Leftrightarrow m = 14,1\overline{3}$
Gesuchte Gleichung: $g(x) = 14,1\overline{3}x$

b_3) 3 Stunden = 180 Minuten
$f(180) = 14,1\overline{3} \cdot 180 = 2544$
2544 dm³ = 2,544 m³
Gesucht h, sodass gilt: $\pi \cdot 1,2^2 \cdot h = 2,544$
$\Leftrightarrow h = \frac{2,544}{1,44 \cdot \pi} \rightarrow h \approx 0,56$

An diesem Tag beträgt die Füllhöhe nach 3 Stunden Wasserzulauf etwa 56 cm, d.h., Samiras Befürchtung ist unbegründet.

2.1 Lineare Funktionen

c) c_1) Allgemeine Gleichung: $h(x) = mx + n$
Mit der Formel aus (a_1) erhält man für eine Füllhöhe von 55 cm:
$V = \pi \cdot 1{,}2^2 \cdot 0{,}55 = 0{,}792\,\pi \approx 2{,}488\,[\text{m}^3]$
Folglich beträgt die anfängliche Wassermenge 2488 Liter.
Also gilt: $h(0) = 2488 \to n = 2488$
Pro Minute verringert sich die Wassermenge um 40 Liter, d. h. $m = -40$.
Gesuchte Gleichung: $h(x) = -40x + 2488$

c_2) Gesucht x, sodass gilt: $h(x) = 0$
$-40x + 2488 = 0$
$\Leftrightarrow x = 62{,}2$
Nach 62,2 Minuten ist das Becken vollständig geleert.

d) d_1) Gegeben: $r = 0{,}75\,[\text{m}]$; $h = 0{,}25\,[\text{m}]$
Einsetzen in die Formel aus (a_1) ergibt: $V = \pi \cdot 0{,}75^2 \cdot 0{,}25 = 0{,}140625\pi \approx 0{,}442\,[\text{m}^3]$
Folglich beträgt die anfängliche Wassermenge 442 Liter.

d_2) Also gilt: $h(0) = 442 \to n = 442$
59 Liter weniger nach 10 Minuten $\to$ 5,9 Liter weniger pro Minute $\to m = -5{,}9$
Gesuchte Gleichung: $k(x) = -5{,}9x + 442$

d_3) Gesucht ist x, sodass gilt: $k(x) = 0$
$-5{,}9x + 442 = 0$
$\to x \approx 74{,}92$
Nach etwa 75 Minuten ist das kleine Becken vollständig geleert. Also dauert die Leerung des kleinen Beckens etwa 13 Minuten länger als die des großen.

10. Zunächst benötigt man einen Schieberegler a von 1,6 bis 1,9, um den variablen Fahrpreis des Kölner Unternehmens zu beschreiben. Damit erstellt man nun die linearen Funktionen zur Beschreibung des Fahrpreises in Abhängigkeit von der zurückgelegten Strecke:
$d(x) = 1{,}5x + 5{,}5 + 10$ und
$k(x) = ax + 3$.
Hilfreich wäre es, auch eine senkrechte Gerade bei $x = 43$ einzuzeichnen.
Durch Variation des Wertes von a (z.B. in 0,05-€-Schritten) erkennt man, dass selbst bei einem Kilometerpreis von 1,80 € das Kölner Unternehmen noch günstiger ist.

122 11. Zunächst muss ein Schieberegler a für die Höhe der Wandmontage erstellt werden (2,30 m bis 3,30 m). Damit kann man die beiden Markisen durch Geraden modellieren:
$f(x) = -0,3x + a$ und $g(x) = -0,1x + a$.
Zusätzlich sollte der höchste Punkt der Statue modelliert werden: $P(1,5|2,5)$.
Damit die Markise über die Statue reicht, muss die Markise in einer Höhe von 2,70 m (g: Anbieter 2) bzw. 3 m (f: Anbieter 1) angebracht werden.
Vergleicht man aber nun noch die Höhe am Ende der Terrasse, so kommt man zu dem Schluss, dass Anbieter 1 selbst bei der höchsten Anbringung mit 1,50 m Höhe nicht unbedingt in Frage kommt.
Somit bleibt nur Anbieter 2. Verzichtet man auf das Kriterium, am Ende unter der Markise durchlaufen zu können, muss man auch zu dem Schluss kommen, dass Anbieter 2 die Markise anbringen sollte, da eine Installationshöhe von 2,70 m ausreichend ist und der Anbieter somit 500 € günstiger ist als Anbieter 1.

Test zu 2.1

124 1. a) $f(x) = -\frac{2}{3}x + 2$
b) $fx = 5x + 2$

2. a) $f(x) = 2x + 12$
$g(x) = -0,25x + 3$

b)
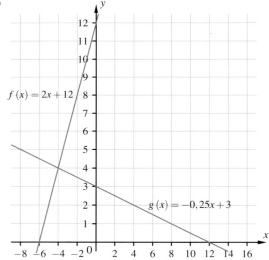

2.1 Lineare Funktionen

c)

	Schnittpunkt mit der x-Achse	Schnittpunkt mit der y-Achse
f	$0 = 2x_N + 12 \;\Rightarrow\; S_x(-6\,\vert\,0)$	$f(0) = 12 \;\Rightarrow\; S_y(0\,\vert\,12)$
g	$0 = -0{,}25x_N + 3 \;\Rightarrow\; S_x(12\,\vert\,0)$	$g(0) = 3 \;\Rightarrow\; S_y(0\,\vert\,3)$

Schnittpunkt S der Graphen von f und g:
$2x_S + 12 = -0{,}25x_S + 3 \;\Leftrightarrow\; x_S = -4 \;\Rightarrow\; y_S = 4 \;\Rightarrow\; S(-4\,\vert\,4)$

d) - parallel zu f ist z.B. $y = 2x + 1$
- parallel zu g ist z.B. $y = -0{,}25x + 1$
- orthogonal zu f ist z.B. $y = -0{,}5x$
- orthogonal zu g ist $y = 4x + 2$

3. a) Die Funktionsgleichung ergibt sich aus der Zwei-Punkte-Form: $s(t) = \frac{s_2 - s_1}{t_2 - t_1}(t - t_1) + s_1$.
Somit ist $s_g = \frac{14-9}{8-3}(t-3) + 9 = t + 6$.
Maja bewegt sich also mit einer Geschwindigkeit von einem Meter in der Sekunde, das entspricht $3{,}6\,\frac{\text{km}}{\text{h}}$.

b) $s(t) = t + 6 \to s(5) = 5 + 6 = 11$
Nach 5 Sekunden ist Maja 11 m von der Bushaltestelle entfernt.

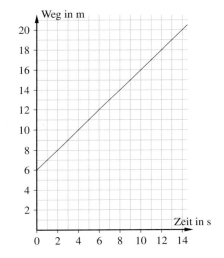

4. a) Pro 100 km verbraucht das Auto 6 l. Zu Beginn sind 78 l im Tank.
Also $f(x) = -0{,}06x + 78$.

b) $g(x) = -0{,}07x + 84$

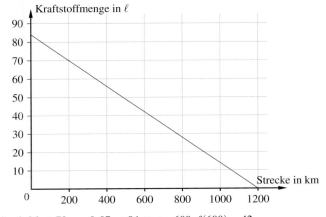

c) $-0{,}06x + 78 = -0{,}07x + 84 \Leftrightarrow x = 600, f(600) = 42$
Die Füllmenge beträgt nach 600 gefahrenen km bei beiden Tanks 42 l.

124

d) $m = -0,075$; $n = 67,5$; $f(x) = -0,075x + 67,5$
Der durchschnittliche Verbrauch ist etwas höher. Wird eine lineare Funktion zugrunde gelegt, betrug die Tankfüllung 67,5 l.

e) $f(x) = \frac{-3}{40}x + 67,5$

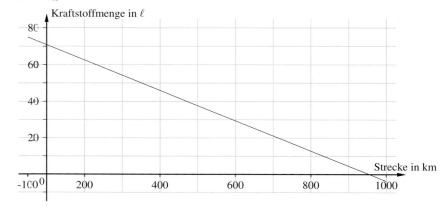

2.2 Quadratische Funktionen

2.2.1 Gleichungen und Graphen

1. Die Aufgaben b) und c) enthalten quadratische Funktionsgleichungen, weil sie x^2 als höchste Potenz enthalten.

2. a) $f(x) = x^2 + 2$, $S_y(0|2)$, um zwei nach oben verschobene, nach oben geöffnete, Normalparabel.

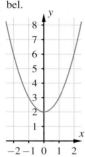

c) $f(x) = -2x^2 + 1$, $S_y(0|1)$, nach unten geöffnet, Öffnungsweite 2

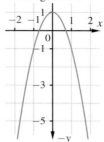

b) $f(x) = -0,5x^2 - 3$, $S_y(0|-3)$, nach unten geöffnete Parabel, um -3 nach unten verschoben, Öffnungsweite 0,5

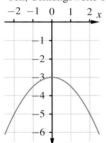

d) $f(x) = (x-2)^2 - 1$, $S_y(2|-1)$, nach oben geöffnet, Normalparabel

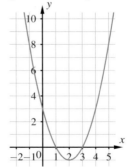

e) $f(x) = 0{,}5(x+1)^2 + 4$, $S_y(-1|4)$, nach oben geöffnet, Öffnungsweite 0,5

f) $f(x) = -2(x-6)^2 + 1$, $S_y(6|1)$, nach unten geöffnet, Öffnungsweite 2

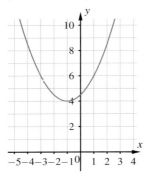
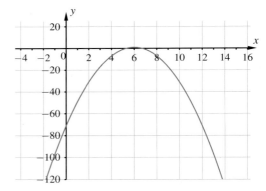

3. $f(x) = x^2 + 2$
$g(x) = 0{,}5(x-1)^2 + 2$
$h(x) = -2(x+2)^2 - 1$
$i(x) = -(x-4)^2$

4. a) falsch — Gegenbeispiel: $a = -5$.
b) falsch — Gegenbeispiel: $f(x) = (x+2)^2 - 2$; $S(-2|-2)$
c) falsch — Die y-Achse wird im Koordinatenursprung geschnitten.
d) wahr

5.

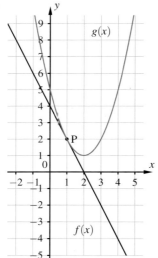

6. a) $f(x) = (x-4)^2 - 2$ $S(4|2)$
b) $f(x) = -2x^2 + 4{,}5$ $S(0|4{,}5)$
c) $f(x) = -\frac{1}{6}(x+3)^2$ $S(-3|0)$
d) $f(x) = -(x+3{,}5)^2 + 6$ $S(-3{,}5|6)$

2.2 Quadratische Funktionen

7. Kantenlänge $x \to$ Fliesenfläche $A(x) = x^2$;
Fliesenfläche pro Paket $A_p(x) = 50x^2$
Paketpreis: $f(x) = 25 \cdot 50 \cdot x^2$
$\Leftrightarrow f(x) = 1250x^2$

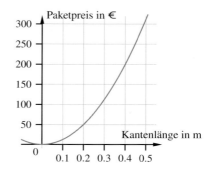

8. a) $U = 2a + b$ (am Kanal kein Zaun)
$240 - 2a = b$
b) $A(a) = a(240 - 2a)$

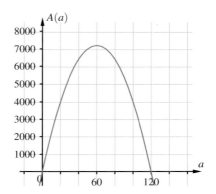

c) Scheitelpunkt: x-Koordinate 60, $A(60) = 7200$
$A(a) = -2(x - 60)^2 + 7200$
$a = 60, \ b = 120$

9. a) $f(x) = -0,5x^2 + 2x + 1$
$ = -0,5(x^2 - 4x - 2)$
$ = -0,5(x - 2)^2 + 3 \quad S(2|3)$

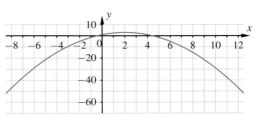

b) $f(x) = 2(x^2 + 6x + 7)$
$ = 2(x^2 + 6x + 9 - 2)$
$ = 2(x + 3)^2 - 4 \quad S(-3|-4)$

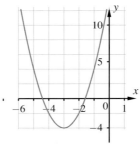

132 c) $x = 2$. Koordinate des Scheitelpunkts,
also $f(x) = -(x-2)^2 + 4$ $S(2|4)$

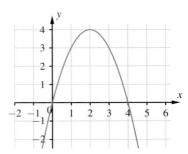

d) $f(x) = -(x^2 + 2x + 1)$
$= -(x+1)^2$ $S(-1|0)$

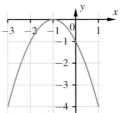

e) $f(x) = 0{,}25(x^2 + 4x + 4 - 4)$
$= 0{,}25(x+2)^2 - 1$ $S(-2|-1)$

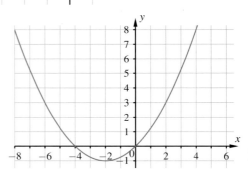

2.2.2 Allgemeine Form und Scheitelpunktform

136 1. a) $f(x) = x^2 + 2x - 3 = x^2 + 2x + 1 - 1 - 3 = (x+1)^2 - 4$
b) $f(x) = \frac{3}{4}x^2 + 1$
c) $f(x) = 1{,}5x^2 + 6x + 6 = 1{,}5(x^2 + 4x + 4) = 1{,}5(x+2)^2$
d) $f(x) = -2x^2 - 2x + 4 = -2(x^2 + x - 2) = -2(x^2 + x + 0{,}25 - 0{,}25 - 2) = -2(x + 0{,}5)^2 + 4{,}5$
e) $f(x) = 3(x-1)^2 - 9 = 3(x^2 - 2x + 1) - 9 = 3x^2 - 6x - 6$
f) $f(x) = -0{,}4x^2 + 1{,}6x - 2{,}6 = -0{,}4(x^2 - 4x + 6{,}5) = -0{,}4(x^2 - 4x + 4 - 4 + 6{,}5) = -0{,}4(x-2)^2 - 1$
g) $f(x) = \frac{1}{3}(x-3)^2 - \frac{4}{3} = \frac{1}{3}(x^2 - 6x + 9) - \frac{4}{3} = \frac{1}{3}x^2 - 2x + \frac{5}{3}$
h) $f(x) = -0{,}5x^2 + 6x = -0{,}5(x^2 - 12x) = -0{,}5(x^2 - 12x + 36 - 36) = -0{,}5(x-6)^2 + 18$

2.2 Quadratische Funktionen

136

	y-Achsen-schnittpunkt	Scheitelpunkt	Öffnungs-richtung	Öffnungs-weite	Verschiebung
a)	$S_y(0\mid -3)$	$S(-1\mid -4)$	nach oben	normal weit	um 3 Einheiten nach unten
b)	$S_y(0\mid 1)$	$S(0\mid 1)$	nach oben	gestaucht	um 1 Einheit nach oben
c)	$S_y(0\mid 6)$	$S(-2\mid 0)$	nach oben	gestreckt	um 6 Einheiten nach oben
d)	$S_y(0\mid 4)$	$S(-0,5\mid 4,5)$	nach unten	gestreckt	um 4 Einheiten nach oben
e)	$S_y(0\mid -6)$	$S(1\mid -9)$	nach oben	gestreckt	um 1 Einheit nach rechts und 9 Einheiten nach unten
f)	$S_y(0\mid -2,6)$	$S(2\mid -1)$	nach unten	gestaucht	um 2,6 Einheiten nach unten
g)	$S_y(0\mid \frac{5}{3})$	$S(3\mid -\frac{4}{3})$	nach oben	gestaucht	um 3 Einheiten nach rechts und $\frac{4}{3}$ Einheiten nach unten
h)	$S_y(0\mid 0)$	$S(6\mid 18)$	nach unten	gestaucht	

2.
a) $f(x) = 0,6(x-3)^2 - 4 = 0,6x^2 - 3,6x + 1,4$
b) $g(x) = 1(x+2,5)^2 - 5 = x^2 + 5x + 1,25$
c) $h(x) = -1,5(x-4)^2 + 6 = -1,5x^2 + 12x - 18$
d) $i(x) = -2(x+0,5)^2 + 4 = -2x^2 - 2x + 3,5$
e) $k(x) = \frac{3}{4}x^2 - 2$
f) $l(x) = -\frac{1}{3}(x+1,5)^2 + 8 = -\frac{1}{3}x^2 - x + 7,25$

3. $K(v) = 0,0018v^2 - 0,18v + 8$
$= 0,0018(v^2 - 100v + \frac{40000}{9})$
$= 0,0018(v^2 - 100v + 2500 - 2500 + \frac{40000}{9})$
$= 0,0018(v-50)^2 + 3,5$

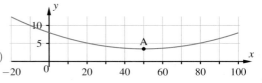

Bei 50 km/h ist der Spritverbrauch minimal.

4.

	Funktionsterm in Scheitelpunktform	Scheitelpunkt der Parabel	x_S	y_S	Funktionsterm in Normalform	b	c
a)	$(x-2)^2$	$(2\mid 0)$	2	0	$x^2 - 4x + 4$	-4	4
b)	$(x-3)^2 + 4$	$(3\mid 4)$	3	4	$x^2 - 6x + 13$	-6	13
c)	$(x+3)^2 - 5$	$(-3\mid -5)$	-3	-5	$x^2 + 6x + 4$	6	4
d)	$(x+2,5)^2 + 4,5$	$(-2,5\mid 4,5)$	$-2,5$	4,5	$x^2 + 5x + 10,75$	5	10,75
e)	$(x+2)^2 - 9$	$(-2\mid -9)$	-2	-9	$x^2 + 4x - 5$	4	-5
f)	$(x-3)^2 - 4$	$(3\mid -4)$	3	-4	$x^2 - 6x + 5$	-6	5
g)	$(x-2)^2 + 6$	$(2\mid 6)$	2	6	$x^2 - 4x + 10$	-4	10
h)	$(x-4,5)^2 - 6,5$	$(4,5\mid -6,5)$	4,5	$-6,5$	$x^2 - 9x + 13,75$	-9	13,75

5. $P(x) = x \cdot (40 - x) \Rightarrow S(20\mid 400)$
Die beiden Summanden sind jeweils 20.
Maximales Produkt: 400

136

6. Beispiel: $f(x) = 2x^2 - 12x + 10$
   Wir klammern zuerst den Faktor 2 vor x^2 aus: $\qquad f(x) = 2 \cdot (x^2 - 6x + 5)$

   Wir suchen dann anhand des linearen Glieds $-6x$ die quadratische Ergänzung für das zu bildende Binom. Die quadratische Ergänzung ist $(\frac{6}{2})^2 = 3^2$. Die quadratische Ergänzung 3^2 wird in der Klammer ergänzt und gleichzeitig abgezogen: $\qquad f(x) = 2 \cdot ((x^2 - 6x + 3^2) - 3^2 + 5))$

   Dann fassen wir die ersten 3 Summanden in der Klammer zum Binom $(x-3)^2$ zusammen:
   $$f(x) = 2 \cdot ((x-3)^2 - 9 + 5)$$
   $$= 2 \cdot ((x-3)^2 - 4)$$

   Jetzt wird die äußere Klammer ausmultipliziert: $\qquad f(x) = 2 \cdot (x-3)^2 - 8$

   Der Scheitelpunkt ist also $S(3|-8)$.

7. Individuelle Lösungen

2.2.3 Berechnung von Schnittpunkten

142

1. a) $f(x_N) = 0 \Leftrightarrow x_N^2 + 2x_N - 3 = 0$
   $x_{N_{1,2}} = -1 \pm \sqrt{4} \qquad x_{N_1} = 1; x_{N_2} = -3 \qquad N_1(1|0); N_2(-3|0)$
   $f(x) = (x-1)(x+3)$
   b) $f(x_N) = 0 \Leftrightarrow \frac{3}{4}x_N^2 + 1 = 0 \qquad$ keine Nullstelle $\qquad$ Produktform nicht möglich in $\mathbb{R}$
   c) $f(x_N) = 0 \Leftrightarrow -2x_N^2 - 2x_N + 4 = 0 \Leftrightarrow x_N^2 + x_N - 2 = 0$
   $x_{N_{1,2}} = -0,5 \pm \sqrt{2,25} \qquad x_{N_1} = 1; x_{N_2} = -2 \qquad N_1(1|0); N_2(-2|0)$
   $f(x) = -2(x+2)(x-1)$
   d) $f(x_N) = 0 \Leftrightarrow 3(x_N - 1)^2 - 9 = 0 \Leftrightarrow (x_N - 1)^2 = 3 \Leftrightarrow x_N - 1 = \sqrt{3} \vee x_N - 1 = -\sqrt{3}$
   $\Leftrightarrow x_N = 1 + \sqrt{3} \; (\approx 2,73) \vee x_N = 1 - \sqrt{3} \; (\approx -0,73) \qquad N_1(1+\sqrt{3}|0); N_2(1-\sqrt{3}|0)$
   $f(x) = 3(x - 1 - \sqrt{3})(x - 1 + \sqrt{3})$
   e) $f(x_N) = 0 \Leftrightarrow -0,4x_N^2 + 1,6x_N - 2,6 = 0 \Leftrightarrow x_N^2 - 4x_N + 6,5 = 0$
   $x_{N_{1,2}} = 2 \pm \sqrt{-2,5} \qquad$ keine Nullstelle $\qquad$ Produktform nicht möglich
   f) $f(x_N) = 0 \Leftrightarrow \frac{1}{3}(x_N - 3)^2 - \frac{4}{3} = 0 \Leftrightarrow (x_N - 3)^2 = 4$
   $\Leftrightarrow x_N - 3 = 2 \vee x_N - 3 = -2 \qquad x_N = 5 \vee x_N = 1 \qquad N_1(5|0); N_2(1|0)$
   $f(x) = \frac{1}{3}(x-5)(x-1)$
   g) $f(x_N) = 0 \Leftrightarrow 0,5(x^2 - 4x - 21) = 0$
   $\Leftrightarrow x^2 - 4x - 21 = 0$
   $x_{N_{1,2}} = 2 \pm 5$
   h) $f(x_N) = 0 \Leftrightarrow -2x(x+1) = 0$
   $x_N = 0 \vee x_N = -1 \qquad N_1(0|0) \qquad N_2(-1|0)$

2. a) $x_{N_{1,2}} = 2; N(2|0); S_y(0|6)$ $\qquad$ c) $x_{N_{1,2}} = 4; N(4|0); S_y(0|4)$
   b) $x_{N_1} = 0; x_{N_2} = 12; N_1(0|0); N_2(12|0); S_y(0|0)$ $\qquad$ d) $x_{N_1} = 1; x_{N_2} = 2; N_1(1|0); N_2(2|0); S_y(0|2)$

2.2 Quadratische Funktionen

3. Skizzen: Der x-Wert des Scheitelpunktes ist aus Symmetriegründen der Mittelwert der Nullstellen.

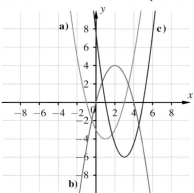

a) $f(x) = (x+1)(x-3) = x^2 - 2x - 3$

b) $f(x) = -x(x-4) = -x^2 + 4x$

c) $f(x) = 1{,}5(x-1)(x-5) = 1{,}5x^2 - 9x + 7{,}5$

d) $f(x) = -2(x-2)^2 = -2x^2 + 8x - 8$

e) $f(x) = 0{,}375x(x+4) = 0{,}375x^2 + 1{,}5x$

f) $f(x) = \frac{2}{3}(x-1{,}5)(x-7{,}5) = \frac{2}{3}x^2 - 6x + 7{,}5$

4. a) wahr

b) falsch   Gegenbeispiel: $f(x) = (x-1)^2$; $S(1|0)$ Der Scheitelpunkt hat den x-Wert 1.

c) wahr

d) wahr

5. a)

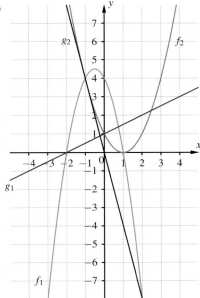

142

b) Schnittpunkte der Graphen von f_1 und f_2:
$-2x_S^2 - 2x_S + 4 = (x_S - 1)^2 \Leftrightarrow 3x_S^2 = 3 \Leftrightarrow x_S = 1 \vee x_S = -1 \quad S_1(1|0); S_2(-1|4)$
Schnittpunkte der Graphen von f_1 und g_1:
$-2x_S^2 - 2x_S + 4 = 0{,}5x_S + 1 \Leftrightarrow x_S^2 + 1{,}25x_S - 1{,}5 = 0 \quad x_{S_1} = 0{,}75; x_{S_2} = -2$
$S_1(0{,}75|1{,}375); S_2(-2|0)$
Schnittpunkte der Graphen von f_1 und g_2:
$-2x_S^2 - 2x_S + 4 = -4x_S \Leftrightarrow x_S^2 - x_S - 2 = 0 \quad x_{S_1} = 2; x_{S_2} = -1 \quad S_1(2|-8); S_2(-1|4)$
Schnittpunkte der Graphen von f_2 und g_1:
$(x_S - 1)^2 = 0{,}5x_S + 1 \Leftrightarrow x_S^2 - 2{,}5x_S = 0 \Leftrightarrow x_S(x_S - 2{,}5) = 0 \Leftrightarrow x_S = 0 \vee x_S = 2{,}5$
$S_1(0|1); S_2(2{,}5|2{,}25)$
Schnittpunkte der Graphen von f_2 und g_2:
$(x_S - 1)^2 = -4x_S \Leftrightarrow x_S^2 + 2x_S + 1 = 0 \Leftrightarrow (x_S + 1)^2 = 0 \Leftrightarrow x_S = -1 \quad$ Berührpunkt $S(-1|4)$
Schnittpunkt der Graphen von g_1 und g_2:
$0{,}5x_S + 1 = -4x_S \Leftrightarrow x_S = -\frac{2}{9} \quad S(-\frac{2}{9}|\frac{8}{9})$

6. a) $x_{1,2} = \frac{-0{,}25 \pm \sqrt{0{,}25^2 - 4 \cdot (-0{,}25) \cdot 0{,}75}}{2 \cdot (-0{,}25)} \Leftrightarrow x_{1,2} = \frac{-0{,}25 \pm \sqrt{0{,}25^2 + 0{,}75}}{-0{,}5} \Leftrightarrow x_{1,2} = 0{,}5 \pm 0{,}5\sqrt{13}$
$x_1 = \frac{1}{2} + \frac{1}{2}\sqrt{13} \qquad x_2 = \frac{1}{2} - \frac{1}{2}\sqrt{13}$

b) $x_{1,2} = \frac{-1 \pm \sqrt{1 - 4 \cdot 3 \cdot (-2)}}{2 \cdot 3} \Leftrightarrow x_{1,2} = \frac{-1 \pm \sqrt{25}}{6} \Leftrightarrow x_{1,2} = 0{,}5 \pm 0{,}5\sqrt{13}$
$x_1 = -1 \qquad x_2 = \frac{2}{3}$

c) $x_{1,2} = \frac{-7{,}75 \pm \sqrt{60{,}0625 - 4 \cdot 2 \cdot (-1)}}{2 \cdot 2} \Leftrightarrow x_{1,2} = \frac{-7{,}75 \pm 8{,}25}{4}$
$x_1 = \frac{1}{8} \qquad x_2 = -4$

7. a)

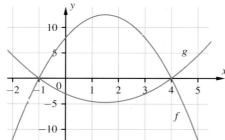

b) Schnittstellen der Geraden g mit dem Graphen von f bestimmen
$g(x) = f(x) \Leftrightarrow x = -1 \vee x = 3$
Für den Flächeninhalt des Dreiecks gilt:
$A = \frac{(f(3) - g(3)) \cdot 4}{2} = \frac{11 \cdot 4}{2} = 22$ [FE]

c) Durch die Funktion $f_c(x) = f(x) + c$ wird die um c Einheiten nach unten bzw. oben verschobene Parabel beschrieben.
Schnittstellen mit g: $f_c(x) = g(x) \Leftrightarrow x = 1 - \frac{\sqrt{2} \cdot \sqrt{c+8}}{2} \vee x = 1 + \frac{\sqrt{2} \cdot \sqrt{c+8}}{2}$
Genau ein gemeinsamer Punkt existiert also für $c = -8$.

2.2 Quadratische Funktionen

2.2.4 Bestimmung der Funktionsgleichung aus gegebenen Punkten

1. a) $f(x) = x^2 + 3x - 4$
   b) $f(x) = x^2 + x - 2$
   c) $f(x) = -x^2 - 3x + 10$
   d)
I	$3 = 9a - 3b + c$	(I – II)	IV	$4 = 5a - 5b$
II	$-1 = 4a + 2b + c$	(II – III)	V	$2 = -32a - 4b \cdot (-1,25)$
III	$-3 = 36a + 6b + c$			$-2,5 = 40a + 5b$
				$1,5 = 45a;\ a = \frac{1}{30};\ b = \frac{-23}{30};\ c = \frac{2}{5}$

   $f(x) = \frac{1}{30}x^2 - \frac{23}{30}x + \frac{2}{5}$

   e) $f(x) = 0,5x^2 + 1,5x - 5$
   f) $f(x) = -0,5x^2 + 3,5x - 6$

2. a) $f(x) = -3x^2 + 5x - 7$

   c)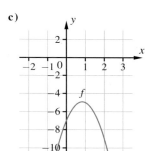

   b)
Scheitelpunkt	Schnittpunkt mit der y-Achse	Schnittpunkte mit der x-Achse
$S(\frac{5}{6} \mid -4,92)$	$S_y(0 \mid -7)$	keine

3. | I | $1 = a + b + c$ | (I – II) | IV | $-9 = -3a - b$ |
   |---|---|---|---|---|
   | II | $10 = 4a + 2b + c$ | (II – III) | V | $15 = 3a + 3b$ |
   | III | $-5 = a - b + c$ | (IV + V) | VI | $6 = 2b$ |

   $b = 3, a = 2, c = -4$
   $f(x) = 2x^2 + 3x - 4$
   Lineare Funktion $g(x) = 13x - 16$
   $f(x) = g(x)$
   $2x^2 - 10x + 12 = 0 \Leftrightarrow x_1 = 2 \quad x_2 = 3$
   $S_1(2 \mid 10);\ S_2(3 \mid 23)$

4. Der Tunnel ist 7 m hoch.
   $O_1: f(x) = ax^2 + 7 \quad f(5) = 0 \Leftrightarrow 25a + 7 = 0 \Leftrightarrow a = -0,28 \quad f(x) = -0,28x^2 + 7$
   $O_2: f(x) = -0,28(x-5)^2 + 7 \quad O_3: f(x) = -0,28x^2 \quad O_4: f(x) = -0,28(x-6)^2 + 7$

145 5. a) siehe unten, $A(0|-1,5)$, $C(3|-1,5)$, $D(-3|7,5)$
b) $h(x) = 0,5x^2 - 1,5x - 1,5$
c) $A = 13,5$ FE

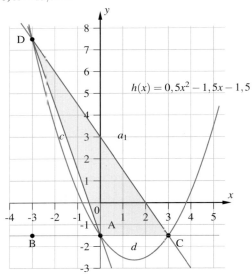

Übungen zum Exkurs: Ökonomische Funktionen II

150 1. a) $2x + 8 = -2x^2 + 12x \Leftrightarrow x^2 - 5x - 4 = 0 \Leftrightarrow (x-4)(x-1) = 0 \Leftrightarrow x = 4 \vee x = 1$
$A(1|10)$, $B(4|16)$
Gewinnschwelle bei 1 ME, Gewinngrenze bei 4 ME

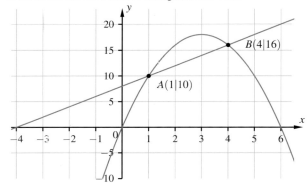

2.2 Quadratische Funktionen

b) $4x + 64 = -0,5x^2 + 20x \Leftrightarrow x^2 - 32x + 128 = 0$
$x_{1,2} = 16 \pm \sqrt{256 - 128}$
$x_1 \approx 4,69$ (Gewinnschwelle) $\lor x_2 \approx 27,31$ (Gewinngrenze)

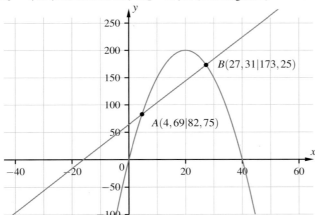

2. *Hinweis:* Fehler im 1. Druck: Die Funktionsgleichung von p sollte heißen: $p(x) = -0,05x + 10$

a) $E(x) = p(x) \cdot x$
$E(x) = -0,05x^2 + 10x$

b) Bedingung $E(x) = 0$
$0 = -0,05x(x - 200)$
$x = 0 \lor x = 200$

c) Der Scheitelpunkt der Erlösfunktion muss aus Symmetriegründen die x-Koordinate 100 haben.
$E(100) = 500$
Bei einer Ausbringungsmenge von 100 ME wird ein Erlös von 500 GE erzielt.

d) $G(x) = E(x) - K(x)$

e) $G(x) = -0,05x^2 + 10x - (4x + 100)$
$G(x) = -0,05x^2 + 6x - 100$
$0 = -0,05x^2 + 6x - 100$
$0 = x^2 - 120x + 2000$
$0 = (x - 100)(x - 20)$
Die Gewinnschwelle liegt bei 20 ME, die Gewinngrenze bei 100 ME.

f) Der Scheitelpunkt der Gewinnfunktion hat die x-Koordinate 60. Der maximale Gewinn ist $G(60) = 80$.

g)

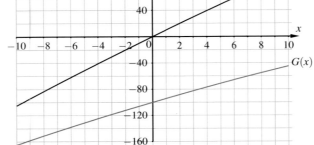

3. a) $p(x) = ax^2 + bx + c$

$130 = 400a + 20b + c$

$118 = 900a + 30b + c$

$90 = 1600a + 40b + c$

Lösen des GLS führt zu $p(x) = -0,08x^2 + 2,8x + 106$

b)

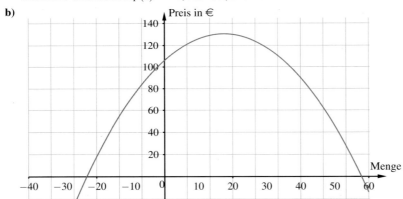

c) $-0,08x^2 + 2,8x + 106 = 0$

$x \approx 57,89 \lor x \approx -22,89$

d) Insgesamt handelt es sich bei solchen Funktionen immer nur um Modelle.

2.2 Quadratische Funktionen

Übungen zu 2.2

1.

	Scheitelpunktform	Scheitelpunkt	Allgemeine Form
(1)	$f(x) = 2(x-3)^2 + 6$	$S(3\mid 6)$	$f(x) = 2x^2 - 12x + 24$
(2)	$f(x) = 0,25(x-1)^2 - 2,25$	$S(1\mid -2,25)$	$f(x) = 0,25x^2 - 0,5x - 2$
(3)	$f(x) = 0,36(x-4)^2 - 1,44$	$S(4\mid -1,44)$	$f(x) = 0,36x^2 - 2,88x + 4,32$
(4)	$f(x) = 0,125(x+0,5)^2 - 0,281$	$S(-0,5\mid -0,281)$	$f(x) = 0,125x^2 + 0,125x - 0,25$
(5)	$f(x) = -2(x-1)^2 + 8$	$S(1\mid 8)$	$f(x) = -2x^2 + 4x + 6$

	Nullstellen	Produktform	S_y	Leitkoeffizient a
(1)	keine	-	$S_y(0\mid 24)$	2
(2)	$x = -2; x = 4$	$f(x) = 0,25(x+2)(x-4)$	$S_y(0\mid -2)$	0,25
(3)	$x = 6; x = 2$	$f(x) = 0,36(x-6)(x-2)$	$S_y(0\mid 4,32))$	0,36
(4)	$x = -2; x = 1$	$f(x) = 0,125(x+2)(x-1)$	$S_y(0\mid -0,25)$	0,125
(5)	$x = 3; x = 1$	$f(x) = -2(x-3)(x-1)$	$S_y(0\mid 6)$	-2

2. a) $f(x) = -x^2$
keine Schnittstelle von f und g

b)

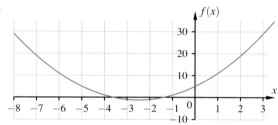

Scheitelpunktform:
$f(x) = (x+2,5)^2 - 1,25$;
$S(-2,5\mid -1,25)$
Schnittstellen von f und g
$x^2 + 5x + 5 = x + 1$
$x^2 + 4x + 4 = 0$
$x = -2$
f und g berühren sich im Punkt
$P(-2\mid 1)$.

c)

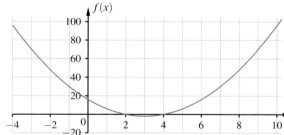

Scheitelpunktform:
$f(x) = 2(x^2 - 6x + 8)$
$f(x) = 2(x-3)^2 - 2$; $S(3\mid -2)$
Schnittstellen von f und g
$2x^2 - 12x + 16 = x + 1$
$2x^2 - 13x + 15 = 0$
$x = 5;$ $x = 1,5$

3. Graph von $f(x) = 0,5(x-4)^2 + 1$
$f(x) = 0,5x^2 - 4x + 9$
Graph von $g(x) = -4(x+2)^2$
$g(x) = -4x^2 - 16x - 16$
Graph von $h(x) = -0,25(x-2)^2 - 3$
$h(x) = -0,25x^2 + x - 4$
Graph von $i(x) = 3(x+3)^2 + 2$
$i(x) = 3x^2 + 18x + 29$

4. $f(x) = ax^2 + bx + c$

$c = 0,2$

$1,2 = 0,25a + 0,5b + 0,2 \Leftrightarrow 4 = a + 2b$

$0,2 = a + b + 0,2 \Leftrightarrow 0 = a + b$

$f(x) = -4x^2 + 4x + 0,2$ in Scheitelpunktform $f(x) = -4(x - 0,5)^2 + 1,2$

5. a) $f(x) = ax^2 + 68$ rechter Verankerungspunkt (unterer Bogen): $A(85|0)$

$f(85) = 0 \Leftrightarrow a \cdot 85^2 + 68 = 0 \Leftrightarrow a = -\frac{4}{425}$ $f(x) = -\frac{4}{425}x^2 + 68$

b) Die Längeneinheit beträgt 1 m. $g(x) = ax^2 + 73$

e: horizontale Entfernung der Verankerungspunkte beider Bögen in m

Nach dem Satz des Pythagoras gilt: $e^2 + 8^2 = 17^2 \rightarrow e = 15$

rechter Verankerungspunkt (oberer Bogen): $B(100|8)$

$g(100) = 8 \Leftrightarrow a \cdot 100^2 + 73 = 8 \Leftrightarrow a = -0,0065x^2 + 73$ $g(x) = -0,0065x^2 + 73$

c) Maßstab 1 : 2000

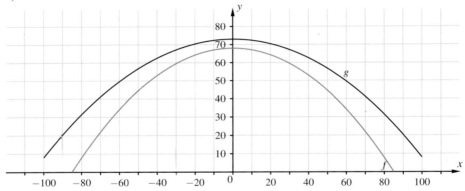

6. a) Die Steigung, die sich aus jeweils zwei Wertepaaren ergibt, ist nicht einheitlich.

z.B. $A(0|2645)$ und $B(2|2625)$: $m_{AB} = \frac{2625-2645}{2-0} = -10$

$A(2|2625)$ und $C(4|2565)$: $m_{AC} = \frac{2565-2625}{4-2} = -30$

b) $h(t) = at^2 + bt + 2645$

(I) $h(2) = 2625 \Leftrightarrow 4a + 2b + 2645 = 2625$

(II) $h(4) = 2565 \Leftrightarrow 16a + 4b + 2645 = 2565$ $a = -5; b = 0$ $h(t) = -5t^2 + 2645$

c) $h(t) = 440 \Leftrightarrow -5t^2 + 2645 = 440 \Leftrightarrow t^2 = 441 \Leftrightarrow t = 21 \vee t = -21$ (nicht relevant)

Der Springer muss nach 19 Sekunden die Reißleine ziehen. Vernachlässigt wird, dass direkt nach der Entfaltung des Fallschirms die Geschwindigkeit noch zu groß zum Landen sein kann. Auf der anderen Seite gibt es bereits während der Entfaltung eine Bremswirkung.

d) $h(t_N) = 0 \Leftrightarrow -5t_N^2 + 2645 = 0 \Leftrightarrow t_N^2 = 529 \Leftrightarrow t_N = 23 \vee t_N = -23$ (nicht relevant)

Der Springer würde 23 Sekunden benötigen.

2.2 Quadratische Funktionen

7. 🔒 **Geschlossene Variante**

a)

Preissenkung in €	0	10	20	30	40	x
Kosten für das Angebot in €	90	80	70	60	50	$90-x$
Anzahl der Anmeldungen	330	390	450	510	570	$330+6x$
Einnahmen in €	29 700	31 200	31 500	30 600	28 500	$(90-x)\cdot(330+6x)$

b)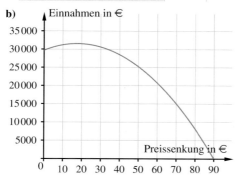

c) Einnahmen in €: $(90-x)\cdot(330+6x)$ x: Preissenkung in €

d) $(90-x)\cdot(330+6x) = -6x^2 + 210x + 29\,700$
$\qquad\qquad\qquad\qquad\quad = -6(x^2 - 35x - 4950)$
$\qquad\qquad\qquad\qquad\quad = -6(x^2 - 35x + 306{,}25 - 306{,}25 - 4950)$
$\qquad\qquad\qquad\qquad\quad = -6(x - 17{,}5)^2 + 31\,537{,}5$

Scheitelpunkt $S(17{,}5\,|\,31\,537{,}5)$

Die Einnahmen des Vereins lassen sich durch eine Preissenkung um 17,50 € optimieren.
Die Einnahmen liegen dann bei 31 537,50 € pro Jahr und sind damit um 1837,50 € höher.

8. $f(x) = -x^2 + 9x \qquad S(4{,}5\,|\,20{,}25)$
Das Gewölbe ist 20,25 m hoch.

9. $f(x) = -0{,}1x^2 + 1{,}6x$ $\quad S(8|6{,}4)$.
Die Behauptung ist richtig.

10. a) a_1) siehe Abbildung unten

a_2) Laut Abbildung trifft der Ball 9 m vom Turm entfernt auf. Gesucht x_N mit $h(x_N) = 0$.

$$-0{,}2x_N^2 + 1{,}2x_N + 5{,}4 = 0$$
$$\Leftrightarrow x_N^2 - 6x_N = 27$$
$$\Leftrightarrow x_N^2 - 6x_N + 3^2 = 27 + 3^2$$
$$\Leftrightarrow (x_N - 3)^2 = 36$$
$$\Leftrightarrow x_N - 3 = -6 \quad \vee \quad x_N - 3 = 6$$
$$\Leftrightarrow \underbrace{x_N = -3}_{\notin \mathbb{D}_h} \quad \vee \quad x_N = 9$$

a_3) Laut Abbildung erreicht der Ball eine Höhe von etwa 7,2 m und ist dabei 3 m vom Turm entfernt. Gesucht ist der Scheitelpunkt des Graphen von h.

$$\begin{aligned} h(x) &= -0{,}2x^2 + 1{,}2x + 5{,}4 \\ &= -0{,}2[x^2 - 6x - 27] \\ &= -0{,}2[x^2 - 6x + 3^2 - 3^2 - 27] \\ &= -0{,}2[(x-3)^2 - 36] \\ &= -0{,}2(x-3)^2 + 7{,}2 \quad \rightarrow \text{SP}(3|7{,}2) \end{aligned}$$

b) b_1) Allg. Gleichung (Scheitelpunktform): $g(x) = a(x-d)^2 + e$
maximale Höhe 8 $\rightarrow e = 8$
dabei 4 m vom Turm entfernt $\rightarrow d = 4$
Abwurf aus 6 m Höhe $\rightarrow g(0) = 6$
Einsetzen ergibt:

$$6 = a(0-4)^2 + 8$$
$$\Leftrightarrow -2 = 16a$$
$$\Leftrightarrow -\frac{1}{8} = a$$

Gesuchte Gleichung: $g(x) = -\frac{1}{8}(x-4)^2 + 8 \quad (x \geq 0)$

b_2) Gesucht x_N mit $g(x_N) = 0$.

$$-\frac{1}{8}(x_N - 4)^2 + 8 = 0$$
$$\Leftrightarrow (x_N - 4)^2 = 64$$
$$\Leftrightarrow x_N - 4 = -8 \quad \vee \quad x_N - 4 = 8$$
$$\Leftrightarrow \underbrace{x_N = -4}_{\notin \mathbb{D}_h} \quad \vee \quad x_N = 12$$

Gustavs erster Ball trifft 12 m vom Turm entfernt auf.

b_3) siehe Abbildung unten

2.2 Quadratische Funktionen

c) c$_1$) Allg. Gleichung (faktorisierte Form): $f(x) = a(x - x_{N_1})(x - x_{N_2})$
Abwurf aus 6 m Höhe $\to f(0) = 6 \to c = 6$
Ball erreicht Boden in 12 m Entfernung $\to f(12) = 0 \to x_{N_1} = 12$
Maximale Höhe bei 3 m Entfernung, d. h. Parabel ist symmetrisch zur Geraden $x = 3$. Mit $12 = 3 - 9$ ist dann auch $-6 = 3 - 9$ Nullstelle von f, d. h. $x_{N_2} = -6$.
Einsetzen ergibt:
$$6 = a(0 - 12)(0 - (-6))$$
$$\Leftrightarrow 6 = -72a$$
$$\Leftrightarrow -\frac{1}{12} = a$$
Gesuchte Gleichung: $f(x) = -\frac{1}{12}(x - 12)(x + 6)$ \qquad $(x \geq 0)$

c$_2$) $f(3) = -\frac{1}{12}(3 - 12)(3 + 6) = 6{,}75$
Fynns Ball erreicht maximal eine Höhe von 6,75 m.

c$_3$) siehe Abbildung unten

d) d$_1$) Allg. Gleichung: $k(x) = a(x - x_{N_1})(x - x_{N_2})$
Ball trifft in 14 m Entfernung auf $\to k(14) = 0 \to x_{N_1} = 14$
In 4 m und 6 m Entfernung befindet der Ball sich auf derselben Höhe, d. h., bei 5 m liegt die Symmetrieachse der Flugbahn. Mit $14 = 5 + 9$ ist dann auch $-4 = 5 - 9$ Nullstelle von $k \to x_{N_2} = -4$.
In 4 m Entfernung beträgt die Flughöhe 8 m $\to k(4) = 8$.
Einsetzen ergibt:
$$8 = a(4 - 14)(4 - (-4))$$
$$\Leftrightarrow 8 = -80a$$
$$\Leftrightarrow -0{,}1 = a$$
Gesuchte Gleichung: $k(x) = -0{,}1(x - 14)(x + 4)$
in der allgemeinen Form: $k(x) = -0{,}1x^2 + x + 5{,}6$

d$_2$) $k(0) = 5{,}6$
Hannes wirft den Ball aus 5,6 m Höhe ab.

d$_3$) Flughöhe maximal in 5 m Entfernung: $k(5) = -0{,}1 \cdot 5^2 + 5 + 5{,}6 = 8{,}1$
Der Ball erreicht eine maximale Flughöhe von 8,1 m.

d$_4$) siehe Abbildung unten

152

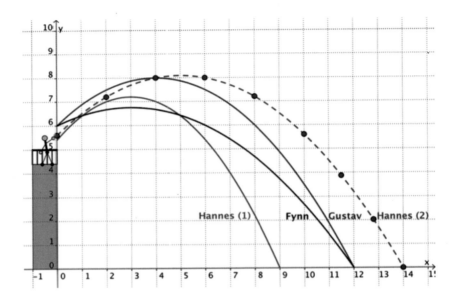

11. a) Punkte in ein Koordinatensystem des CAS / GTR eintragen.

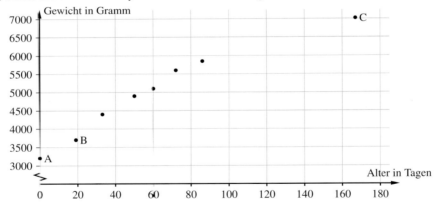

Eine Funktion aus den Punkten $A(0|3208)$, $B(50|4900)$ und $C(167|7020)$ lautet:
$f(x) = -0,0941x^2 + 38,548x + 3208$
Die Funktionsgleichungen sind unterschiedlich, weil die Punkte sich nicht genau mit einer quadratischen Funktion beschreiben lassen. Je nach Wahl der Punkte erhält man unterschiedliche Funktionsgleichungen.
Um möglichst alle Punkte gut zu erfassen, ist es sinnvoll, einen Punkt zu Beginn, einen Punkt aus der Mitte und einen Punkt vom Ende der Datenreihe zu wählen. Zugleich sollten die Punkte keine Ausreißer sein.

2.2 Quadratische Funktionen

b) und c)

Tage	0	19	33	50	60	72	86	167
Gewicht	3208	3700	4400	4900	5100	5600	5850	7020
$f(x)$	3208	3906	4378	4900	5182	5496	5827	7020
Diff. zu Zeile 2	0	206	22	0	82	104	23	0
Abw. in %	0	5,6	0,5	0	1,6	1,9	1,5	0

d) $\frac{0+206+22+0+82+104+23+0}{8} = 54{,}625$

aussagekräftiger ist die durchschnittliche Abweichung in Prozent:
$\frac{0+5,6+0,5+0+1,6+1,9+1,5+0}{8} = 1{,}39$

Die durchschnittliche Abweichung in Prozent beträgt ca. 1,39 %, was eine sehr geringe Abweichung ist. D.h., die Gewichtsentwicklung lässt sich gut mit einer quadratischen Funktion beschreiben und verläuft bei dem Kind sehr gleichmäßig. Zwischen dem 86. und 167. Tag besteht allerdings eine größere Lücke an Daten, über die sich keine Aussage machen lässt.

e) In 200 Tagen hat der Säugling ein Gewicht von $f(200) \approx 7153$, d.h., der Säugling nähme langsamer zu. Bei ca. 204 liegt der Scheitelpunkt der Funktion, sodass ab diesem Zeitpunkt nach der aufgestellten Funktion das Gewicht wieder abnähme und nach weiteren Tagen wieder 0 g beträgt. Das entspricht nicht mehr der Realität, d.h., die modellierte Funktion ist nur für einen bestimmten Zeitraum geeignet.

Test zu 2.2

1. a) Die Funktion ist nach oben geöffnet und um 0,5 gestaucht. Der y-Achsenschnittpunkt ist $S_y(0|-2)$.

b) $f(x) = 0{,}5(x-6)^2 - 20$
Scheitelpunkt $S(6|-20)$

c) $N_1(12{,}32|0)$, $N_2(-0{,}32|0)$

d)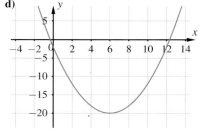

2. a) Scheitelpunktform: $g(x) = -(x-12)^2 - 8$
Allgemeine Form: $g(x) = -x^2 + 24x - 152$

b) Individuelle Lösungen

c) Die Funktion hat keine Nullstellen.
$S_y(0|-152)$

d)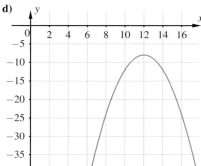

3. $f(x) = g(x) \Leftrightarrow 0{,}5x^2 - 6x - 2 = -x^2 + 24x - 152 \Leftrightarrow x^2 - 20x + 100 = 0 \Leftrightarrow x = 10$
Der einzige gemeinsame Punkt ist $S(10|-12)$.

4. I $\quad 4 = a+b+c$
II $\quad 2 = a-b+c$
III $\quad 7 = 4a-2b+c$
$b=1;\ a=2;\ c=1$, also $f(x) = 2x^2+x+1$

5. a) $f(x) = -0{,}004(x^2-300x+8100) = -0{,}004(x-150)^2+57{,}6$
Scheitelpunkt des Graphen von f: $S(150|57{,}6)$
Höhe der Brücke: 57,6 m

b) $f(x_N) = 0 \ \Leftrightarrow\ x_{N_1} = 30\quad x_{N_2} = 270\ \Rightarrow\ $ Brückenlänge: 270 m − 30 m = 240 m

c) $f(0) = -32{,}4\ \Rightarrow\ S_y(0|-32{,}4)\ \Rightarrow\ $ Verankerungspunkte liegen 32,40 m unter der Straße.

d) $y_{CS} = 0{,}6x-32{,}4\qquad y_{DS} = -0{,}6x+147{,}6$

6. a) Allgemeine Form: $f(x) = ax^2-bx+c$
$1{,}5 = 6400a+80b+c$
$3 = 10000a+100b+c$
$6 = 16900a+130b+c$
$\to a = 0{,}0005;\ b = -0{,}015;\ c = -0{,}5$
$f(x) = 0{,}0005x^2-0{,}015x-0{,}5$

b) Bei 123 $\frac{km}{h}$ hinterlässt das Fahrzeug 5,2195 g Stickoxid, bei 93 $\frac{km}{h}$ 2,4295 g. Der Ausstoß wäre also tatsächlich noch geringer als bei einer Halbierung. Die Aussage des Textes stimmt etwa, denn auch die Reduktion 4 der Geschwindigkeit um 30 $\frac{km}{h}$ ist geschätzt.

c) $N_1(-20|0),\ N_2(50|0),\ S_y(0|-0{,}5),$
$S(15|-0{,}6125)$

d) Ein negativer Stickoxid-Ausstoß bei einer Geschwindigkeit unter 50 $\frac{km}{h}$ existiert nicht. Vermutlich ist die Modellfunktion sogar erst etwas später aussagekräftig, vielleicht ab 70 $\frac{km}{h}$.

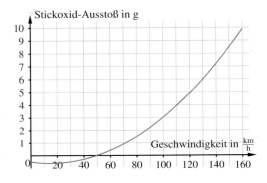

2.3 Ganzrationale Funktionen höheren Grades

2.3.1 Gleichungen und Graphen

1. **a)** $f(x) = x^3 - 5x^2 + 7x - 3$
   b) $f(x) = x^4 - 2{,}5x^3 + 3x^2 - 4{,}5x + 1$
   c) $f(x) = x^3 + 8x - 8$
   d) $f(x) = 2x^4 + 12$
   e) $f(x) = 5x^5 + 4x^4 + 3x^3 + 2x^2 + x$

2. **a)** Grad 4; gerade; achsensymmetrisch zur y-Achse

   b) Grad 5; ungerade; punktsymmetrisch zum Koordinatenursprung

   c) Grad 5; weder gerade noch ungerade; keine Symmetrie zum Koordinatenursprung und keine Symmetrie zur y-Achse

   d) Grad 0; gerade Funktion; achsensymmetrisch; Gerade parallel zur x-Achse

   e) Grad 1; ungerade Funktion; punktsymmetrisch zum Koordinatenursprung

   f) Grad 4; weder gerade noch ungerade; keine Symmetrie zum Koordinatenursprung und keine Symmetrie zur y-Achse

   g) Grad 3; weder gerade noch ungerade; keine Symmetrie zum Koordinatenursprung und keine Symmetrie zur y-Achse

   h) Grad 3; weder gerade noch ungerade; keine Symmetrie zum Koordinatenursprung und keine Symmetrie zur y-Achse

   i) Grad 2; weder gerade noch ungerade; keine Symmetrie zum Koordinatenursprung und keine Symmetrie zur y-Achse

   j) Grad 3; ungerade; punktsymmetrisch zum Koordinatenursprung

3. **a)** f: n ungerade, $a_n > 0$ $\quad$ g: n gerade, $a_n < 0$ $\quad$ h: n gerade, $a_n > 0$

   b) $f(x) = x(x-1)(x+1)$ $\qquad\qquad\qquad$ $g(x) = -0{,}5x^4 + 0{,}1x^2 + 2$

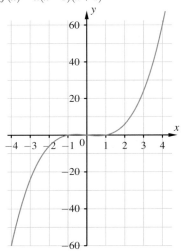
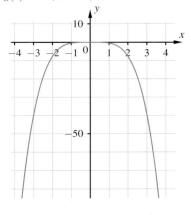

161

$h(x) = 0,25x(x-3,2)$

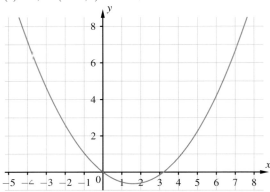

4. Jan hätte behaupten müssen: „Die Graphen sind nicht achsensymmetrisch zur y-Achse und nicht punktsymmetrisch zum Ursprung." Es ist zu sehen, dass eine Achsensymmetrie zur Parallele zur y-Achse durch $x = 2$ und eine Punktsymmetrie bei g zum Punkt $P(2|0)$ vorliegt.

5. a) z.B. $f(x) = x^6$
   b) z.B. $f(x) = x^7$
   c) z.B. $f(x) = x^6 + 4$
   d) z.B. $f(x) = -x^8 - 4$

6. DIN A3 $29,7 \cdot 42$
   $V(x) = (42 - 2x)(29,7 - 2x) \cdot x$
   Maße: $V = a \cdot b \cdot h$,
   $h = 5,66$ $a = 30,68$; $b = 18,38$

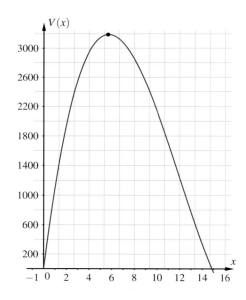

2.3 Ganzrationale Funktionen höheren Grades

7. a) Produkt von geraden Funktionen wieder gerade:
$f(x) = x^4$; $g(x) = x^2 + 4$; $h(x) = x^4(x^2+4)$; $n = 6$

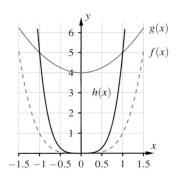

b) Produkt von ungeraden Funktionen wird gerade:
$f(x) = x^3$; $g(x) = -x^5 + x$;
$h(x) = x^3(-x^5 + x) = -x^8 + x^4$; $n = 8$

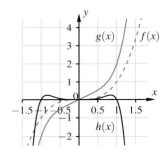

c) Produkt von gerade und ungerade wird ungerade:
$f(x) = x^2$; $g(x) = -x^5 + x$;
$h(x) = x^2(-x^5 + x) = -x^7 + x^3$; $n = 7$

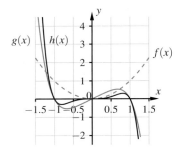

2.3.2 Globalverlauf und charakteristische Punkte

1. a) Graph verläuft vom II. in den I. Quadranten. Für $x \to \infty$ und $x \to -\infty$ gilt $f(x) \to \infty$.
   b) Graph verläuft vom III. in den I. Quadranten. Für $x \to \infty$ gilt $f(x) \to \infty$, für $x \to -\infty$ gilt $f(x) \to -\infty$.
   c) Graph verläuft vom III. in den I. Quadranten. Für $x \to \infty$ gilt $f(x) \to \infty$, für $x \to -\infty$ gilt $f(x) \to -\infty$.
   d) Graph verläuft vom II. in den I. Quadranten. Für $x \to \infty$ und $x \to -\infty$ gilt $f(x) \to 1{,}25$.
   e) Graph verläuft vom II. in den IV. Quadranten. Für $x \to \infty$ gilt $f(x) \to -\infty$, für $x \to -\infty$ gilt $f(x) \to \infty$.

f) Graph verläuft vom II. in den IV. Quadranten. Für $x \to \infty$ gilt $f(x) \to -\infty$, für $x \to -\infty$ gilt $f(x) \to \infty$.

g) Graph verläuft vom II. in den I. Quadranten. Für $x \to \infty$ und $x \to -\infty$ gilt $f(x) \to \infty$.

h) Graph verläuft vom III. in den I. Quadranten. Für $x \to \infty$ gilt $f(x) \to \infty$, für $x \to -\infty$ gilt $f(x) \to -\infty$.

2. a) $f(x)$ punktsymmetrisch zum Ursprung, es gilt $f(x) = -f(-x)$
$0,5x^3 - x = -(0,5(-x)^3 - (-x))$
$0,5x^3 - x = -(-0,5x^3 + x)$
$0,5x^3 - x = 0,5x^3 - x$
f verläuft vom III. in den I. Quadranten

$g(x)$ achsensymmetrisch zur y-Achse, es gilt:
$g(x) = g(-x)$
$0,5x^4 - x^2 = 0,5(-x)^4 - (-x)^2$
$0,5x^4 - x^2 = 0,5x^4 - x^2$
g verläuft vom II. in den I. Quadranten

b)

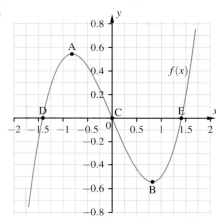

c) f: $A(-0,82|0,54)$; $B(0,82|-0,54)$; $C(0|0)$; $D(-1,41|0)$; $E(1,41|0)$
g: $A(-1|-0,5)$; $B(1|-0,5)$; $C(0|0)$; $F(-0,58|-0,28)$; $G(0,58|-0,28)$

d) f: streng monoton steigend bis $x = -0,82$, dann streng monoton fallend bis $x = 0,82$, anschließend streng monoton steigend

g: streng monoton fallend bis $x = -1$, dann streng monoton steigend bis $x = 0$, dann streng monoton fallend bis $x = 1$, anschließend streng monoton steigend

3. a) entspricht G3, nach oben geöffnet, Graph verläuft vom II. in den I. Quadranten, n gerade, y-Achse wird bei 1 geschnitten

b) entspricht G2, Funktion 3. Grades, die vom II. in den IV. Quadranten verläuft und die y-Achse bei 1 schneidet und drei Nullstellen hat

c) entspricht G1, Funktion 4. Grades, nach unten geöffnet, schneidet die y-Achse bei 3

d) entspricht G4, Funktion 3. Grades, Nullstelle bei $x = 1$

2.3 Ganzrationale Funktionen höheren Grades

4. **f**: vom II. in den I. Quadranten, achsensymmetrisch zur y-Achse, $N_1(-1,3|0)$, $N_2(0|0)$, $N_3(1,3|0)$, $T_1(-1|-1)$, $H(0|0)$, $T_2(1|-1)$, $W_1(-0,3|-0,3)$, $W_2(0,3|-0,3)$
streng monoton fallend bis T_1, streng monoton steigend bis H, streng monoton fallend bis T_2, dann wieder streng monoton steigend

g: Nullstelle im Ursprung, streng monoton fallend

h: vom III. in den I. Quadranten, punktsymmetrisch zum Wendepunkt; aus der Zeichnung abgelesen: $W(-0,5|1,5)$, $N_1(-3,2|0)$, $N_2(0|0)$, $N_3(1,8|0)$, $H(-2|3,2)$, $T_2(1|-1,2)$
streng monoton steigend bis H, streng monoton fallend bis T, dann wieder streng monoton steigend

i: vom II. in den I. Quadranten, $N_1(-2|0)$, $N_2(0|0)$, $N_{3,4}(1|0)$, $T_1(-1,2|-1,2)$, $H(0,1|0,1)$, $T_2(1|0)$, $W_1(-0,5|-0,3)$, $W_2(0,7|0,1)$
streng monoton fallend bis T_1, streng monoton steigend bis H, streng monoton fallend bis T_2, dann wieder streng monoton steigend, keine Symmetrie erkennbar

5. $f(x) = 0,5x^3 - 4,5x$

a) $g(x) = 2 \cdot (0,5x^3 - 4,5x)$
Globalverhalten, Nullstellen, x-Koordinate der Extrem- und Wendepunkte bleiben, y-Werte werden verdoppelt

b) $h(x) = -0,5(0,5x^3 - 4,5x)$
Globalverhalten vom II. in den IV. Quadranten, Nullstellen, x-Koordinate der Extrem- und Wendepunkte bleiben, y-Werte werden mit $-0,5$ multipliziert

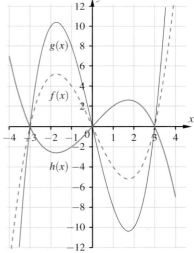

c) $p(x) = 0,5(x-1)^3 - 4,5(x-1)$
Die Funktion wird um 1 nach rechts geschoben.

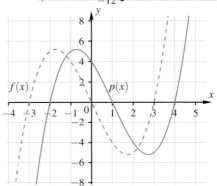

2.3.3 Berechnung von Schnittpunkten

1.
a) $x_{N_1} = -4$; $x_{N_2} = -1$; $x_{N_3} = 1$; $x_{N_4} = 4$
b) $x_{N_1} = 0$; $x_{N_2} = 2$
c) $x_{N_1} = 0$; $x_{N_2} = -6$; $x_{N_3} = -2$
d) $x_{N_1} = 0$; $x_{N_2} = -5$ (dreifach)
e) $x_N = -4$ (doppelt)

2.
a) $a_4 = -0{,}75$ Grad 4
   einfache Schnittunkte

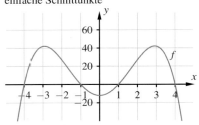

d) $a_4 = -2{,}5$ Grad 4
   bei $x = -5$ Wendepunkt;
   bei $x = 0$ einfacher Schnittpunkt

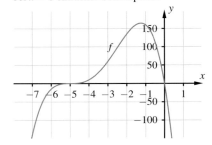

b) $a_2 = 7$ Grad 2
   einfache Schnittpunkte

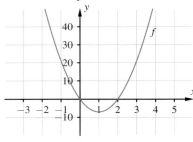

e) $a_4 = -5$ Grad 4
   Extrempunkt

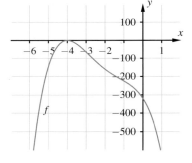

c) $a_3 = -1$ Grad 3
   einfache Schnittpunkte

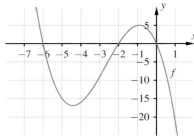

2.3 Ganzrationale Funktionen höheren Grades

3. a) $f(x) = -2x^2(x-8)$
$x_{N_1} = 0$ (doppelt); $x_{N_2} = 8$

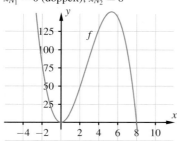

c) $f(x) = x^3(10x - 16)$
$x_{N_1} = 0$ (dreifach); $x_{N_2} = 1{,}6$

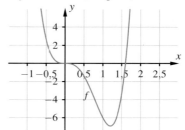

b) $f(x) = -\frac{1}{8}x(x^2 - 2x - 8) = -\frac{1}{8}x(x-4)(x+2)$
$x_{N_1} = 0;\ x_{N_2} = 4;\ x_{N_3} = -2$

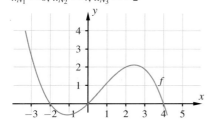

d) $f(x) = x(x^2 + 4x + 4) = x(x+2)^2$
$x_{N_1} = 0;\ x_{N_2} = -2$ (doppelt)

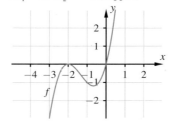

4. Substitution: $x_N^2 = z$

a) $f(x_N) = 0 \ \Leftrightarrow\ z^2 - 40z + 144 = 0$
$z_1 = 36;\ z_2 = 4$
$x_{N_1} = 6;\ x_{N_2} = -6;\ x_{N_3} = 2;\ x_{N_4} = -2$

b) $f(x_N) = 0 \ \Leftrightarrow\ 0{,}25z^2 - z - 1{,}25 = 0$
$\Leftrightarrow\ z^2 - 4z - 5 = 0$
$z_1 = 5;\ z_2 = -1$
$x_{N_1} = \sqrt{5} \approx 2{,}24;\ x_{N_2} = -\sqrt{5} \approx -2{,}24$

c) $f(x_N) = 0 \ \Leftrightarrow\ -z^2 + 3z + 4 = 0$
$\Leftrightarrow\ z^2 - 3z - 4 = 0$
$z_1 = 4;\ z_2 = -1$
$x_{N_1} = 2;\ x_{N_2} = -2$

d) $f(x_N) = 0 \ \Leftrightarrow\ 0{,}5x_N(x_N^4 - 6x_N^2 + 5) = 0$
$\Leftrightarrow\ x_N = 0 \ \vee\ z^2 - 6z + 5 = 0$
$z_1 = 5;\ z_2 = 1$
$x_{N_1} = 0;\ x_{N_2} = \sqrt{5} \approx 2{,}24;$
$x_{N_3} = -\sqrt{5} \approx -2{,}24;\ x_{N_4} = 1;\ x_{N_5} = -1$

e) $f(x_N) = 0 \ \Leftrightarrow\ 2z^2 + 12z + 30 = 0$
$\Leftrightarrow\ z^2 + 6z + 15 = 0$
keine Lösung $\rightarrow$ keine Nullstelle

180

5. a) $x_{N_1} = 1; x_{N_2} = -2; x_{N_3} = -9$

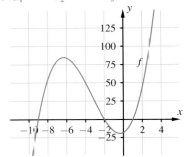

c) $x_{N_1} = 3; x_{N_2} = \sqrt{6} \approx 2{,}45;$
$x_{N_3} = -\sqrt{6} \approx -2{,}45$

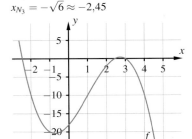

b) $x_{N_1} = 1; x_{N_2} = 4; x_{N_3} = 5$

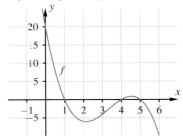

d) $x_{N_1} = 2; x_{N_2} = 4$ (doppelt)

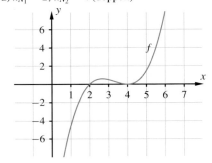

6. a) $S_y(0|2{,}25)$
$x_{N_1} = -3$ (doppelt); $x_{N_2} = 1$ (doppelt)

b) $S_y(0|-56)$
$x_{N_1} = -2; x_{N_2} = 4; x_{N_3} = -7$

c) $S_y(0|0)$
$x_{N_1} = 0; x_{N_2} = -1; x_{N_3} = -2$ (doppelt)

d) $S_y(0|3)$
$f(x_N) = 0 \Leftrightarrow z^2 - 4z + 3 = 0$
$z_1 = 3; z_2 = 1$
$x_{N_1} = \sqrt{3} \approx 1{,}73; x_{N_2} = -\sqrt{3} \approx -1{,}73;$
$x_{N_3} = 1; x_{N_4} = -1$

e) $S_y(0|0)$
$x_{N_1} = 0$ (doppelt); $x_{N_2} = \frac{1}{\sqrt{2}} \approx 0{,}71;$
$x_{N_3} = -\frac{1}{\sqrt{2}} \approx -0{,}71$

f) $S_y(0|0)$
$f(x) = 4x^2(x^2 + 2x + 5) \qquad x_N = 0$

7. a) $f(x) = x^4 - 3x^2 + 2 \quad 0 = (x^2 - 1)(x^2 - 2)$, also $x_{N_1} = 1, x_{N_2} = -1, x_{N_3} = \sqrt{2}, x_{N_4} = \sqrt{2}$
$g(x) = x^4 + 3x^2 - 4 \quad 0 = (x^2 - 1)(x^2 + 4)$, also $x_{N_1} = 1, x_{N_2} = -1$

b) $h(x) = a(x^2 - 1)(x^2 - 4)$
$8 = a(-1)(-4) \Leftrightarrow a = 2$
$h(x) = 2(x^2 - 1)(x^2 - 4)$
$h(x) = 2(x^4 - 5x^2 + 4)$

2.3 Ganzrationale Funktionen höheren Grades

180

c) $f(x) = g(x)$
$-6x^2 + 6 = 0$, Schnittpunkte $S_1(-1|0)$ und $S_2(1|0)$

$g(x) = h(x)$
$x^4 + 3x^2 - 4 = 2x^4 - 10x^2 + 8$
$\Leftrightarrow 0 = x^4 - 13x^2 + 12$
$\Leftrightarrow 0 = (x^2 - 12)(x^2 - 1)$
$\Leftrightarrow x_1 = -\sqrt{12}; x_2 = -1; x_3 = 1; x_4 = \sqrt{12}$
$S_1(-\sqrt{12}|176), S_2(-1|0), S_3(1|0), S_4(\sqrt{12}|176)$

$f(x) = h(x)$
$x^4 - 3x^2 + 2 = 2x^4 - 10x^2 + 8$
$\Leftrightarrow 0 = x^4 - 7x^2 + 6$
$\Leftrightarrow 0 = (x^2 - 6)(x^2 - 1)$
$\Leftrightarrow x_1 = -\sqrt{6}; x_2 = -1; x_3 = 1; x_4 = \sqrt{6}$
$S_1(-\sqrt{6}|20), S_2(-1|0), S_3(1|0), S_4(\sqrt{6}|20)$

d)
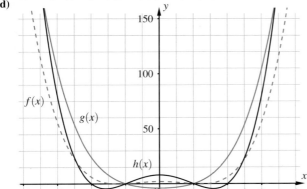

8. a) $f(x) = -10 \Leftrightarrow 0{,}1x^4 - 2{,}2x^3 + 16{,}2x^2 - 42x - 10 = -10 \Leftrightarrow 0{,}1x(x^3 - 22x^2 + 162x - 420) = 0$
$x_1 = 0; x_2 = 10$
Die Entfernung beträgt 1000 m.

b) Die Kirchturmspitze ist 600 m vom linken Ufer und 400 m vom rechten Ufer entfernt.

9. Rechnerisch, z. B. Nullstellen mit GeoGebra
$N_1(-1{,}88|0)$
$N_2(0{,}35|0)$
$N_3(1{,}53|0)$

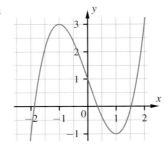

Übungen zum Exkurs: Ökonomische Funktionen III

183

1. Bestimmung der Nullstellen von G mit Polynomdivision

a) $G(x) = E(x) - K(x) = -x^3 + 4x^2 + 44x - 96$
$G(x_N) = 0 \Leftrightarrow x_N^3 - 4x_N^2 - 44x_N + 96 = 0$
$x_{N_1} = 2;\ x_{N_2} = 8;\ x_{N_3} = -6$
Gewinnschwelle $x_{GS} = 2$
Gewinngrenze $x_{GG} = 8$

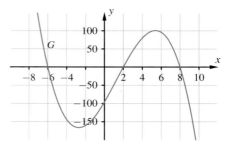

b) $G(x) = E(x) - K(x)$
$= -0{,}5x^3 - 1{,}5x^2 + 84{,}5x - 82{,}5$
$G(x_N) = 0 \Leftrightarrow x_N^3 + 3x_N^2 - 169x_N + 165 = 0$
$x_{N_1} = 1;\ x_{N_2} = 11;\ x_{N_3} = -15$
Gewinnschwelle $x_{GS} = 1$
Gewinngrenze $x_{GG} = 11$

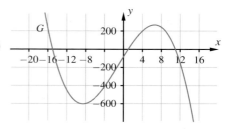

c) $G(x) = E(x) - K(x) = -x^3 + 9x^2 - 6x - 16$
$G(x_N) = 0 \Leftrightarrow x_N^3 - 9x_N^2 + 6x_N + 16 = 0$
$x_{N_1} = -1;\ x_{N_2} = 8;\ x_{N_3} = 2$
Gewinnschwelle $x_{GS} = 2$
Gewinngrenze $x_{GG} = 8$

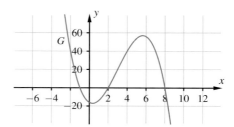

d) $G(x) = E(x) - K(x)$
$= -0{,}2x^3 + 1{,}2x^2 + 0{,}8x - 4{,}8$
$G(x_N) = 0 \Leftrightarrow x_N^3 - 6x_N^2 - 4x_N + 24 = 0$
$x_{N_1} = 2;\ x_{N_2} = 6;\ x_{N_3} = -2$
Gewinnschwelle $x_{GS} = 2$
Gewinngrenze $x_{GG} = 6$

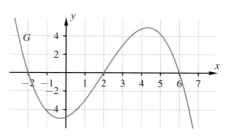

2. $K(0) = 24 \quad K(2) = 40 \quad K(3) = 42 \quad K(5) = 94 \Rightarrow K(x) = 2x^3 - 12x^2 + 24x + 24$

2.3 Ganzrationale Funktionen höheren Grades

3. a) $K(x) = ax^3 + bx^2 + cx + d$
$300 = d$
$696 = 8a + 4b + 2c + 300$
$1008 = 64a + 16b + 4c + 300$
$1272 = 216a + 36b + 6c + 300$
$K(x) = 0{,}75x^3 - 15x^2 + 225x + 300$

b) ändert sich im Wendepunkt bei A (siehe unten)

c) $E(x) = 252x$

d) $G(x) = E(x) - K(x)$
$\quad\quad = -0{,}75x^3 + 15x^2 + 27x - 300$

e) $E(4) = 1008 = K(4)$

f) $0 = x^3 - 20x^2 - 36x + 400$
$x_1 \approx -4{,}8; \quad x_2 = 4; \quad x_3 \approx 20{,}8$

g)

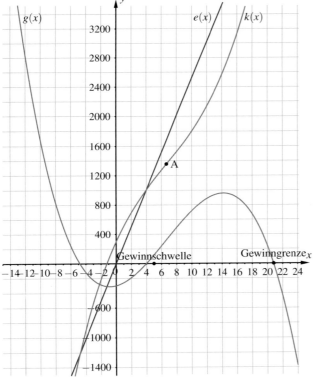

Übungen zu 2.3

1. Da alle Funktionsterme außer bei **h)** die Variable x in Potenzen mit geraden und ungeraden Exponenten enthalten, sind die Graphen der Funktionen bei **a)** bis **g)** und bei **i)** weder punktsymmetrisch zum Koordinatenursprung noch achsensymmetrisch zur y-Achse.

Allerdings ist der Graph jeder ganzrationalen Funktion 3. Grades punktsymmetrisch zum Wendepunkt.

a) $S_y(0|0)$
$f(x) = x(x^2 - 8x + 16) = x(x-4)^2$
$N_1(0|0); N_2(4|0)$ (doppelt)

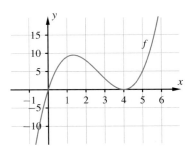

b) $S_y(0|6)$
Nullstellenbestimmung mit Polynomdivision:
$N_1(1|0); N_2(3|0); N_3(-2|0)$
$f(x) = (x-1)(x-3)(x+2)$

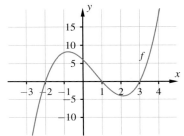

c) $S_y(0|4)$
Nullstellenbestimmung mit Polynomdivision:
$N_1(1|0); N_2(2|0)$ (doppelt)
$f(x) = -(x-1)(x-2)^2$

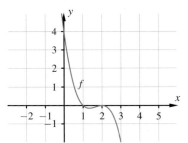

d) $S_y(0|-2)$
Nullstellenbestimmung mit Polynomdivision:
$N_1(1|0); N_2(-2|0)$ (doppelt)
$f(x) = 0{,}5(x-1)(x+2)^2$

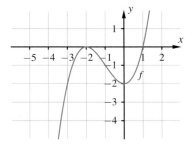

e) $S_y(0|1)$

Nullstellenbestimmung mit Polynomdivision:
$N_1(1|0)$ (doppelt); $N_2(2|0)$
$f(x) = -0{,}5(x-1)^2(x-2)$

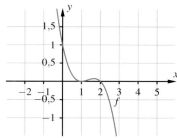

f) $S_y(0|-3)$

Nullstellenbestimmung mit Polynomdivision:
$N_1(1|0)$ (doppelt); $N_2(3|0)$
$f(x) = (x-1)^2(x-3)$

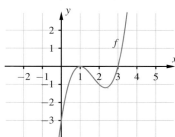

g) $S_y(0|0)$

$f(x) = x^2(x^2-6x+9) = x^2(x-3)^2$
$N_1(0|0)$ (doppelt); $N_2(3|0)$ (doppelt)

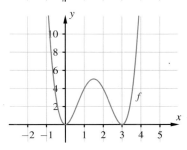

h) Der Graph ist achsensymmetrisch zur y-Achse, da der Funktionsterm die Variable x nur in Potenzen mit geraden Exponenten enthält.
$S_y(0|4)$
Nullstellenbestimmung mit Substitution $x_N^2 = z$:
$f(x_N) = 0 \Leftrightarrow z^2 - 5z + 4 = 0 \quad z_1 = 4;\ z_2 = 1$
$N_1(2|0);\ N_2(-2|0);\ N_3(1|0);\ N_4(-1|0)$
$f(x) = (x-2)(x+2)(x-1)(x+1)$

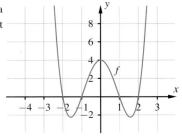

i) $S_y(0|6)$

Nullstellenbestimmung mit Polynomdivision:
$N_1(1|0);\ N_2(2|0);\ N_3(-2|0);\ N_4(-3|0)$
$f(x) = 0{,}5(x-1)(x-2)(x+2)(x+3)$

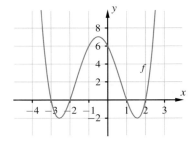

183 2. **a)** $f(x) = 4(x+7)(x+2)(x-3)$ **d)** $f(x) = 0{,}5x^3$
b) $f(x) = -1{,}25(x+1)^2(x-9)^2$ **e)** $f(x) = (x+5)(x-5)(x+2)(x-2)$
c) $f(x) = 1{,}75x(x+2)^3$

3. **a)** $f(x) = a(x+1)(x-2)(x-5)$
$-16 = a(3+1)(3-2)(3-5)$
$\Leftrightarrow -16 = -8a$
$\Leftrightarrow a = 2$
$f(x) = 2(x^2 - x - 2)(x-5)$
$\Leftrightarrow f(x) = 2(x^3 - 5x^2 - x^2 + 5x - 2x + 10)$
$\Leftrightarrow f(x) = 2x^3 - 12x^2 + 6x + 20;$
also $b = -12$, $c = 6$, $d = 20$

b) $f(x) = a(x+2)(x+3)(x-1)$
$-16 = a(-1+2)(-1+3)(-1-1)$
$\Leftrightarrow -16 = -4a$
$\Leftrightarrow a = 4$
$f(x) = 4(x^2 + 5x + 6)(x-1)$
$\Leftrightarrow f(x) = 4(x^3 - x^2 + 5x^2 - 5x + 6x - 6)$
$\Leftrightarrow f(x) = 4x^3 + 16x^2 + 4x - 24,$
also $b = 16$, $c = 4$, $d = -24$

c) $f(x) = a(x+3)^3$
$16 = 8a$
$\Leftrightarrow a = 2$
$f(x) = 2(x^3 + 9x^2 + 27x + 27)$
$\Leftrightarrow f(x) = 2x^3 + 18x^2 + 54x + 54,$
also $b = 18$, $c = 54$, $d = 54$

d) nicht lösbar, da $N(1|0)$ und $P(1|8)$

184 4. **a)** grüner Graph

b)

c) schwarzer Graph

d)

e) blauer Graph

5. I: f_6 und f_7 II: f_2 III: f_8 IV: f_3

2.3 Ganzrationale Funktionen höheren Grades

6. Nullstelle zwischen 0 und 1, denn $f(0) = 1$, $f(1) = -1$
$f(0,5) = -0,375$, Nullstellen zwischen 0 und 0,5
$f(0,25) > 0$, Nullstelle zwischen 0,25 und 0,5
$f(0,375) < 0$, Nullstelle zwischen 0,25 und 0,375
$f(0,3125) > 0$, Nullstelle zwischen 0,3125 und 0,375
$f(0,34375) > 0$, Nullstelle zwischen 0,34375 und 0,375
$f(0,359375) < 0$, Nullstelle zwischen 0,34375 und 0,359375
$f(0,3515625) < 0$ Nullstelle zwischen 0,34375 und 0,3515625
$f(0,34765625) < 0$, Nullstelle zwischen 0,34374 und 0,34765625
$f(0,345698125) > 0$, Nullstelle zwischen 0,345698125 und 0,34765625
also $x \approx 0,35$

7. a) $f(x) = ax(x-8)(x+8)$ mit $a > 0$ beliebig
$f(x) = ax^3 - 64ax$

für $a = 1$:

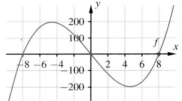

b) $f(x) = a(x+2)(x-4)(x-5)$
$f(0) = 8 \Leftrightarrow a(0+2)(0-4)(0-5) = 8$
$ \Leftrightarrow a = 0,2$
$f(x) = 0,2(x+2)(x-4)(x-5)$
$ = 0,2x^3 - 1,4x^2 + 0,4x + 8$

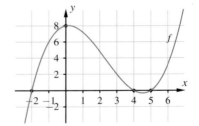

c) $f(x) = a(x-1)(x^2-2)$
$f(2) = 4 \Leftrightarrow a(2-1)(2^2-2) = 4 \Leftrightarrow a = 2$
$f(x) = 2(x-1)(x^2-2) = 2x^3 - 2x^2 - 4x + 4$

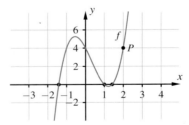

d) $f(x) = ax^4 + cx^2$
(I) $f(1) = -2 \Leftrightarrow a + c = -2$
(II) $f(3) = 0 \Leftrightarrow 81a + 9c = 0$
$c = -2,25; \; a = 0,25$
$f(x) = 0,25x^4 - 2,25x^2$

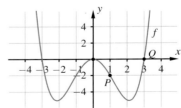

184

8. Die Angabe der Koordinaten erfolgt z. T. gerundet.

a) f:

Der Graph ist punktsymmetrisch zum Koordinatenursprung.

$x \to -\infty \implies f(x) \to +\infty \qquad x \to +\infty \implies f(x) \to -\infty$

Der Graph von f hat die Achsenschnittpunkte $S_{N_1}(-2 \mid 0)$, $S_{N_2}(0 \mid 0)$, $S_{N_3}(2 \mid 0)$ und $S_y(0 \mid 0)$, die Extrempunkte $T(-1,2 \mid -6,2)$ und $H(1,2 \mid 6,2)$ sowie den Wendepunkt $W(0 \mid 0)$. Der Graph fällt bis zum Tiefpunkt T, steigt dann bis zum Hochpunkt H und fällt danach wieder. Bis zum Wendepunkt W (im Koordinatenursprung) ist der Graph linksgekrümmt, danach rechtsgekrümmt. Zwischen je zwei aufeinanderfolgenden Nullstellen existiert ein Extrempunkt und zwischen den beiden Extremstellen der Wendepunkt. Es gibt drei Nullstellen, zwei Extrempunkte und einen Wendepunkt – die Anzahlen verringern sich jeweils um 1.

g:

Der Graph ist weder achsensymmetrisch zur y-Achse noch punktsymmetrisch zum Koordinatenursprung.

$x \to -\infty \implies f(x) \to -\infty \qquad x \to +\infty \implies f(x) \to +\infty$

Der Graph von g hat die Achsenschnittpunkte $S_{N_1}(-3 \mid 0)$, $S_{N_2}(-1 \mid 0)$, $S_{N_3}(3 \mid 0)$ und $S_y(0 \mid -4,5)$, die Extrempunkte $H(-2,1 \mid 2,5)$ und $T(1,4 \mid -8,5)$ sowie den Wendepunkt $W(-0,3 \mid -3)$. Der Graph steigt bis zum Hochpunkt H, fällt dann bis zum Tiefpunkt T und steigt danach wieder. Zwischen je zwei aufeinanderfolgenden Nullstellen existiert ein Extrempunkt und zwischen den beiden Extremstellen der Wendepunkt. Es gibt drei Nullstellen, zwei Extrempunkte und einen Wendepunkt – die Anzahlen verringern sich jeweils um 1.

b) f:

Der Graph ist weder achsensymmetrisch zur y-Achse noch punktsymmetrisch zum Koordinatenursprung.

$x \to -\infty \implies f(x) \to -\infty \qquad x \to +\infty \implies f(x) \to -\infty$

Der Graph von f hat die Achsenschnittpunkte $S_{N_1}(-2 \mid 0)$, $S_{N_2}(-1 \mid 0)$, $S_{N_3}(1 \mid 0)$, $S_{N_4}(3 \mid 0)$ und $S_y(0 \mid -3)$, die Extrempunkte $H_1(-1,6 \mid 1,4)$, $T(-0,1 \mid -3)$ und $H_2(2,3 \mid 6,5)$ sowie die Wendepunkte $W_1(-0,9 \mid -0,6)$, $W_2(1,4 \mid 2,3)$. Der Graph steigt bis zum Hochpunkt H_1, fällt dann bis zum Tiefpunkt T, steigt wieder bis zum Hochpunkt H_2, fällt danach aufs Neue. Bis zum Wendepunkt W_1 ist der Graph rechtsgekrümmt, danach linksgekrümmt bis zum Wendepunkt W_2, dann wieder rechtsgekrümmt. Zwischen je zwei aufeinanderfolgenden Nullstellen existiert ein Extrempunkt und zwischen je zwei aufeinanderfolgenden Extremstellen ein Wendepunkt. Es gibt vier Nullstellen, drei Extrempunkte und zwei Wendepunkte – die Anzahlen verringern sich jeweils um 1.

g:

Der Graph ist punktsymmetrisch zum Koordinatenursprung.

$x \to -\infty \implies f(x) \to -\infty \qquad x \to +\infty \implies f(x) \to +\infty$

Der Graph von g hat die Achsenschnittpunkte $S_{N_1}(-3 \mid 0)$, $S_{N_2}(-1 \mid 0)$, $S_{N_3}(0 \mid 0)$, $S_{N_4}(1 \mid 0)$, $S_{N_5}(3 \mid 0)$ und $S_y(0 \mid 0)$, die Extrempunkte $H_1(-2,49 \mid 3)$, $T_1(-0,5 \mid -0,8)$, $H_2(0,6 \mid 0,8)$ und $T_2(2,4 \mid -9,3)$ sowie die Wendepunkte $W_1(-1,7 \mid 5,2)$, $W_2(0 \mid 0)$, $W_3(1,7 \mid -5,2)$. Der Graph steigt bis zum Hochpunkt H_1, fällt dann bis zum Tiefpunkt T_1, steigt wieder bis zum Hochpunkt H_2, fällt wieder bis zum Tiefpunkt T_2 und steigt aufs Neue. Bis zum Wendepunkt W_1 ist der Graph rechtsgekrümmt, danach linksgekrümmt bis zum Wendepunkt W_2, dann wieder rechtsgekrümmt bis zum Wendepunkt W_3 und dann wieder linksgekrümmt. Zwischen je zwei aufeinanderfolgenden Nullstellen existiert ein Extrempunkt und zwischen je zwei aufeinanderfolgenden Extremstellen ein Wendepunkt. Es gibt fünf Nullstellen, vier Extrempunkte und drei Wendepunkte – die Anzahlen verringern sich jeweils um 1.

9. Die Funktionsgleichung von g kann am Graphen abgelesen werden: $g(x) = -x + 3$.
   Die Berechnung der Schnittpunkte erfordert eine Polynomdivision, die p-q-Formel und das Berechnen der y-Werte. Man erhält $S_1(-2|5)$, $S_2(1|2)$, $S_3(4|-1)$.

10. a)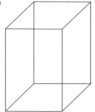

    b) Kantenlänge der Grundfläche: a, dann ist Höhe $h = 1,5a$,
       also $V(a) = 1,5a^3$, bei 10 dm Kantenlänge beträgt $V = 1500$ dm^3
    c) $O(a) = a^2 + 4a \cdot 1,5a = 7a^2$, also 700 dm^2
    d) d$_1$) Materialkosten: 2100 €
       Kosten für Spezialsalz: 1500 €
       d$_2$) $7 \cdot 3 \cdot a^2 = 21a^2$
       $a^2(1,5a - 21) = 0 \Leftrightarrow a = 0 \vee a = 14$
       Ab einer Seitenlänge von 14 dm übersteigen die Kosten für das Spezialsalz die Kosten für das Material.

11. a) Siehe rechte Zeichnung.
    b) Der Pkw legt innerhalb von 10 Minuten eine Strecke von 25 km zurück, erst mit zunehmender, dann mit abnehmender Geschwindigkeit.
    c) $f(7) = 19,6$
       Nach 7 Minuten wurde eine Strecke von 19,6 km zurückgelegt.
    d) Nach 5 Minuten wurde eine Strecke von 12,5 km zurückgelegt.
    e) Die Linkskrümmung des Graphen bis zum Wendepunkt $W(5|12,5)$ bedeutet, dass der Wagen in den ersten 5 Minuten mit größer werdender Geschwindigkeit fährt. Nach 5 Minuten wird er langsamer und erreicht nach 10 Minuten die Geschwindigkeit $0 \frac{km}{h}$.
    f) Der Wagen fährt rückwärts bzw. zurück.
    g) $D = [0; 10]$. Der Wagen hat nach 10 Minuten eine Geschwindigkeit von $0 \frac{km}{h}$ erreicht, er steht still.

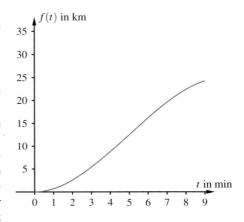

185 12. Lisa:
$$\begin{aligned}(x^4 - 4{,}5x^3 - 17x^2 - 4{,}5x + 7) : (x+1) &= x^3 - 5{,}5x^2 - 11{,}5x + 7\\ -(x^4 + x^3)&\\ \hline -5{,}5x^3 - 17x^2&\\ -(-5{,}5x^3 - 5{,}5x^2)&\\ \hline -11{,}5x^2 - 4{,}5x&\\ -(-11{,}5x^2 - 11{,}5x)&\\ \hline 7x + 7&\\ -(7x + 7)&\\ \hline 0&\end{aligned}$$

$$\begin{aligned}(x^3 - 5{,}5x^2 - 11{,}5x + 7) : (x+2) &= x^2 - 7{,}5x + 3{,}5\\ -(x^3 + 2x^2)&\\ \hline -7{,}5x^2 - 11{,}5x&\\ -(-7{,}5x^2 - 15x)&\\ \hline 3{,}5x + 7&\\ -(3{,}5x + 7)&\\ \hline 0&\end{aligned}$$

Lena:
Multiplikation der beiden Linearfaktoren: $(x - x_{N_1})(x - x_{N_2}) = (x+1)(x+2) = x^2 + 3x + 2$

$$\begin{aligned}(x^4 - 4{,}5x^3 - 17x^2 - 4{,}5x - 7) : (x^2 + 3x + 2) &= x^2 - 7{,}5x + 3{,}5\\ -(x^4 + 3x^3 + 2x^2)&\\ \hline -7{,}5x^3 - 19x^2 - 4{,}5x&\\ -(-7{,}5x^3 - 22{,}5x^2 - 15x)&\\ \hline 3{,}5x^2 + 10{,}5x + 7&\\ -(3{,}5x^2 + 10{,}5x + 7)&\\ \hline 0&\end{aligned}$$

Lisa und Lena erhalten den gleichen quadratischen Restterm, da
$f(x) : (x - x_{N_1}) : (x - x_{N_2}) = f(x) : ((x - x_{N_1})(x - x_{N_2}))$.
Nullstellen des Restterms: $x_N^2 - 7{,}5x_N + 3{,}5 = 0$ $\quad x_{N_{3,4}} = 3{,}75 \pm \sqrt{10{,}5625} \quad x_{N_3} = 7; \ x_{N_4} = 0{,}5$
Linearfaktorzerlegung: $f(x) = (x+1)(x+2)(x-7)(x-0{,}5)$

13. a) $f(19) = 866{,}4 \quad$ 10 Tage nach dem Anruf ist mit etwa 866 Neuerkrankungen zu rechnen.

    b) $f(x_N) = 0 \Leftrightarrow -1{,}2x_N^3 + 25{,}2x_N^2 = 0 \Leftrightarrow x_N^2(-1{,}2x_N + 25{,}2) \Leftrightarrow x_N = 0 \vee x_N = 21$
    Nach 21 Tagen ist die Grippewelle abgeklungen, d.h., es gibt keine Neuerkrankungen mehr.

    c) Nach 14 Tagen ist die Zahl der Neuerkrankungen ($f(14) = 1646{,}4$) am höchsten. Am 7. Tag ist der Anstieg der Neuerkrankungen am stärksten.

    d) Da viele der an Grippe Erkrankten zum geplanten Zeitpunkt des Festes vermutlich noch nicht gesund sein werden, ist es ratsam, das Fest abzusagen.

186 14. a)

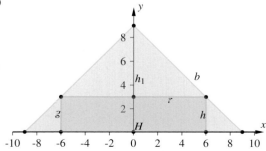

2.3 Ganzrationale Funktionen höheren Grades

b) $V = \pi r^2 \cdot h$
Strahlensatz $9 : 9 = (9-h) : r$, also $r = 9-h$ oder $h = 9-r$
$V(r) = \pi r^2 (9-r)$
$V(r) = 9\pi r^2 - \pi r^3$

c) $V_{\text{Zylinder}}(3) = 81\pi - 27\pi = 54\pi$
$V_{\text{Kegel}} = \frac{1}{3}\pi r^2 h$
$V_{\text{Kegel}}(3) = \frac{1}{3}\pi 9^2 \cdot 9 = 243\pi$
$V_{\text{Kegel}} : V_{\text{Zylinder}} = 243\pi : 54\pi \approx 4,5$
Das Volumen des Zylinders muss mit 4,5 multipliziert werden.

d) $9\pi r^2 - \pi r^3 = 54\pi$
$0 = \pi r^3 - 9\pi r^2 + 54\pi$
$0 = r^3 - 9r^2 + 54$ Aufgabe c) $r_1 = 3$
$(r^3 - 9r^2 + 54) : (r-3) = r^2 - 6r - 18$; $r_2 \approx -2,2$; $r_3 \approx 8,2$
Bei einem Zylinderradius von $r = 8,2$ cm hat der Kegel das 4,5-fache Volumen.

15. a) a_1) Aus $a = x$; $b = x$ und $c = 4x$ ergibt sich $V(x) = x \cdot x \cdot 4x = 4x^3$ $(x \geq 0)$

    a_2) Grundkante 4 cm: $V(4) = 4 \cdot 4^3 = 256$
        Grundkante 7 cm: $V(7) = 4 \cdot 7^3 = 1372$
        Bei einer Grundkante von 4 cm und einer Höhe von 16 cm beträgt das Volumen 256 cm³.
        Bei einer Grundkante von 7 cm und einer Höhe von 28 cm beträgt das Volumen 1372 cm³.

    a_3) 1 Liter ($= 1000$ cm³) kostet 9 Cent.
        1 cm³ kostet also 0,009 Cent.
        Mit der Gleichung aus a_1) ergibt sich $f(x) = 0,009 \cdot 4x^3 = 0,0036x^3$ $(x \geq 0)$.

    a_4) Grundkante 4 cm: $f(4) = 0,0036 \cdot 4^3 = 2,304$
        Grundkante 7 cm: $f(7) = 0,0036 \cdot 7^3 = 12,348$
        Bei einer Grundkante von 4 cm kostet der Inhalt des Tetrapaks ca. 2,30 Cent.
        Bei einer Grundkante von 7 cm kostet der Inhalt des Tetrapaks ca. 12,35 Cent.

    a_5) siehe Abbildung unten

b) b_1) Grundkante 4 cm; Höhe 16 cm
        Für die Oberfläche wird zweimal die Grundfläche sowie viermal die Seitenfläche benötigt.
        Grundfläche: 4 cm $\cdot$ 4 cm $= 16$ cm²
        Seitenfläche: 4 cm $\cdot 16$ cm $= 64$ cm²
        Oberfläche: $2 \cdot 16$ cm² $+ 4 \cdot 64$ cm² $= 288$ cm²

    b_2) Aus $a = x$; $b = x$ und $c = 4x$ ergibt sich $O(x) = 2 \cdot x \cdot x + 4 \cdot x \cdot 4x = 18x^2$ $(x \geq 0)$

    b_3) $x = 4$: $O(4) = 18 \cdot 4^2 = 288$ (siehe b_1)
        $x = 7$: $O(7) = 18 \cdot 7^2 = 882$
        Der Materialaufwand beträgt 288 cm² bei einer Grundkante von 4 cm und 882 cm² bei einer Grundkante von 7 cm.

b$_4$) 1 m^2 (= 10 000 cm^2) Material kostet 1 €.
1 cm^2 Material kostet also 0,01 Cent.
Mit der Gleichung aus b$_2$) ergibt sich $g(x) = 0,01 \cdot 18x^2 = 0,18x^2$ $(x \geq 0)$

b$_5$) Grundkante 4 cm: $g(4) = 0,18 \cdot 4^2 = 2,88$
Grundkante 7 cm: $g(7) = 0,18 \cdot 7^2 = 8,82$
Bei einer Grundkante von 4 cm kostet das Material 2,88 Cent.
Bei einer Grundkante von 7 cm kostet das Material 8,82 Cent.

b$_6$); a$_5$); c$_1$)

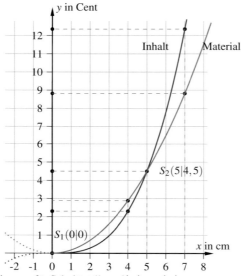

c) c$_2$) Bedingung für Schnittstellen: $f(x_s) = g(x_s)$
$0,036x_s^3 = 0,18x_s^2$
$\Leftrightarrow 0,036x_s^3 - 0,18x_s^2 = 0$
$\Leftrightarrow 0,036x_s^2(x_s - 5)$
$6x_s = 0 \lor x_s = 0 \lor x_s = 5$

y-Werte: $f(0) = 0$; $f(5) = 4,5$
$\rightarrow S_1(0|0)$ Berührpunkt; $S_2(5|4,5)$
Antwort: Bei einer Grundkantenlänge von 5 cm stimmen die Kosten für Inhalt und Verpackung überein. Sie betragen 4,5 Cent. Der Fall $x_s = 0$ ist praktisch nicht von Bedeutung.

16. a)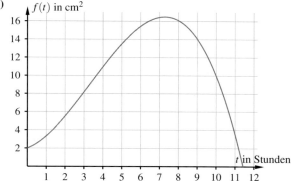

b) $f(t) = f(0) \Leftrightarrow -0,06 \cdot t^3 + 0,6 \cdot t^2 + 0,8 \cdot t + 2 = 2$
$\Leftrightarrow t = -1,19 \vee t = 0 \vee t = 11,19$
Nach ca. 11 Stunden und 12 Minuten ist die bedeckte Fläche genauso groß wie zu Beobachtungsbeginn.

c) $f(t) = 0 \Leftrightarrow -0,06 \cdot t^3 + 0,6 \cdot t^2 + 0,8 \cdot t + 2 = 0$
$\Leftrightarrow t = 11,42$
Nach ca. 11 Stunden und 25 Minuten stirbt die Bakterienkultur aus (genauer: ... ist sie ausgestorben).

d) Notwendige Bedingung: $f'(t) = 0 \Leftrightarrow t = -0,61 \vee t = 7,28$
Die hinreichende Bedingung für ein lokales Maximum ist erfüllt, da $f''(7,28) = -1,42 > 0$.
$f(7,28) = 16,47$
Nach ca. 7 Stunden und 17 Minuten wächst die Bakterienkultur nicht weiter. Die bedeckte Fläche beträgt zu diesem Zeitpunkt ca. $16,47 \text{ cm}^2$.

e) Notwendige Bedingung für Wendestellen: $f'' = 0 \Leftrightarrow x = 3\frac{1}{3}$
Da $f'''(t) \neq 0 \;\forall t \in \mathbb{R}$, liegt eine Wendestelle vor. Randextrema der Funktion f' sind nicht vorhanden.
Die Bakterien vermehren sich nach 3 Stunden und 20 Minuten am schnellsten.

Test zu 2.3

1. a) $0,5 x_N^2 \cdot (x_N^2 - 12 x_N + 36) = 0$
$\Rightarrow x_{N_{1,2}} = 0$ (doppelt) $\quad x_{N_{3,4}} = 6$ (doppelt)

b) $(x^3 - 2x^2 - 5x + 6) : (x - 1) = x^2 - x - 6$
$\Rightarrow x_{N_1} = 1 \quad x_{N_2} = 3 \quad x_{N_3} = -2$

c) $0,25 \cdot (z_N^2 - 5 z_N - 24) = 0$
$\Rightarrow z_{N_1} = 8 \quad z_{N_2} = -3 \quad \Rightarrow x_{N_1} = -\sqrt{8} \quad x_{N_2} = \sqrt{8}$

188

2. a) Die Funktion ist achsensymmetrisch zur y-Achse, aber nicht punktsymmetrisch.

b) $x \to +\infty$: $f(x) \to +\infty$
$x \to -\infty$: $f(x) \to +\infty$

c) Einfache Nullstellen: $N_1(\sqrt{3}|0)$, $N_2(-\sqrt{3}|0)$
Berührpunkt: $N_3(0|0)$

d) $S_1(-2|8)$, $S_2(2|8)$, $S_3(1|-4)$, $S_4(-1|-4)$

f) Bis zum Tiefpunkt $T_1(-1,2|-4,5)$ fällt der Graph. Anschließend steigt er bis zum Hochpunkt $H(0|0)$ und fällt weiter bis zum Tiefpunkt $T_2(1,2|-4,5)$, um danach wieder zu steigen.

g) Der Graph ist linksgekrümmt bis zum Wendepunkt $W_1(-0,7|-2,5)$, dann rechtsgekrümmt bis zum Wendepunkt $W_2(0,7|-2,5)$ und anschließend linksgekrümmt.

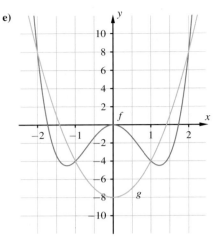

3. a) Punktsymmetrie zum Ursprung
$f(x) = -f(-x)$,
denn $\frac{1}{3}x^3 - 3x = -(\frac{1}{3}(-x)^3 + 3x)$
$\Leftrightarrow \frac{1}{3}x^3 - 3x = -(-\frac{1}{3}x^3 + 3x)$

b) $\lim_{x \to -\infty} f(x) = -\infty$ und $\lim_{x \to \infty} f(x) = \infty$
Der Graph verläuft vom III. in den I. Quadranten.

c) $0 = x(x-3)(x+3)$; $x_{N_1} = 0$; $x_{N_2} = 3$;
$x_{N_3} = -3$ einfache Nullstellen

e) Bis zum Hochpunkt $H(-1,7|3,5)$ steigt der Graph. Anschließend fällt er bis zum Tiefpunkt $T(1,7|3,5)$ und steigt dann wieder.

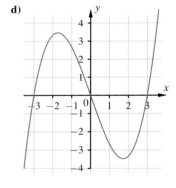

f) Der Graph ist rechtsgekrümmt bis zum Wendepunkt $W(0|0)$ und anschließend linksgekrümmt.

4. $x = x^3 - 1,5x^2 \Rightarrow x^3 - 1,5x^2 - x = 0 \Rightarrow L = \{-0,5; 0; 2\}$
$0,5x^3 + 0,5x^2 = 4,5x + 4,5 \Rightarrow 0,5x^3 + 0,5x^2 - 4,5x - 4,5 = 0 \Rightarrow L = \{-3; -1; 3\}$

5. I – i, II – g, III – l, IV – k, V – h, VI – f ▶ Der Graph von Funktion j ist nicht abgebildet.

6. a) $0 = 2{,}5t^2 - 0{,}125t^3$
$\Leftrightarrow 0 = t^2(2{,}5 - 0{,}125t)$
$\Leftrightarrow t = 0$ (doppelt) $\lor\, t = 20$
Der Graph läuft durch den Ursprung.

c) Bericht kann die folgenden Punkte enthalten.
- Anstieg in den ersten 14 Tagen, anschließend verringert sich die Zahl der Erkrankten.
- Die Grippewelle verebbt nach dem Hochpunkt relativ schnell.
- Am stärksten ist der Anstieg ungefähr am 7. Tag.

b)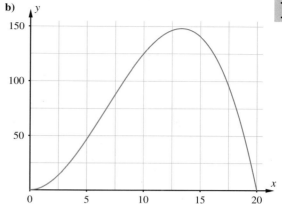

Übungen zum Exkurs: Gebrochenrationale Funktionen

1. a) $f(x) = \frac{3x-6}{2x+4}$; $x \neq -2$; $N(2|0)$; $S_y(0|-1{,}5)$

Polynomdivision: $(3x-6) : (2x+4) = 1{,}5 + \frac{-12}{2x+4}$ → waagerechte Asymptote $y_A = 1{,}5$
$\quad\underline{-(3x-6)}$
$\quad\quad\quad -12$

Für $x \to -\infty$ gilt $R(x) = \frac{-12}{2x+4} > 0$, somit nähert sich der Funktionsterm seiner Asymptote von oben.
Für $x \to \infty$ gilt $R(x) < 0$, also eine Annäherung von unten.

b) $f(x) = \frac{4}{(x-4)^2}$; $x \neq 4$; keine Nullstellen; $S_y(0|0{,}25)$

Der Zählerterm ist kleiner als der Nennerterm, also ist die x-Achse die Asymptote.
Die Annäherung an die Asymptote findet von oben statt, da der Wertebereich von f nur positive reelle Zahlen enthält.

c) $f(x) = \frac{2x^2-3x-1}{x-2}$; $x \neq 2$; $N_1(-0{,}28|0)$; $N_2(1{,}78|0)$; $S_y(0|0{,}5)$

Polynomdivision: $(2x^2-3x-1):(x-2) = 2x+1+\frac{1}{x-2}$ → Asymptote $y_A = 2x+1$
$\quad\underline{-(2x^2-4x)}$
$\quad\quad\quad x-1$
$\quad\quad\underline{-(x-2)}$
$\quad\quad\quad\quad 1$

Für $x \to -\infty$ gilt $R(x) = \frac{1}{x-2} < 0$, somit nähert sich der Funktionsterm seiner Asymptote von unten.
Für $x \to \infty$ gilt $R(x) > 0$, also eine Annäherung von oben.

d) $f(x) = \frac{8x-24}{x^2+4}$; keine Definitionslücke; $N(3|0)$; $S_y(0|-6)$

Der Zählerterm ist kleiner als der Nennerterm, also ist die x-Achse die Asymptote.
Der Nennerterm ist immer positiv. Daher gilt: Für $x \to -\infty$ nähert sich der Graph von f der x-Achse von unten. Für $x \to \infty$ nähert sich der Graph von f der x-Achse von oben.

195

2. Die Polgerade befindet sich an der Definitionslücke $x = -2$.
   Da Zähler- und Nennergrad gleich sind, lautet die waagerechte Asymptote $y_A = 1$.

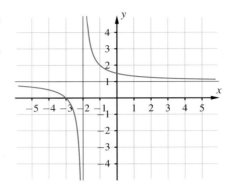

3. $f(x) = \dfrac{-2(x-2)}{x-4}$

4. Zum Beispiel $f(x) = \dfrac{x^3}{x^2-9}$ und $g(x) = \dfrac{x^3-x-4}{x^2-9}$

5. Roter Graph $\to i(x)$
   Polstelle: liegt im positiven Bereich der x-Achse $\to h(x)$ und $i(x)$
   Asymptote: • ist Parallele zur x-Achse, also Zählergrad gleich Nennergrad $\to f(x)$, $h(x)$ und $i(x)$
   • liegt im positiven Bereich der y-Achse $\to h(x)$ und $i(x)$
   Schnittpunkt mit y-Achse: liegt im negativen Bereich der y-Achse $\to g(x)$ und $i(x)$
   Blauer Graph $\to g(x)$
   Polstelle: liegt im negativen Bereich der x-Achse $\to g(x)$
   Asymptote: schiefe Asymptote $\to g(x)$
   Schnittpunkt mit y-Achse: liegt im negativen Bereich der y-Achse $\to g(x)$ und $i(x)$
   Grüner Graph $\to f(x)$
   Polstelle: ist die y-Achse $\to f(x)$
   Asymptote: • ist Parallele zur x-Achse, also Zählergrad gleich Nennergrad $\to f(x)$, $h(x)$ und $i(x)$
   • liegt im negativen Bereich der y-Achse $\to f(x)$
   Schnittpunkt mit y-Achse: existiert nicht $\to f(x)$
   Oranger Graph $\to h(x)$
   Polstelle: zwei Polstellen vorhanden $\to h(x)$
   Asymptote: • ist Parallele zur x-Achse $\to f(x)$, $h(x)$ und $i(x)$
   • liegt im positiven Bereich der y-Achse $\to h(x)$ und $i(x)$
   Schnittpunkt mit y-Achse: liegt im positiven Bereich der y-Achse $\to h(x)$

6. **a)** Falsch. Gegenbeispiel: $f(x) = \dfrac{1}{x}$ hat bei $x = 0$ eine Polstelle.

   b) Falsch. Gegenbeispiel: $f(x) = \dfrac{1}{1+x}$ ist für $x = 0$ definiert.

   c) Falsch. Gegenbeispiel: $f(x) = \dfrac{x}{1+x}$ ist für $x = 0$ definiert und hat dort eine Nullstelle.

   d) Falsch. $f(x) = \dfrac{x}{x}$ hat bei $x = 0$ eine behebbare Definitionslücke.

   e) Richtig. $f(x) = \dfrac{1}{x}$ nähert sich für $|x| \to \infty$ der x-Achse.

   f) Falsch. Für $|x| \to 0$ kann sich eine Funktion der y-Achse nähern.

   g) Falsch. Es können auch Polstellen sein.

   h) Falsch. Ist die Vielfachheit der Nullstelle im Nenner größer als die Vielfachheit der Nullstelle im Zähler, bleibt die Polstelle.

2.3 Ganzrationale Funktionen höheren Grades

7. a) $f(x) = \frac{x+4}{x^2+2x-8}$

b) $y_A(x) = 0$

c) Zum Beispiel Multiplikation des Funktionsterms mit $3x$

8. Zum Beispiel $f(x) = \frac{(x-2)(x-1)}{x(x-2)(x-3)}$ und $f(x) = \frac{(x-2)(x-1)}{4x(x-2)(x-3)}$

9. a) $f(2) - g(2) = \frac{5}{2} - \frac{2 \cdot 2 - 1}{2+2} = \frac{10}{4} - \frac{3}{4} = \frac{7}{4}$

b) $f(x) - g(x) = -2$
$\Leftrightarrow \frac{5}{x} - \frac{2x-1}{x+2} = -2$
$\Leftrightarrow \frac{5 \cdot (x+2)}{x \cdot (x+2)} - \frac{(2x-1) \cdot x}{(x+2) \cdot x} = -2$
$\Leftrightarrow \frac{5x + 10 - (2x^2 - x)}{x^2 + 2x} = -2 \qquad | \cdot (x^2 + 2x)$
$\Leftrightarrow -2x^2 + 6x + 10 = -2x^2 - 4x$
$\Leftrightarrow 10x = -10$
$\Leftrightarrow x = -1$

c) $f(x) - g(x) = 0$
$\Leftrightarrow \frac{5x + 10 - (2x^2 - x)}{x^2 + 2x} = 0$
$\Leftrightarrow -2x^2 + 6x + 10 = 0$
$x_1 = 4,193; \; x_2 = -1,193$
$S_1(4,193 | 1,139); \; S_2(-1,193 | -4,191)$

d) Individuelle Lösungen

196

10. a) $\dfrac{4}{2x-6}+\dfrac{2x}{x+1}=0$

$\Leftrightarrow \dfrac{4\cdot(x+1)}{(2x-6)\cdot(x+1)}+\dfrac{2x\cdot(2x-6)}{(x+1)\cdot(2x-6)}=0 \quad | \cdot (2x-6)\cdot(x+1)$

$\Leftrightarrow 4x^2-8x+4=0$

$\Rightarrow x_{1,2}=1$

b) $\dfrac{3}{2+3x}+\dfrac{4}{8+x}=3$

$\Leftrightarrow 3(x+8)+4(2+3x)=3(2+3x)(8+x)$

$\Leftrightarrow 0=9x^2+63x+16$

$\Rightarrow x_1=-0{,}264;\ x_2=-6{,}736$

c) $\dfrac{2x+1}{x}+\dfrac{5-3x}{2x+8}=1$

$\Leftrightarrow (2x+1)(2x+8)+(5-3x)x=x(2x+8)$

$\Leftrightarrow -x^2+15x+8=0$

$\Rightarrow x_1=15{,}516;\ x_2=-0{,}516$

d) $\dfrac{2x-4}{x-1}+\dfrac{x+6}{x+3}=3$

$\Leftrightarrow (2x-4)(x+3)+(x+6)(x-1)=3(x-1)(x+3)$

$\Rightarrow x=9$

11. a) $a(0)=8\ \ell/\text{min}$
 b) $a(x)=0 \Leftrightarrow x=24$ Minuten

12. a) Der Graph von f besitzt keine Polstellen, da der Nenner keine Nullstellen hat: $x^2+10\neq 0$.
Definitionsbereich: $D_f=\mathbb{R}$
Da der Bruch $\dfrac{80}{x^2+10}$ gegen 0 strebt, gilt:
$\lim\limits_{x\to-\infty}f(x)=\lim\limits_{x\to\infty}f(x)=-3$
Die waagerechte Asymptote des Graphen ist $y_A(x)=-3$.

b)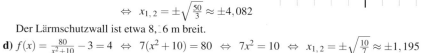

c) Da $f(x)\geq 0$ vorausgesetzt ist, sind hier die Nullstellen gefragt:
$f(x)=\dfrac{80}{x^2+10}-3=0 \Leftrightarrow 3(x^2+10)=80$
$\Leftrightarrow 3x^2=50$
$\Leftrightarrow x_{1,2}=\pm\sqrt{\dfrac{50}{3}}\approx \pm 4{,}082$

Der Lärmschutzwall ist etwa 8,16 m breit.

d) $f(x)=\dfrac{80}{x^2+10}-3=4 \Leftrightarrow 7(x^2+10)=80 \Leftrightarrow 7x^2=10 \Leftrightarrow x_{1,2}=\pm\sqrt{\dfrac{10}{7}}\approx \pm 1{,}195$

Ein Weg in 4 m Höhe (siehe Skizze) hätte eine Breite von etwa 2,39 m. Ein kombinierter Fuß- und Radweg wäre also nicht möglich.

2.3 Ganzrationale Funktionen höheren Grades

13. a) Die unabhängige Variable x stellt die Anzahl der verkauften Tassen Kaffee dar. Der Zähler der Funktion f ist die Kostenfunktion mit den fixen Kosten 550 € und den variablen Kosten 0,30 € pro Tasse. Die Funktion f ist die Stückkostenfunktion, da die Gesamtkosten durch die Anzahl der gekauften Tassen geteilt werden. Der Funktionswert $f(x)$ gibt die Kosten pro Tasse Kaffee in € an.

b) $f(60) = 9,47$ €
Würde die Jugendhilfe jedoch 9,47 € pro Kaffeetasse verlangen, dann würden diese 30 Jugendlichen die gesamten Kosten des Kaffeeautomaten tragen. Eine Antwort auf die Kosten pro Tasse Kaffee liefert Aufgabenteil d).

c) $\frac{550+0,3x}{x} = 1,5 \Leftrightarrow x = 458,33$
$\Rightarrow$ Es müssten insgesamt 459 Tassen Kaffee verkauft werden, um den Preis auf 1,50 € festzulegen.

d) Polynomdivision für die Asymptote:
$(0,3x+550) : x = 0,3 + \frac{550}{x}$
Für $x \to \infty$ nähert sich der Graph von f seiner waagerechten Asymptote. Geht die Anzahl der verkauften Tassen Kaffee gegen unendlich, so kann der Preis pro Tasse auf 30 ct festgelegt werden. Nur die variablen Kosten sind dann noch zu tragen.

14. a)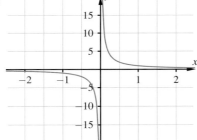

c)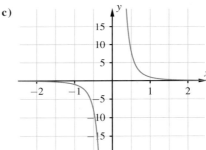

b)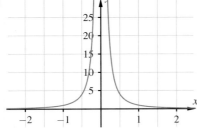

d)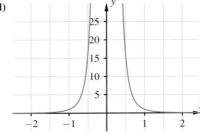

Alle vier Funktionen haben bei $x = 0$ eine Polstelle. Die Graphen sind Hyperbeln mit jeweils zwei Armen, die sowohl für $x \to \infty$ als auch für $x \to -\infty$ gegen 0 streben (die y-Achse ist Polgerade). Den Punkt $P(1\,|\,1)$ haben alle Graphen gemeinsam. Die Graphen in b) und d) sind achsensymmetrisch zur y-Achse, a) und c) punktsymmetrisch zum Ursprung.

196

15. Freie Objekte
- $f(x) = \dfrac{x^2 - 9}{2x - 3}$
- $g(x) = \dfrac{x^2 - 9}{x - 3}$

Abhängige Objekte
- $A = (1.5, 0)$
- $a: x = 1.5$

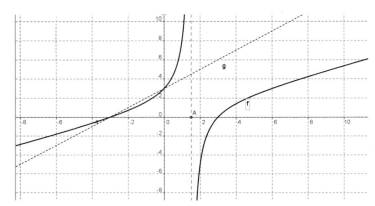

a) Der Graph von f besitzt 2 Nullstellen bei $x = \pm 3$ und eine senkrechte Asymptote bei $x = 1{,}5$. Im Unendlichen nähert sich der Graph von f seiner linearen Asymptote $y = \frac{x}{2} + \frac{3}{4}$ welche mit Polynomdivision oder einem CAS-Rechner zu ermitteln ist: expand $((x^2-9)/(2x-3),x) \to \frac{-27}{4(2x-3)} + \frac{x}{2} + \frac{3}{4}$

b) $g(x) = \dfrac{x^2-9}{x-3} = \dfrac{(x-3)(x+3)}{x-3} = x+3$ für $x \neq 3$

$$g*(x) = \begin{cases} g(x) \text{ für } x \neq 3 \\ 6 \text{ für } x = 3 \end{cases}$$

16.

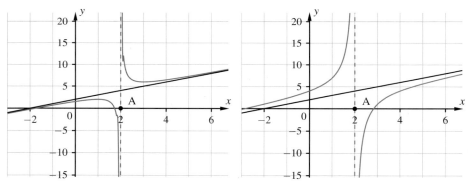

Für $a \neq -4$ besitzt der Graph von f neben der Polgeraden $x = 2$ die Gerade $g(x) = x+2$ als Asymptote im Unendlichen. Der Schnittpunkt der beiden Asymptoten ist der Symmetriepunkt der Graphen f_a.
Für $a > -4$: Die Polstelle hat einen Vorzeichenwechsel von minus nach plus. Die Graphen besitzen Hoch- und Tiefpunkte.
Für $a = -4$: Der Graph f_{-4} hat eine hebbare Lücke und fällt mit der Geraden $g(x) = x+2$ zusammen.
Für $a < -4$: Die Polstelle hat einen Vorzeichenwechsel von plus nach minus.

2.3 Ganzrationale Funktionen höheren Grades

17. a) Der Parameter t ist der Platzhalter für das Körpergewicht in kg, welches fest gewählt wird. Die unabhängige Variable x ist die quadrierte Körpergröße in m. $f_t(x)$ beschreibt den Body-Mass-Index für ein festgewähltes Körpergewicht t und die veränderliche Körpergröße x.

b) Definitionsbereich: $1,5 < x < 2,10$ m (Erwachsener)
Wertebereich: ist abhängig vom Parameterwert t, dem Gewicht in kg. Ein „idealgewichtiger" Mensch besitzt einen BMI zwischen 20 und 25.

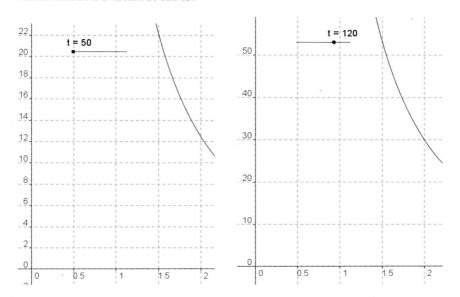

c) Für einen BMI von 20 bei 100 kg Körpergewicht müsste die Person 2,23 m groß sein.

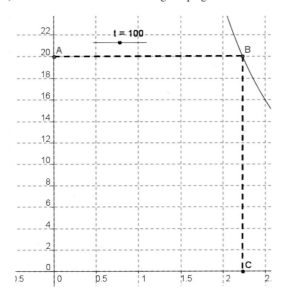

196

18. Die Funktion h hat als y-Werte die Differenz der Funktionen $f(x) - g(x)$. An den Schnittpunkten der Funktionen f und g ist die Differenz $f(x) - g(x) = 0$. Hier liegen die Nullstellen der Funktion h.
Verwendet man die Funktion h, um die Differenz $f(x) - g(x)$ zu finden, so verdeutlichen wir den y-Wert 4 der Funktion h durch eine waagerechte Gerade: $y = 4$. Es gibt nur einen Schnittpunkt dieser Geraden mit dem Graphen von h an der Stelle $x = 2$ (vgl. Punkt D).
Da der Graph der Funktion h bei $y = 4$ seine Asymptote im Unendlichen besitzt, gibt es keine weiteren Stellen mit der Differenz 4. Die zu betrachtenden Stellen $x = 7,77$ und $x = 0,77$ besitzen den y-Wert 4.
Vertauschen wir in der Differenzbildung f und g und ermitteln die Differenz $g(x) - f(x)$, so gibt es an den Stellen $x = -7,77$ und $x = -0,77$ die Differenz 4.

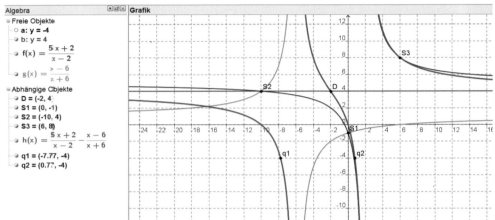

Übungen zum Exkurs: Trigonometrische Funktionen

205

1. Die Leiter berührt die Wand in einer Höhe von ca. 4,53 m.

2. $\sin(0°) = 0 \qquad \cos(0°) = 1 \qquad \sin(50°) \approx 0,77 \qquad \cos(50°) \approx 0,64$
$\sin(10°) \approx 0,17 \qquad \cos(10°) \approx 0,98 \qquad \sin(60°) \approx 0,87 \qquad \cos(60°) = 0,50$
$\sin(20°) \approx 0,34 \qquad \cos(20°) \approx 0,94 \qquad \sin(70°) \approx 0,94 \qquad \cos(70°) \approx 0,34$
$\sin(30°) = 0,50 \qquad \cos(30°) \approx 0,87 \qquad \sin(80°) \approx 0,98 \qquad \cos(80°) \approx 0,17$
$\sin(40°) \approx 0,64 \qquad \cos(40°) \approx 0,77 \qquad \sin(90°) = 1 \qquad \cos(90°) = 0$

3.

α	0°	30°	45°	60°	90°	135°	180°	270°	360°	720°
x	0	$\frac{\pi}{6}$	$\frac{\pi}{4}$	$\frac{\pi}{3}$	$\frac{\pi}{2}$	$\frac{3}{4}\pi$	π	$1,5\pi$	2π	4π

4. a) $\cos(30°) = \sin(30° + 90°) = \sin(120°)$ \qquad d) $\cos(0,5\pi) = \sin(0,5\pi + \frac{\pi}{2}) = \sin(\pi)$
b) $\cos(84°) = \sin(84° + 90°) = \sin(174°)$ \qquad e) $\cos(-\pi) = \sin(-\pi + \frac{\pi}{2}) = \sin(-\frac{\pi}{2})$
c) $\cos(142°) = \sin(142° + 90°) = \sin(232°)$ \qquad f) $\cos(2\pi) = \sin(2\pi + \frac{\pi}{2}) = \sin(2,5\pi)$

5. a) Verschiebt man den Graphen der Sinusfunktion um $\frac{\pi}{2}$ nach links, dann erhält man den Graphen der Kosinusfunktion.
b) Verschiebt man den Graphen der Kosinusfunktion um $\frac{\pi}{2}$ nach links, dann erhält man den an der x-Achse gespiegelten Graphen der Sinusfunktion.

2.3 Ganzrationale Funktionen höheren Grades

6. a) Streckung (Amplitude verdreifacht).
Periode 2π; Amplitude 3.

b) Stauchung (Amplitude halbiert) sowie Spiegelung an der x-Achse.
Periode 2π; Amplitude 0,5

c) Periode auf $\frac{2}{3}\pi$ verkürzt.
Periode $\frac{2}{3}\pi$; Amplitude 1

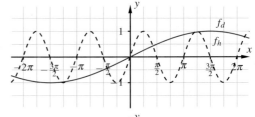

d) Periode auf 6π verlängert.
Periode 6π; Amplitude 1

e) Periode auf π verkürzt und Verschiebung um 1 nach oben.
Periode π; Amplitude 1

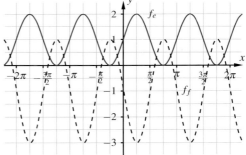

f) Periode auf π verkürzt, Streckung (Amplitude verdoppelt) sowie Spiegelung an der x-Achse und Verschiebung um $\frac{\pi}{2}$ nach rechts und 1 nach unten.
Periode π; Amplitude 2

g) Periode auf $\frac{\pi}{2}$ verkürzt, Streckung (Amplitude verdoppelt) und Verschiebung um $\frac{1}{2}$ nach rechts und 1 nach oben.
Periode $\frac{\pi}{2}$; Amplitude 2

h) Periode auf π verkürzt und Verschiebung um $\frac{\pi}{4}$ nach links.
Periode π; Amplitude 1

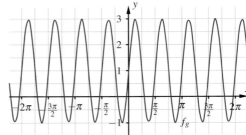

7. a) $g(x) = \sin(2(x + \frac{\pi}{4}))$
▶ $\cos(x) = \sin(x + \frac{\pi}{2})$

b) $g_b(x) = \sin(x + 1{,}5\pi)$

c) *Hinweis:* Fehler im 1. Druck der 1. Auflage. Die Funktionsgleichung sollte $g(x) = \cos(\frac{\pi}{2}x) + 1)$ lauten.
$g(x) = \sin(\frac{\pi}{2} \cdot (x+1)) + 1$

d) $g(x) = 2 \cdot \sin(x + \frac{\pi}{2} + 2) + 1$

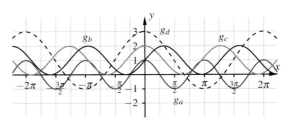

205

8. a) Graph 1
   b) Graph 4
   c) Graph 2
   d) Graph 3

206

9. $\sin\left(\frac{5}{2\pi}x - \frac{5}{\pi}\right) + 2$

10. a) 0,7852; 2,3563   d) 3,6652; 5,7596   g) 2,7925; 3,4906
    b) 0,5236; 2,6180   e) 0,3490; 5,9341   h) 2,0944; 4,1888
    c) 3,7699; 5,6548   f) 1,0472; 5,2360

11. a) bis h): Lösungen aus 10. Aufgabe $+ k \cdot 2\pi$ mit $k \in \mathbb{Z}$

12. $\sin(2x) = \sin(x+x)$
    $= \sin(x) \cdot \cos(x) + \cos(x) \cdot \sin(x)$
    $= 2 \cdot \sin(x) \cdot \cos(x)$

13. a) $x_1 \approx 0,7854$ und $x_2 \approx 2,3562$
    b) $x_1 \approx 1,0472$, $x_2 \approx 2,0944$, $x_3 \approx 4,1888$ und $x_4 \approx 5,2360$
    c) $x_1 = \frac{1}{4}\pi$; $x_2 = 1\frac{3}{4}\pi$
    d) $x_1 = \frac{1}{2}\pi$; $x_{2,3} = 1,5\pi$
    e) $\sin(2x) = 2 \cdot \sin(x) \cdot \cos(x) = -\sin(x)$ (Additionstheorem)
    $\Rightarrow x_1 = 0$, $x_2 = \pi$ und $x_3 = 2\pi$ sowie $x_4 \approx 2,0944$ und $x_5 \approx 4,1888$
    f) $x_1 = \frac{1}{2}\pi$; $x_2 = 1,5\pi$; $x_3 = \frac{7}{6}\pi$; $x_4 = \frac{11}{6}\pi$

14. a) $x_{N_1} = -2,62$; $x_{N_2} = -0,52$;
    $x_{N_3} = 3,67$; $x_{N_4} = 5,76$

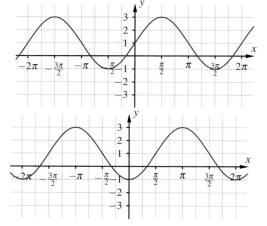

b) $x_{N_1} = -5,24$; $x_{N_2} = -1,05$;
$x_{N_3} = 1,05$; $x_{N_4} = 5,24$

c) $x_{N_1} = \frac{-3\pi}{2}$; $x_{N_2} = \frac{-\pi}{2}$;
$x_{N_3} = 0$; $x_{N_4} = \frac{\pi}{2}$; $x_{N_5} = \frac{-3\pi}{2}$

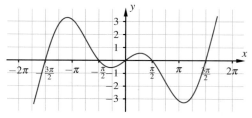

2.3 Ganzrationale Funktionen höheren Grades

d) $x_{N_1} = \frac{-3\pi}{2}$; $x_{N_2} = \frac{\pi}{2}$

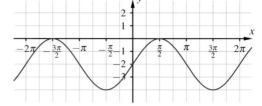

e) $x_{N_1} = -\pi$; $x_{N_2} = \pi$

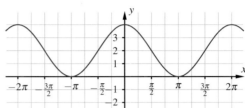

f) $x_{N_1} = -2\pi$; $x_{N_2} = -\pi$;
$x_{N_3} = 0$; $x_{N_4} = \pi$; $x_{N_5} = 2\pi$

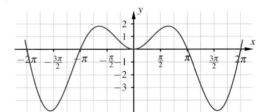

g) $x_{N_1} = -2\pi$; $x_{N_2} = -\pi$;
$x_{N_3} = 0$; $x_{N_4} = \pi$; $x_{N_5} = 2\pi$

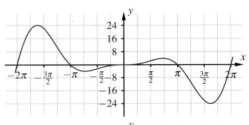

h) $x_{N_1} = -2\pi$; $x_{N_2} = \frac{-5\pi}{3}$;
$x_{N_3} = -\pi$; $x_{N_4} = \frac{-\pi}{3}$;
$x_{N_5} = 0$; $x_{N_6} = \frac{\pi}{3}$; $x_{N_7} = \pi$

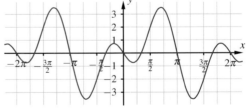

15. a) $f(x) = 5\sin\left(\frac{\pi}{12}(x-6)\right) + 15$

Allgemeine Form der Sinusfunktion: $f(x) = a \cdot \sin(b \cdot (x+c)) + d$

Periode: $p = \frac{2\pi}{b} = \frac{2\pi}{\frac{\pi}{12}} = 24$. Somit folgt die Modellierung des Temperaturverlaufs einem 24-stündigen Rhythmus.

Amplitude: $a = 6$. Der Abstand zwischen maximaler und minimaler Temperatur beträgt 12 °C.

Verschiebung entlang der x-Achse: $c = -6$. Im Vergleich zu $\sin(x)$ ist der Graph um 6 Einheiten nach rechts verschoben. Ohne diese Verschiebung wären um 0 Uhr 15 °C.

Verschiebung entlang der y-Achse: $d = 15$. Die Temperaturwerte schwanken um den Wert 15 °C. Dies ist der Mittelwert der Temperatur dieses Tages.

b)

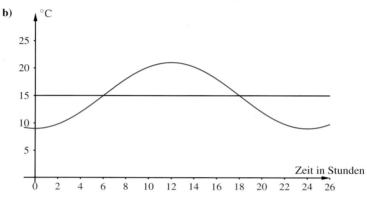

16. $f_k(x) = 2\,\sin(x-k)$

Für $k = 0$: $f_0(x) = 2 \cdot \sin(x)$
Die Sinusfunktion $\sin(x)$ wird um 2 Einheiten gestreckt, besitzt die Amplitude 2 und die Periode 2.

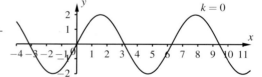

Für $k < 0$: Die Funktion $f_0(x) = 2 \cdot \sin(x)$ wird im Koordinatensystem nach **links** verschoben.

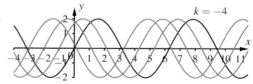

Für $k > 0$: Die Funktion $f_0(x) = 2 \cdot \sin(x)$ wird im Koordinatensystem nach **rechts** verschoben.

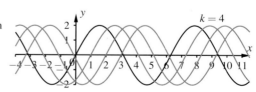

2.3 Ganzrationale Funktionen höheren Grades

17. Die Dynamik der Veränderung zeigt sich erst mit einem Schieberegler. Hier sind 4 beispielhafte Bilder ausgewählt.

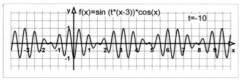
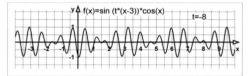
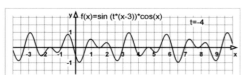
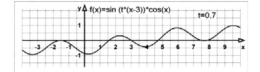

18. a)

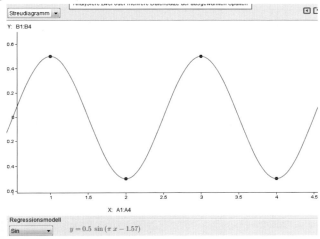

b) $f(3,25) = 0,353$

19.

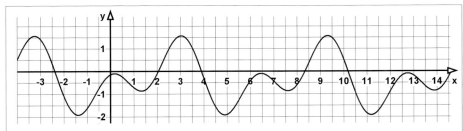

Der Delphinschwimmer wechselt zwei Bewegungen ab. Der Kopf bleibt bei einem Brustzug unter Wasser, beim nächsten Brustzug durchstößt der Kopf die Wasseroberfläche und der Schwimmer atmet ein. Die Nullstellen der Funktion f sind die Stellen, an denen die Wasseroberfläche durchstoßen wird. Sie können mit dem GTR grafisch bestimmt werden. Mit einem CAS-Rechner führt der Solve-Befehl zum Ergebnis:
$x_1 = 2,0535$ or $x_2 = 3,8977$ or $x_3 = 8,3367$ or $x_4 = 2,3855$ (more Solutions may exist).

20. **a)** und **b)**

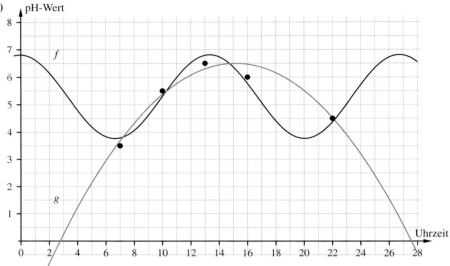

$f(4) = 4{,}79 \quad g(4) = 1{,}24$
$f(24) = 5{,}72 \quad g(24) = 3{,}2$

Die Graphen der Funktionen f und g beschreiben die 5 Punkte gut. Die Abweichungen der Punkte von den Graphen sind gering. Außerhalb des betrachteten Intervalls von 6 bis 22 Uhr kann die quadratische Funktion den Vorgang jedoch nicht gut modellieren. pH-Werte liegen zwischen 3,5 und 10, sodass eine Funktion zur Modellierung periodisch zwischen diesen Zahlen schwanken sollte. Somit ist eine Sinusfunktion die bessere Modellierung.

c) pH-Werte zwischen 5 und 8 gelten für einen Erwachsenen als normal. Die Grafik rechts zeigt im hellgrauen Bereich die Schwankungen zu verschiedenen Tageszeiten des idealen pH-Wertes im Urin. Bei Alina liegen alle Werte unterhalb von 7, welches eine Übersäuerung des Körpers darstellt. Ein Besuch beim Arzt oder Heilpraktiker ist angesagt, falls sich dieses pH-Wert-Bild auch in den folgenden Tagen zeigt.

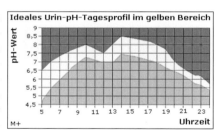

(Quelle: http://www.medizininfo.de/ernaehrung/saeuren-basen-haushalt/tagesprofil.gif; Stand Juni 2015)

3 Einführung in die Differenzialrechnung

3.1 Von der Änderungsrate zur Ableitung

3.1.1 Änderungsraten erfassen und beschreiben

1. a) $\frac{f(4)-f(0)}{4-0} = \frac{48-0}{4-0} = 12$
   $\frac{f(1)-f(-3)}{1-(-3)} = \frac{3-27}{1+3} = 6$
   b) $\frac{f(5)-f(1)}{5-1} = \frac{-248-0}{5-1} = -62$
   $\frac{f(5)-f(-1)}{5-(-1)} = \frac{-248-4}{5+1} = -42$
   c) $\frac{f(6)-f(0)}{6-0} = \frac{36-24}{6-0} = 2$
   $\frac{f(4)-f(2)}{4-2} = \frac{0-(-4)}{4-2} = 2$

2. a) zwischen 2020 und 2030 (um mehr als 10 Prozentpunkte)
   b) Änderungsraten in % pro Jahr: Deutschland: $\frac{60-33}{2060-2010} = 0{,}54$ Spanien: $\frac{58-28}{2060-2010} = 0{,}6$
   Frankreich: $\frac{46-31}{2060-2010} = 0{,}3$ Portugal: $\frac{40-28}{2060-2010} = 0{,}24$

3. a)

Zeitraum	1991–1995	1995–2000	2000–2005	2005–2006	2006–2007	2007–2008	2008–2009	2009–2010
Änderungsrate bei Bier in 1000 hl pro Jahr	−1457,5	−1523	−1590	596	−3375	−827	−1829	−2521
Änderungsrate bei Zigaretten in Mio. Stück pro Jahr	−2862,75	919,2	−8759,6	−2362	−1968	−3518	−1372	−3042

b) stärkste Änderung von 1995 bis 2000: −143 400 hl pro Jahr

4. a) Gefäß x Füllstandshöhe 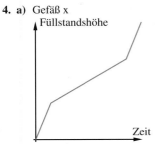   Gefäß y Füllstandshöhe    Gefäß z Füllstandshöhe

b) Gefäß a Geschwindigkeit    Gefäß x Geschwindigkeit    Gefäß y Geschwindigkeit   Gefäß z Geschwindigkeit

c) Die Geschwindigkeit ist die momentane Änderungsrate der Füllstandshöhe.

5. a)

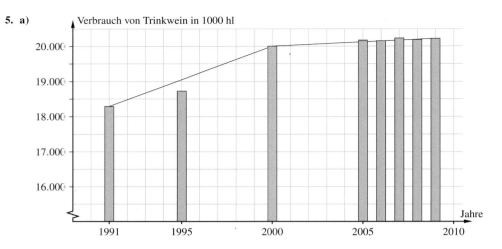

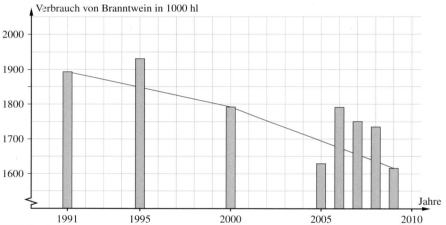

b) Trinkwein:
Mittlere Änderung des Verbrauchs im Zeitraum 1991–2000:
$P_1(1|18\,290); P_2(10|20\,044): m_{P_1P_2} = \frac{18\,290-20\,044}{1-10} = -194,\overline{8}$
Mittlere Änderung des Verbrauchs im Zeitraum 2000–2009:
$P_2(10|20\,044); P_3(19|20\,224): m_{P_2P_3} = \frac{20\,044-20\,224}{10-19} = 20$
Branntwein:
Mittlere Änderung des Verbrauchs im Zeitraum 1991–2000:
$Q_1(1|1893); Q_2(10|1782): m_{Q_1Q_2} = \frac{1893-1782}{1-10} = -12,\overline{3}$
Mittlere Änderung des Verbrauchs im Zeitraum 2000–2009:
$Q_2(10|1782); Q_3(19|1616): m_{Q_2Q_3} = \frac{1782-1616}{10-19} = -18,\overline{4}$

Der Verbrauch an Trinkwein ging im Zeitraum 1991–2000 um durchschnittlich 1 948 889 hl pro Jahr zurück. Im Zeitraum 2000–2009 dagegen stieg der Verbrauch an Trinkwein um durchschnittlich 200 000 hl pro Jahr.
Der Verbrauch an Branntwein ging im ersten Zeitraum um durchschnittlich 12 333 hl und im zweiten Zeitraum um durchschnittlich 18 444 hl pro Jahr zurück.
Für den Verbrauch an Branntwein wird die These durch die Tabelle bestätigt, für den Verbrauch an Trinkwein jedoch nicht. Hier kommt es im zweiten Zeitraum sogar zu einer leichten Steigerung des durchschnittlichen Verbrauchs.

3.1.2 Steigungsverhalten von Graphen – grafisches Differenzieren

1. a)

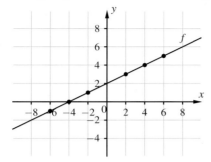
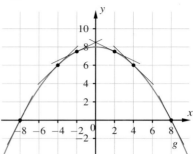
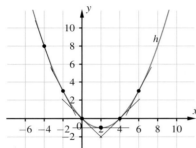
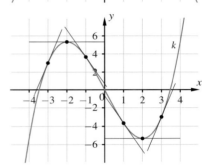

b) z.B. bei f:

x	−6	−4	−2	2	4	6
m_t	0,5	0,5	0,5	0,5	0,5	0,5

bei g:

x	−8	−4	−2	2	4	8
m_t	2	1	0,5	−0,5	−1	−2

bei h:

x	−4	−2	0	2	4	6
m_t	−3	−2	−1	0	1	2

bei k:

x	−3	−2	−1	1	2	3
m_t	5	0	−3	−3	0	5

c) siehe **b)**

d) bei f: $m_t(x) = 0{,}5$ bei g: $m_t(x) = -0{,}25x$ bei h: $m_t(x) = 0{,}5x - 1$ bei k: $m_t(x) = x^2 - 4$

2. a) (1) Richtig ist der 3. rote Graph, da die Steigung bei f für $x < 0$ negativ und für $x > 0$ positiv ist.
    (2) Der 1. rote Graph setzt voraus, dass der Graph von f zunächst fällt, dann steigt und anschließend wieder fällt, der 2. rote Graph setzt eine nach unten geöffnete Parabel voraus.

b) (1) Richtig ist der 1. rote Graph, da die Steigung bei f nicht negativ ist.
    (2) Der 2. rote Graph und der 3. rote Graph können das Steigungsverhalten des Graphen von f nicht wiedergeben, da die Steigung sonst auch negativ sein müsste.

217

3. a)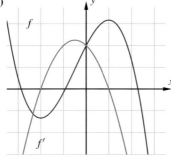

c)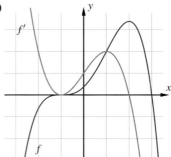

b)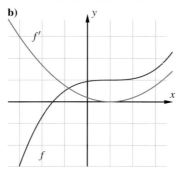

4. a)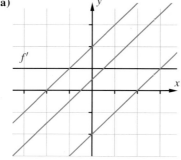

c)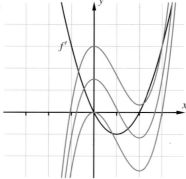

b)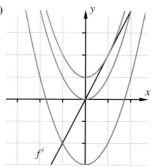

3.1.3 Rechnerische Bestimmung der Steigung

1. a) $P_0P_1: m_s = \frac{2{,}45-2{,}2}{1{,}5-1} = 0{,}5$

$P_0P_2: m_s = \frac{2{,}288-2{,}2}{1{,}2-1} = 0{,}44$

$P_0P_3: m_s = \frac{2{,}2205-2{,}2}{1{,}05-1} = 0{,}41$

Vermutung: $m_t = 0{,}4$

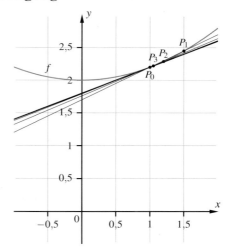

b) $P_0P_1: m_s = \frac{4-1}{4-3} = 3$

$P_0P_2: m_s = \frac{2{,}25-1}{3{,}5-3} = 2{,}5$

$P_0P_3: m_s = \frac{1{,}21-1}{3{,}1-3} = 2{,}1$

Vermutung: $m_t = 2$

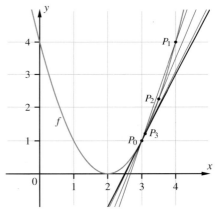

c) *Hinweis*: Die Koordinaten von P_1 im Schülerbuch sind im 1. Druck der 1. Auflage fehlerhaft. Korrekt lauten sie $P_1(0|-1)$.

$P_0P_1: m_s = \frac{-1-(-2)}{0-(-1)} = 1$

$P_0P_2: m_s = \frac{-1{,}125-(-2)}{-0{,}5-(-1)} = 1{,}75$

$P_0P_3: m_s = \frac{-1{,}421875-(-2)}{-0{,}75-(-1)} = 2{,}3125$

Vermutung: $m_t = 3$

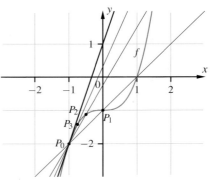

2. Der Differenzialquotient ist der Grenzwert des Differenzenquotienten. Mithilfe des Differenzenquotienten können die Steigungen der Sekanten, mithilfe des Differenzialquotienten kann die Steigung der Tangente ermittelt werden.

222

3. Vereinfachung der Bruchterme mit Polynomdivision

a) $\lim\limits_{x \to 1} \frac{f(x)-f(1)}{x-1} = \lim\limits_{x \to 1} \frac{2x^2-8-(-6)}{x-1} = \lim\limits_{x \to 1} \frac{2x^2-2}{x-1} = \lim\limits_{x \to 1} (2x+2) = 4$

b) $\lim\limits_{x \to 4} \frac{f(x)-f(4)}{x-4} = \lim\limits_{x \to 4} \frac{-0{,}5x^2+2x-0}{x-4} = \lim\limits_{x \to 4} (-0{,}5x) = -2$

c) $\lim\limits_{x \to 0} \frac{f(x)-f(0)}{x-0} = \lim\limits_{x \to 0} \frac{x^2+6x+5-5}{x} = \lim\limits_{x \to 0} (x+6) = 6$

d) $\lim\limits_{x \to -1} \frac{f(x)-f(-1)}{x-(-1)} = \lim\limits_{x \to -1} \frac{x^3-4x-3}{x+1} = \lim\limits_{x \to -1} (x^2-x-3) = -1$

e) $\lim\limits_{x \to 2} \frac{f(x)-f(2)}{x-2} = \lim\limits_{x \to 2} \frac{-2x^3+x^2-(-12)}{x-2} = \lim\limits_{x \to 2} (-2x^2-3x-6) = -20$

f) $\lim\limits_{x \to -2} \frac{f(x)-f(-2)}{x-(-2)} = \lim\limits_{x \to -2} \frac{\frac{1}{4}x^4-2x^2-(-4)}{x+2} = \lim\limits_{x \to -2} (0{,}25x^3-0{,}5x^2-x+2) = 0$

g) $\lim\limits_{x \to -4} \frac{f(x)-f(-4)}{x+4} = \lim\limits_{x \to -4} \frac{\frac{2}{3}x^3+5x^2+8x-\frac{16}{3}}{x+4} = \lim\limits_{x \to -4} (\frac{2}{3}x^2+\frac{7}{3}x-\frac{4}{3}) = 0$

h) $\lim\limits_{x \to 3} \frac{f(x)-f(3)}{x-3} = \lim\limits_{x \to 3} \frac{-0{,}8x^4+3{,}2x^3-21{,}6}{x-3} = \lim\limits_{x \to 3} (-0{,}8x^3+0{,}8x^2+2{,}4x+7{,}2) = 0$

4. a) $m_t = \lim\limits_{x \to x_0} \frac{f(x)-f(x_0)}{x-x_0}$
$= \lim\limits_{x \to x_0} \frac{x^2-6{,}25-(x_0^2-6{,}25)}{x-x_0}$
$= \lim\limits_{x \to x_0} \frac{x^2-x_0^2}{x-x_0}$
$= \lim\limits_{x \to x_0} (x+x_0) = 2x_0$

$P: m_t = 2 \cdot 4 = 8$
$Q: m_t = 2 \cdot (-1) = -2$
$R: m_t = 2 \cdot 2{,}5 = 5$

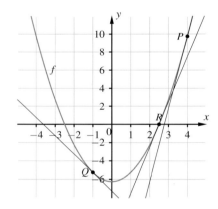

b) $m_t = \lim\limits_{x \to x_0} \frac{f(x)-f(x_0)}{x-x_0}$
$= \lim\limits_{x \to x_0} \frac{-0{,}5x^2+3x-(-0{,}5x_0^2+3x_0)}{x-x_0}$
$= \lim\limits_{x \to x_0} \frac{-0{,}5(x+x_0)(x-x_0)+3(x-x_0)}{x-x_0}$
$= \lim\limits_{x \to x_0} (-0{,}5(x+x_0)+3)$
$= -x_0 + 3$

$P: m_t = -3+3 = 0$
$Q: m_t = 0+3 = 3$
$R: m_t = -5+3 = -2$

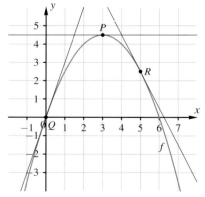

c) $m_t = \lim_{x \to x_0} \frac{f(x)-f(x_0)}{x-x_0}$

$= \lim_{x \to x_0} \frac{\frac{1}{3}x^3 - 3x - (\frac{1}{3}x_0^3 - 3x_0)}{x-x_0}$

▶ Polynomdivsion

$= \lim_{x \to x_0} (\frac{1}{3}x^2 + \frac{1}{3}x_0 x + \frac{1}{3}x_0^2 - 3)$

$= x_0^2 - 3$

$P: m_t = (-3)^2 - 3 = 6$
$Q: m_t = 1^2 - 3 = -2$
$R: m_t = \sqrt{3}^2 - 3 = 0$

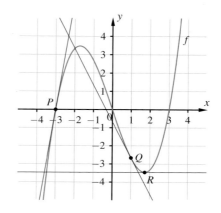

5. Tangentengleichung: $t(x) = mx + n$

a) $P(1|1)$ $f'(x) = 2x$
$m = f'(1) = 2$
eingesetzt in die Tangentengleichung:
$1 = 2 \cdot 1 + n \Leftrightarrow n = -1$
$t(x) = 2x - 1$

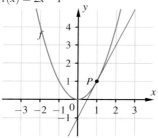

c) $P(0|-5)$ $f'(x) = 2,5x + 2,5$
$m = f'(0) = 2,5$
aus $P(0|-5)$ ergibt sich $n = -5$.

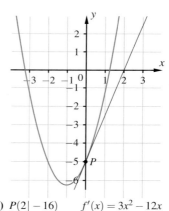

b) $P(3|3)$ $f'(x) = -2x + 4$
$m = f'(3) = -2$
eingesetzt in die Tangentengleichung:
$3 = -2 \cdot 3 + n \Leftrightarrow n = 9$
$t(x) = -2x + 9$

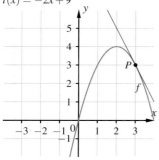

d) $P(2|-16)$ $f'(x) = 3x^2 - 12x$
$m = f'(2) = -12$
eingesetzt in die Tangentengleichung:
$-16 = -12 \cdot 2 + n \Leftrightarrow n = 8$
$t(x) = -12x + 8$

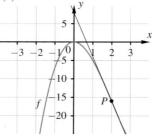

222

e) $P(0|0)$ $\quad f'(x) = -\frac{3}{2}x^2 + 2x + 5$
$m = f'(0) = 5$
eingesetzt in die Tangentengleichung:
$0 = 5 \cdot 0 + n \Leftrightarrow n = 0$
$t(x) = 5x$

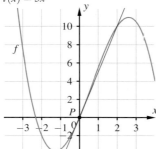

g) $P(-3|-4)$ $\quad f'(x) = \frac{1}{3}x^2$
$m = f'(-3) = 3$
eingesetzt in die Tangentengleichung:
$-4 = 3 \cdot (-3) + n \Leftrightarrow n = 5$
$t(x) = 3x + 5$

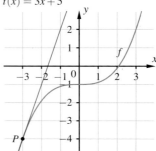

f) $P(-2|0)$ $\quad f'(x) = -2x^3 + 2x$
$m = f'(-2) = 12$
eingesetzt in die Tangentengleichung:
$0 = 12 \cdot (-2) + n \Leftrightarrow n = 24$
$t(x) = 12x + 24$

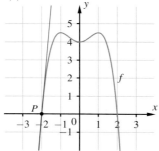

h) $P(-1|\frac{9}{8})$ $\quad f'(x) = \frac{1}{2}x^3 - 1$
$m = f'(-1) = -\frac{3}{2}$
eingesetzt in die Tangentengleichung:
$\frac{9}{8} = -\frac{3}{2} \cdot (-1) + n \Leftrightarrow n = -\frac{3}{8}$
$t(x) = -\frac{3}{2}x - \frac{3}{8}$

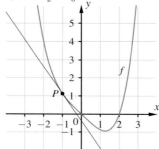

6. a) $\lim\limits_{x \to x_0} \dfrac{f(x) - f(x_0)}{x - x_0} = \lim\limits_{x \to x_0} \dfrac{-x^2 - 2x + 3 - (-x_0^2 - 2x_0 + 3)}{x - x_0}$

$\qquad = \lim\limits_{x \to x_0} \dfrac{-x^2 + x_0^2 - 2x + 2x_0}{x - x_0}$

$\qquad = \lim\limits_{x \to x_0} \left(\dfrac{-(x^2 - x_0^2)}{x - x_0} + \dfrac{-2(x - x_0)}{x - x_0} \right)$

$\qquad = \lim\limits_{x \to x_0} \left(\dfrac{-(x - x_0)(x + x_0)}{x - x_0} - 2 \right) \quad$ 3. Binomische Formel

$\qquad = \lim\limits_{x \to x_0} \left(-(x + x_0) - 2 \right)$

$\qquad = -(x_0 + x_0) - 2$

$\qquad = -2x_0 - 2$

Gesucht x_0, sodass gilt:
$-2x_0 - 2 = 0 \Leftrightarrow x_0 = -1 \to P_0(-1|4)$
Einsetzen in die allgemeine Tangentengleichung:
$4 = 0 \cdot (-1) + n \Leftrightarrow n = 4 \to t(x) = 4$

3.1 Von der Änderungsrate zur Ableitung

222

b) $\lim_{x \to x_0} \dfrac{f(x) - f(x_0)}{x - x_0}$ $= \lim_{x \to x_0} \dfrac{\frac{1}{8}x^2 - \frac{1}{4}x - \frac{15}{8} - (\frac{1}{8}x_0^2 - \frac{1}{4}x_0 - \frac{15}{8})}{x - x_0}$

$\phantom{\lim_{x \to x_0} \dfrac{f(x) - f(x_0)}{x - x_0}}= \lim_{x \to x_0} \dfrac{\frac{1}{8}x^2 - \frac{1}{8}x_0^2 - \frac{1}{4}x + \frac{1}{4}x_0}{x - x_0}$

$\phantom{\lim_{x \to x_0} \dfrac{f(x) - f(x_0)}{x - x_0}}= \lim_{x \to x_0} \left(\dfrac{\frac{1}{8}(x^2 - x_0^2)}{x - x_0} + \dfrac{-\frac{1}{4}(x - x_0)}{x - x_0} \right)$

$\phantom{\lim_{x \to x_0} \dfrac{f(x) - f(x_0)}{x - x_0}}= \lim_{x \to x_0} \left(\dfrac{\frac{1}{8}(x - x_0)(x + x_0)}{x - x_0} - \frac{1}{4} \right)$ 3. Binomische Formel

$\phantom{\lim_{x \to x_0} \dfrac{f(x) - f(x_0)}{x - x_0}}= \lim_{x \to x_0} \left(\tfrac{1}{8}(x + x_0) - \tfrac{1}{4} \right)$

$\phantom{\lim_{x \to x_0} \dfrac{f(x) - f(x_0)}{x - x_0}}= \tfrac{1}{8}(x_0 + x_0) - \tfrac{1}{4}$

$\phantom{\lim_{x \to x_0} \dfrac{f(x) - f(x_0)}{x - x_0}}= \tfrac{1}{4}x_0 - \tfrac{1}{4}$

Gesucht x_0, sodass gilt:
$\frac{1}{4}x_0 - \frac{1}{4} = 0{,}5 \Leftrightarrow x_0 = 3 \to P(3|-1{,}5)$
Einsetzen in die allgemeine Tangentengleichung:
$-1{,}5 = 0{,}5 \cdot 3 + n \Leftrightarrow n = -3 \to t(x) = 0{,}5x - 3$

c) $\lim_{x \to x_0} \dfrac{f(x) - f(x_0)}{x - x_0}$ $= \lim_{x \to x_0} \dfrac{0{,}4x^2 + 3{,}2x - (0{,}4x_0^2 + 3{,}2x_0)}{x - x_0}$

$\phantom{\lim_{x \to x_0} \dfrac{f(x) - f(x_0)}{x - x_0}}= \lim_{x \to x_0} \left(\dfrac{0{,}4(x^2 - x_0^2)}{x - x_0} + \dfrac{3{,}2(x - x_0)}{x - x_0} \right)$

$\phantom{\lim_{x \to x_0} \dfrac{f(x) - f(x_0)}{x - x_0}}= \lim_{x \to x_0} (0{,}4(x + x_0) + 3{,}2)$

$\phantom{\lim_{x \to x_0} \dfrac{f(x) - f(x_0)}{x - x_0}}= (0{,}4(x_0 + x_0) + 3{,}2)$

$\phantom{\lim_{x \to x_0} \dfrac{f(x) - f(x_0)}{x - x_0}}= 0{,}8x_0 + 3{,}2$

Gesucht x_0, sodass gilt:
$0{,}8x_0 + 3{,}2 = 1{,}6 \Leftrightarrow x_0 = -2 \to P(-2|-4{,}8)$
Einsetzen in die allgemeine Tangentengleichung:
$-4{,}8 = 1{,}6 \cdot (-2) + n \Leftrightarrow n = -1{,}6 \to t(x) = 1{,}6x - 1{,}6$

d) $\lim_{x \to x_0} \dfrac{f(x) - f(x_0)}{x - x_0}$ $= \lim_{x \to x_0} \dfrac{\frac{1}{3}x^3 - \frac{4}{3}x - (\frac{1}{3}x_0^3 - \frac{4}{3}x_0)}{x - x_0}$

$\phantom{\lim_{x \to x_0} \dfrac{f(x) - f(x_0)}{x - x_0}}= \lim_{x \to x_0} \left(\dfrac{\frac{1}{3}(x^3 - x_0^3)}{x - x_0} + \dfrac{-\frac{4}{3}(x - x_0)}{x - x_0} \right)$

$\phantom{\lim_{x \to x_0} \dfrac{f(x) - f(x_0)}{x - x_0}}= \lim_{x \to x_0} \left(\tfrac{1}{3}(x^2 + x_0 x + x_0^2) - \tfrac{4}{3} \right)$ Polynomdivision

$\phantom{\lim_{x \to x_0} \dfrac{f(x) - f(x_0)}{x - x_0}}= \tfrac{1}{3}(x_0^2 + x_0 x_0 + x_0^2) - \tfrac{4}{3}$

$\phantom{\lim_{x \to x_0} \dfrac{f(x) - f(x_0)}{x - x_0}}= x_0^2 - \tfrac{4}{3}$

Gesucht x_0, sodass gilt:
$x_0^2 - \frac{4}{3} = -\frac{1}{3} \Leftrightarrow x_0^2 = 1 \Leftrightarrow x_0 = -1 \vee x_0 = 1 \to P_0(-1|1); Q_0 = (1|-1)$
Einsetzen in die allgemeine Tangentengleichung:
$P_0: 1 = -\frac{1}{3} \cdot (-1) + n \Leftrightarrow n = \frac{2}{3} \to t_1(x) = -\frac{1}{3}x + \frac{2}{3}$
$Q_0: -1 = -\frac{1}{3} \cdot 1 + n \Leftrightarrow n = -\frac{2}{3} \to t_2(x) = -\frac{1}{3}x - \frac{2}{3}$

222

e) $\lim\limits_{x \to x_0} \dfrac{f(x) - f(x_0)}{x - x_0} = \lim\limits_{x \to x_0} \dfrac{-\frac{1}{16}x^3 + \frac{3}{4}x_0^2 - 3x + 4 - (-\frac{1}{16}x_0^3 + \frac{3}{4}x_0^2 - 3x_0 + 4)}{x - x_0}$

$= \lim\limits_{x \to x_0} \left(\dfrac{-\frac{1}{16}(x^3 - x_0^3)}{x - x_0} + \dfrac{\frac{3}{4}(x^2 - x_0^2)}{x - x_0} + \dfrac{-3(x - x_0)}{x - x_0} \right)$ Polynomdivision;

$= \lim\limits_{x \to x_0} \left(-\frac{1}{16}(x^2 + x_0 x + x_0^2) + \frac{3}{4}(x + x_0) - 3 \right)$ 3. Binomische Formel

$= -\frac{1}{16}(x_0^2 + x_0 x_0 + x_0^2) + \frac{3}{4}(x_0 + x_0) - 3$

$= -\frac{3}{16}x_0^2 + \frac{3}{2}x_0 - 3$

Gesucht x_0, sodass gilt:
$-\frac{3}{16}x_0^2 + \frac{3}{2}x_0 - 3 = -3 \Leftrightarrow -\frac{3}{16}x_0(x_0 - 8) = 0 \Leftrightarrow x_0 = 0 \vee x_0 = 8 \to P_0(0|4); Q_0(8|-4)$
Einsetzen in die allgemeine Tangentengleichung:
$P_0: n = 4 \to t_1(x) = -3x + 4$
$Q_0: -4 = -3 \cdot 8 + n \Leftrightarrow n = 20 \to t_2(x) = -3x + 20$

f) $\lim\limits_{x \to x_0} \dfrac{f(x) - f(x_0)}{x - x_0} = \lim\limits_{x \to x_0} \dfrac{0{,}06x^3 - 0{,}36x^2 - (0{,}06x_0^3 - 0{,}36x_0^2)}{x - x_0}$

$= \lim\limits_{x \to x_0} \left(\dfrac{0{,}06(x^3 - x_0^3)}{x - x_0} + \dfrac{-0{,}36(x^2 - x_0^2)}{x - x_0} \right)$

$= \lim\limits_{x \to x_0} \left(0{,}06(x^2 + x_0 x + x_0^2) - 0{,}36(x + x_0) \right)$ Polynomdivision;

3. Binomische Formel

$= 0{,}06(x_0^2 + x_0 x_0 + x_0^2) - 0{,}36(x_0 + x_0)$

$= 0{,}18x_0^2 - 0{,}72x_0$

Gesucht x_0, sodass gilt:
$0{,}18x_0^2 - 0{,}72x_0 = 2{,}16 \Leftrightarrow x_0^2 - 4x_0 = 12 \Leftrightarrow (x_0 - 2)^2 = 16$
$\Leftrightarrow x_0 = -2 \vee x_0 = 6 \to P_0(-2|-1{,}92); Q_0(6|0)$
Einsetzen in die allgemeine Tangentengleichung:
$P_0: -1{,}92 = 2{,}16 \cdot (-2) + n \Leftrightarrow n = 2{,}4 \to t_1(x) = 2{,}16x + 2{,}4$
$Q_0: 0 = 2{,}16 \cdot 6 + n \Leftrightarrow n = -12{,}96 \to t_2(x) = 2{,}16x - 12{,}96$

3.1 Von der Änderungsrate zur Ableitung

g) $\lim\limits_{x \to x_0} \dfrac{f(x) - f(x_0)}{x - x_0} = \lim\limits_{x \to x_0} \dfrac{\frac{1}{36}x^4 - \frac{1}{3}x^3 + x^2 + 2 - (\frac{1}{36}x_0^4 - \frac{1}{3}x_0^3 + x_0^2 + 2)}{x - x_0}$

$= \lim\limits_{x \to x_0} \left(\dfrac{\frac{1}{36}(x^4 - x_0^4)}{x - x_0} + \dfrac{-\frac{1}{3}(x^3 - x_0^3)}{x - x_0} + \dfrac{(x^2 - x_0^2)}{x - x_0} \right)$

$= \lim\limits_{x \to x_0} \left(\frac{1}{36}(x^3 + x_0 x^2 + x_0^2 x + x_0^3) \right.$

$\left. - \frac{1}{3}(x^2 + x_0 x + x_0^2) + x + x_0 \right)$ Polynomdivision;
3. Binomische Formel

$= \frac{1}{36}(x_0^3 + x_0 x_0^2 + x_0^2 x_0 + x_0^3) - \frac{1}{3}(x_0^2 + x_0 x_0 + x_0^2) + x_0 + x_0$

$= \frac{1}{9}x_0^3 - x_0^2 + 2x_0$

Gesucht x_0, sodass gilt:
$\frac{1}{9}x_0^3 - x_0^2 + 2x_0 = 0 \Leftrightarrow \frac{1}{9}x_0(x_0^2 - 9x_0 + 18) = 0$
$\Leftrightarrow x_0 = 0 \vee (x_0 - 4{,}5)^2 = 2{,}25 \Leftrightarrow x_0 = 0 \vee x_0 = 3 \vee x_0 = 6 \to P_0(0|2); Q_0(3|4{,}25); R_0(6|2)$
wegen $m = 0$ ergeben sich unmittelbar die Tangentengleichungen:
$P_0: t(x) = 2$
$Q_0: t(x) = 4{,}25$
$R_0: t(x) = 2$

h) $\lim\limits_{x \to x_0} \dfrac{f(x) - f(x_0)}{x - x_0} = \lim\limits_{x \to x_0} \dfrac{\frac{1}{48}x^4 + \frac{1}{6}x^3 - \frac{8}{3}x - \frac{16}{3} - (\frac{1}{48}x_0^4 + \frac{1}{6}x_0^3 - \frac{8}{3}x_0 - \frac{16}{3})}{x - x_0}$

$= \lim\limits_{x \to x_0} \left(\dfrac{\frac{1}{48}(x^4 - x_0^4)}{x - x_0} + \dfrac{\frac{1}{6}(x^3 - x_0^3)}{x - x_0} + \dfrac{-\frac{8}{3}(x - x_0)}{x - x_0} \right)$

$= \lim\limits_{x \to x_0} \left(\frac{1}{48}(x^3 + x_0 x^2 + x_0^2 x + x_0^3) \right.$

$\left. + \frac{1}{6}(x^2 + x_0 x + x_0^2) - \frac{8}{3} \right)$ Polynomdivision;
3. Binomische Formel

$= \frac{1}{48}(x_0^3 + x_0 x_0^2 + x_0^2 x_0 + x_0^3) + \frac{1}{6}(x_0^2 + x_0 x_0 + x_0^2) - \frac{8}{3}$

$= \frac{1}{12}x_0^3 + \frac{1}{2}x_0^2 - \frac{8}{3}$

Gesucht x_0, sodass gilt:
$\frac{1}{12}x_0^3 + \frac{1}{2}x_0^2 - \frac{8}{3} = -\frac{8}{3} \Leftrightarrow \frac{1}{12}x_0^2(x_0 + 6) = 0 \Leftrightarrow x_0 = 0 \vee x_0 = 0 \vee x_0 = -6 \to P_0(0|-\frac{16}{3}); Q_0(-6|\frac{5}{3})$
Einsetzen in die allgemeine Tangentengleichung:
$P_0: n = -\frac{16}{3} \to t(x) = -\frac{8}{3}x - \frac{16}{3}$
$Q_0: \frac{5}{3} = -\frac{8}{3} \cdot (-6) + n \Leftrightarrow n = -\frac{43}{3} \to t(x) = -\frac{8}{3}x - \frac{43}{3}$

222

7. *Hinweis*: Fehler im 1. Druck! Die Funktionsgleichung von f sollte heißen: $f(x) = 0,25x^2 - x - 1,25$.

a)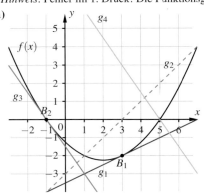

b) Die erste und die dritte Gerade sind Tangenten an die Parabel, da sie die Parabel jeweils in einem Punkt berühren, dort also dieselbe Steigung haben wie die Parabel. Die zweite und die vierte Gerade schneiden die Parabel jeweils in zwei Punkten, haben dort jedoch nicht dieselbe Steigung wie die Parabel. Folglich sind sie nicht Tangenten an die Parabel.

c) $\lim\limits_{x \to x_0} \dfrac{f(x) - f(x_0)}{x - x_0} = \lim\limits_{x \to x_0} \dfrac{0,25x^2 - x - 1,25 - (0,25x_0^2 - x_0 - 1,25)}{x - x_0}$

$= \lim\limits_{x \to x_0} \left(\dfrac{0,25(x^2 - x_0^2)}{x - x_0} - \dfrac{x - x_0}{x - x_0} \right)$

$= \lim\limits_{x \to x_0} (0,25(x + x_0) - 1)$ 3. Binomische Formel

$= 0,25(x_0 + x_0) - 1$

$= 0,5x_0 - 1$

d) Zu g_1 mit $g_1(x) = 0,5x - 3,5$:
Gesucht x_B, sodass gilt: $0,25x_B^2 - x_B - 1,25 = 0,5x_B - 3,5$
$\Leftrightarrow x_B^2 - 6x_B = -9 \Leftrightarrow (x_B - 3)^2 = 0 \to x_B = 3$ doppelte Lösung $\to B_1(3|-2)$
Einsetzen in den Differenzialquotienten ergibt: $m = 0,5 \cdot 3 - 1 = 0,5$
Die Steigung der Geraden stimmt mit der Steigung der Parabel in B_1 überein. Also ist die Gerade mit der Gleichung $g_1(x) = 0,5x - 3,5$ Tangente an die Parabel in B_1.

Zu g_2 mit $g_2(x) = x - 3$:
Gesucht x_B, sodass gilt: $0,25x_B^2 - x_B - 1,25 = x_B - 3$
$\Leftrightarrow x_B^2 - 8x_B = -7 \Leftrightarrow (x_B - 4)^2 = 9 \Leftrightarrow x_B = 1 \vee x_B = 7$
Einsetzen in den Differenzialquotienten ergibt: $m_1 = 0,5 \cdot 1 - 1 = -0,5$; $m_2 = 0,5 \cdot 7 - 1 = 2,5$
Die Steigung der Geraden stimmt mit keinem der beiden Steigungswerte überein. Folglich ist die Gerade in keinem der zugehörigen Punkte Tangente an die Parabel.

Zu g_3 mit $g_3(x) = -1,5x - 1,5$:
Gesucht x_B, sodass gilt: $0,25x_B^2 - x_B - 1,25 = -1,5x_B - 1,5$
$\Leftrightarrow x_B^2 + 2x_B = -1 \Leftrightarrow (x_B + 1)^2 = 0 \to x_B = -1$ doppelte Lösung $\to B_2(-1|0)$
Einsetzen in den Differenzialquotienten ergibt: $m = 0,5 \cdot (-1) - 1 = -1,5$
Die Steigung der Geraden stimmt mit der Steigung der Parabel in B_2 überein. Also ist die Gerade mit der Gleichung $g_3(x) = -1,5x - 1,5$ Tangente an die Parabel in B_2.

Zu g_4 mit $g_4(x) = -1,5x + 7,5$:
Gesucht x_B, sodass gilt: $0,25x_B^2 - x_B - 1,25 = -1,5x_B + 7,5$
$\Leftrightarrow x_B^2 + 2x_B = 35 \Leftrightarrow (x_B + 1)^2 = 36 \to x_B = -7 \vee x_B = 5$
Einsetzen in den Differenzialquotienten ergibt: $m_1 = 0,5 \cdot (-7) - 1 = -4,5$; $m_2 = 0,5 \cdot 5 - 1 = 1,5$
Keiner der Steigungswerte stimmt mit der Steigung der Geraden überein. Also ist die Gerade mit der Gleichung $g_4(x) = -1,5x + 7,5$ in keinem der zugehörigen Punkte Tangente an die Parabel.

3.1 Von der Änderungsrate zur Ableitung   137

3.1.4 Ableitungsfunktion und Ableitungsregeln

1. **a)** Der Graph von f (blau gezeichnet) ist eine Parabel 2. Ordnung. Folglich ist die erste Ableitung eine lineare Funktion und ihr Graph eine Gerade. Diese Bedingung wird von allen drei roten Graphen erfüllt. Der Graph von f hat in $T(2|-4)$ einen Extrempunkt, also eine waagerechte Tangente, d. h., die Ableitung hat an der Stelle 2 den Wert 0, folglich schneidet ihr Graph bei 2 die x-Achse. Diese Bedingung wird nur von dem ersten und dritten roten Graphen erfüllt. Für $x < 2$ hat der Graph von f negative und für $x > 2$ positive Steigungswerte. Folglich liegt der Graph der Ableitung für $x < 2$ unterhalb und für $x > 2$ oberhalb der x-Achse. Diese Bedingung wird nur durch den dritten roten Graphen erfüllt. Also ist dieser der Graph der Ableitungsfunktion f'.

   b) Der Graph von f ist eine Parabel 4. Ordnung. Folglich ist der Graph der Ableitung eine Parabel 3. Ordnung. Diese Bedingung wird nur von dem ersten und von dem dritten roten Graphen erfüllt. Der Graph von f hat bei $x = -1, x = 2$ und $x = 5$ jeweils eine waagerechte Tangente, also die Steigung 0. Folglich hat die Ableitung f' dort jeweils eine Nullstelle. Diese Bedingung wird sowohl von dem ersten als auch von dem dritten roten Graphen erfüllt. Der Graph von f hat für $x < -1$ negative, für $-1 < x < 2$ positive, für $2 < x < 5$ negative und für $x > 5$ positive Steigungswerte. Entsprechend liegt der Graph von f' für $x < -1$ unterhalb, für $-1 < x < 2$ oberhalb, für $2 < x < 5$ unterhalb und für $x > 5$ oberhalb der x-Achse. Diese Bedingungen erfüllt nur der erste rote Graph.

   c) Der Graph von f ist eine Parabel 3. Ordnung. Folglich ist die erste Ableitung eine quadratische Funktion und ihr Graph eine Parabel 2. Ordnung. Diese Bedingung erfüllen der erste und der zweite rote Graph. Der Graph von f hat waagerechte Tangenten bei $x = -2$ und $x = 4$, also hat f' dort jeweils eine Nullstelle. Diese Bedingung wird von dem zweiten roten Graphen erfüllt, von dem dritten aber nicht. Auch die negativen Funktionswerte für $x < -2$ bzw. $x > 4$ und die positiven Funktionswerte für $-2 < x < 4$ entsprechen bei dem zweiten roten Graphen den Steigungswerten des Graphen von f in den jeweiligen Intervallen.

2. **a)** $f'(x) = 2x$ $f''(x) = 2$

   b) $f'(x) = -15x^2$ $f''(x) = -30x$ $f'''(x) = -30$

   c) $f'(x) = 7$

   d) $f'(x) = 6x$ $f''(x) = 6$

   e) $f'(x) = 1 - 5x^4$ $f''(x) = -20x^3$ $f'''(x) = -60x^2$
   $f^{(4)}(x) = -120x$ $f^{(5)}(x) = -120$

   f) $f'(x) = 0$

   g) $f'(x) = 6x - 0{,}5$ $f''(x) = 6$

   h) $f'(x) = -3x^3 + 1{,}5x^2 - 1$ $f''(x) = -9x^2 + 3x$ $f'''(x) = -18x + 3$
   $f^{(4)}(x) = -18$

   i) $f'(x) = 0{,}6x^5 - 4{,}8x^3 + 3{,}2x$ $f''(x) = 3x^4 - 14{,}4x^2 + 3{,}2$ $f'''(x) = 12x^3 - 28{,}8x$
   $f^{(4)}(x) = 36x^2 - 28{,}8$ $f^{(5)}(x) = 72x$ $f^{(6)}(x) = 72$

   j) $f'(x) = 1{,}2x^3 + 3x$ $f''(x) = 3{,}6x^2 + 3$ $f'''(x) = 7{,}2x$
   $f^{(4)}(x) = 7{,}2$

   k) $f'(x) = -\frac{2}{5}x^4 - \frac{7}{5}x^2 + 7$ $f''(x) = -\frac{8}{5}x^3 - \frac{14}{5}x$ $f'''(x) = -\frac{24}{5}x^2 - \frac{14}{5}$
   $f^{(4)}(x) = -\frac{48}{5}x$ $f^{(5)}(x) = -\frac{48}{5}$

   l) $f'(x) = 3ax^2 + 2bx + c$ $f''(x) = 6ax + 2b$ $f'''(x) = 6a$

3. a) Die Aussage ist wahr. Beispiel: $f(x) = 2x^4$; $f'(x) = 8x^3$; $f''(x) = 24x^2$; $f'''(x) = 48x$

b) Die Aussage ist falsch. Gegenbeispiel: $f(x) = 0{,}5x^2$ und $g(x) = -0{,}5x^2$.
Der Graph von f hat für $x < 0$ negative und für $x > 0$ positive Steigungswerte. Wenn man beim Streckfaktor das Vorzeichen ändert (siehe $g(x)$), so ändert sich auch das Steigungsverhalten. So hat der Graph von g für $x < 0$ positive und für $x > 0$ negative Steigungswerte.

c) Die Aussage ist falsch. Gegenbeispiel: $f(x) = x^2$; $f'(x) = 2x$
Der Graph von f ist achsensymmetrisch zur y-Achse, der Graph von f' dagegen punktsymmetrisch zum Ursprung.

d) Fasst man einen Berührpunkt mit der x-Achse nicht als Schnittpunkt auf, so ist die Aussage richtig. Beispiel: $f(x) = x^5 - 15x^3$. Die Ableitungsfunktion f' mit $f'(x) = 5x^4 - 45x^2$ hat bei -3 und 3 jeweils eine einfache Nullstelle, entsprechend den Extrempunkten des Graphen von f. Bei 0 hat f' eine doppelte Nullstelle und der Graph von f' einen Berührpunkt mit der x-Achse, entsprechend dem Sattelpunkt des Graphen von f im Ursprung. Fasst man dagegen auch einen Berührpunkt mit der x-Achse als Schnittpunkt auf, so ist das genannte Beispiel ein Gegenbeispiel.

e) Die Aussage ist richtig, denn die zweite Ableitung ist die Ableitung der 1. Ableitung, d. h., die 2. Ableitung gibt das Steigungsverhalten des Graphen von f' wieder. Beispiel: $f'(x) = x^2 - 2x + 1 = (x-1)^2$; $f''(x) = 2x - 2$. Der Graph von f' hat den Extrempunkt $T(1|0)$, folglich gilt $f''(1) = 0$.

f) Beim Ableiten einer ganzrationalen Funktion geht jeweils ein Grad verloren. Aus einer Funktion n-ten Grades wird also durch n-maliges Ableiten eine Funktion vom Grad 0, d. h. eine konstante Funktion. Beispiel: siehe a) $f^{(4)}(x) = 48$

4. Konstantenregel:
$$f(x) = c \qquad f'(x_0) = \lim_{x \to x_0} \frac{f(x) - f(x_0)}{x - x_0} = \lim_{x \to x_0} \frac{c - c}{x - x_0} = 0 \qquad f'(x) = 0$$

Beweis der Faktorregel mit der Potenzregel:
$f(x) = ax^n$ \qquad Für $g(x) = x^n$ gilt nach der Potenzregel: $g'(x) = n \cdot x^{n-1}$
$$f'(x_0) = \lim_{x \to x_0} \frac{f(x) - f(x_0)}{x - x_0} = \lim_{x \to x_0} \frac{ax^n - ax_0^n}{x - x_0} = \lim_{x \to x_0} \left(a \cdot \frac{x^n - x_0^n}{x - x_0}\right) = \lim_{x \to x_0} \left(a \cdot \frac{g(x) - g(x_0)}{x - x_0}\right) = a \cdot g'(x_0)$$
$$= an \cdot x_0^{n-1}$$
$$f'(x) = an \cdot x^{n-1}$$

5. Individuelle Lösungen

6. Individuelle Lösungen

3.1 Von der Änderungsrate zur Ableitung

Übungen zu 3.1

1. Vereinfachung der Bruchterme mit Polynomdivision

a) $f'(x_0) = \lim\limits_{x \to x_0} \frac{f(x)-f(x_0)}{x-x_0} = \lim\limits_{x \to x_0} \frac{x^3 - x_0^3}{x - x_0} = \lim\limits_{x \to x_0} (x^2 + x_0 x + x_0^2) = 3x_0^2$
$\Rightarrow f'(x) = 3x^2$

b) $f'(x_0) = \lim\limits_{x \to x_0} \frac{f(x)-f(x_0)}{x-x_0} = \lim\limits_{x \to x_0} \frac{2x^3 - 2x_0^3}{x - x_0} = \lim\limits_{x \to x_0} \left(2 \cdot \frac{x^3 - x_0^3}{x - x_0}\right) = \lim\limits_{x \to x_0} (2 \cdot (x^2 + x_0 x + x_0^2))$
$= 2 \cdot (x_0^2 + x_0 x_0 + x_0^2) = 6x_0^2$
$\Rightarrow f'(x) = 6x^2$

c) $f'(x_0) = \lim\limits_{x \to x_0} \frac{f(x)-f(x_0)}{x-x_0} = \lim\limits_{x \to x_0} \frac{x^4 - x_0^4}{x - x_0} = \lim\limits_{x \to x_0} (x^3 + x_0 x^2 + x_0^2 x + x_0^3) = 4x_0^3$
$\Rightarrow f'(x) = 4x^3$

d) $f'(x_0) = \lim\limits_{x \to x_0} \frac{f(x)-f(x_0)}{x-x_0} = \lim\limits_{x \to x_0} \frac{-\frac{1}{2}x^4 - (-\frac{1}{2}x_0^4)}{x - x_0} = \lim\limits_{x \to x_0} \left(-\frac{1}{2} \cdot \frac{x^4 - x_0^4}{x - x_0}\right) = \lim\limits_{x \to x_0} \left(-\frac{1}{2} \cdot (x^3 + x_0 x^2 + x_0^2 x + x_0^3)\right)$
$= -\frac{1}{2} \cdot (x_0^3 + x_0 x_0^2 + x_0^2 x_0 + x_0^3) = -2x_0^3$
$\Rightarrow f'(x) = -2x^3$

e) $f'(x_0) = \lim\limits_{x \to x_0} \frac{f(x)-f(x_0)}{x-x_0} = \lim\limits_{x \to x_0} \frac{x^5 - x_0^5}{x - x_0} = \lim\limits_{x \to x_0} (x^4 + x_0 x^3 + x_0^2 x^2 + x_0^3 x + x_0^4) = 5x_0^4$
$\Rightarrow f'(x) = 5x^4$

f) $f'(x_0) = \lim\limits_{x \to x_0} \frac{f(x)-f(x_0)}{x-x_0} = \lim\limits_{x \to x_0} \frac{1{,}2 x^5 - 1{,}2 x_0^5}{x - x_0} = \lim\limits_{x \to x_0} \left(1{,}2 \cdot \frac{x^5 - x_0^5}{x - x_0}\right)$
$= \lim\limits_{x \to x_0} \left(1{,}2 \cdot (x^4 + x_0 x^3 + x_0^2 x^2 + x_0^3 x + x_0^4)\right)$
$= 1{,}2 \cdot (x_0^4 + x_0 x_0^3 + x_0^2 x_0^2 + x_0^3 x_0 + x_0^4) = 6x_0^4$
$\Rightarrow f'(x) = 6x^4$

2. Bei der Bestimmung der Ableitung mithilfe des Differenzialquotienten wird die Differenz $f(x) - f(x_0)$ durch die Differenz $x - x_0$ dividiert. Da zwei Potenzen mit gleicher Basis dividiert werden, indem man die Exponenten subtrahiert, reduzieren sich bei der Division die Exponenten des Zählerterms jeweils um 1. Folglich ist der Grad des Differenzialquotienten um 1 niedriger als der Grad der Funktion f.

3. a)

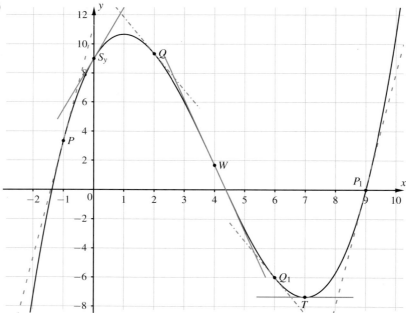

b) Bestimmung der y-Koordinaten der Punkte P und Q: $f(-1) = \frac{10}{3} \to P(-1|\frac{10}{3})$; $f(2) = \frac{28}{3} \to Q(2|\frac{28}{3})$
Bestimmung der Steigung m mit der Ableitung $f'(x) = \frac{1}{2}x^2 - 4x + \frac{7}{2}$:
Tangente in P: $f'(-1) = 8 \to m = 8$; Tangente in Q: $f'(2) = -2,5 \to m = -2,5$

Bestimmung des y-Achsenabschnitts n durch Einsetzen des Steigungswerts und der Koordinaten des Punktes in die allgemeine Gleichung $y = mx + n$:
Tangente in P: $\frac{10}{3} = 8 \cdot (-1) + n \Leftrightarrow n = \frac{34}{3} \to t_P(x) = 8x + \frac{34}{3}$
Tangente in Q: $\frac{28}{3} = -2,5 \cdot 2 + n \Leftrightarrow n = \frac{43}{3} \to t_Q(x) = -\frac{5}{2}x + \frac{43}{3}$

c) Gesucht sind die Punkte $B(x_B|f(x_B))$, in denen der Graph von f dieselbe Steigung hat wie in P bzw. Q.
Zu bestimmen sind also die Stellen x_B, an denen die Ableitung den Wert 8 bzw. $-2,5$ hat:
$f'(x_B) = 8 \Leftrightarrow \frac{1}{2}x_B^2 - 4x_B + \frac{7}{2} = 8 \Leftrightarrow x_B^2 - 8x_B = 9 \Leftrightarrow (x_B - 4)^2 = 25 \Leftrightarrow x_B = -1 \vee x_B = 9$
$f'(x_B) = -2,5 \Leftrightarrow \frac{1}{2}x_B^2 - 4x_B + \frac{7}{2} = -2,5 \Leftrightarrow x_B^2 - 8x_B = -12 \Leftrightarrow (x_B - 4)^2 = 4 \Leftrightarrow x_B = 2 \vee x_B = 6$
Durch Einsetzen in die Gleichung von f erhält man außer den bereits bekannten Punkten P und Q die Punkte P_1 und Q_1:
$f(9) = 0 \to P_1(9|0)$; $f(6) = -6 \to Q_1(6|-6)$

Bestimmung des y-Achsenabschnitts n durch Einsetzen des Steigungswerts und der Koordinaten des Punktes in die allgemeine Gleichung $y = mx + n$:
Tangente in P_1: $0 = 8 \cdot 9 + n \Leftrightarrow n = -72 \to t_{P_1}(x) = 8x - 72$
Tangente in Q_1: $-6 = -2,5 \cdot 6 + n \Leftrightarrow n = 9 \to t_{Q_1}(x) = -2,5x + 9$

3.1 Von der Änderungsrate zur Ableitung

d) Gesucht sind die Punkte $B(x_B|f(x_B))$, in denen der Graph von f jeweils die Steigung der angegebenen Geraden hat. Zu bestimmen sind also die Stellen x_B, an denen die Ableitung den Wert 3,5 bzw. 0 oder 8 hat:
$f'(x_B) = 3,5 \Leftrightarrow \frac{1}{2}x_B^2 - 4x_B + \frac{7}{2} = 3,5 \Leftrightarrow x_B^2 - 8x_B = 0 \Leftrightarrow x_B(x_B - 8) = 0 \Leftrightarrow x_B = 0 \lor x_B = 8$
$f'(x_B) = 0 \Leftrightarrow \frac{1}{2}x_B^2 - 4x_B + \frac{7}{2} = 0 \Leftrightarrow x_B^2 - 8x_B = -7 \Leftrightarrow (x_B - 4)^2 = 9 \Leftrightarrow x_B = 1 \lor x_B = 7$
$f'(x_B) = 8 \Leftrightarrow x_B = -1 \lor x_B = 9$ (siehe c)

Mit der Gleichung von f erhält man die zugehörigen y-Koordinaten und durch Einsetzen des jeweiligen Steigungswerts und der Koordinaten des Punktes in die allgemeine Gleichung $y = mx + n$ den y-Achsenabschnitt der zugehörigen Tangentenfunktion:
$x_B = 0$: $f(0) = 9 \to S_y(0|9) \to n = 9 \to t(x) = 3,5x + 9$
Damit ist gezeigt, dass die erste angegebene Gerade Tangente an den Graphen im y-Achsenschnittpunkt $S_y(0|9)$ ist. Daher erübrigt sich die Betrachtung der Stelle $x_B = 8$.
$x_B = 7$: $f(7) = -\frac{22}{3} \to T(7|-\frac{22}{3}) \to n = -\frac{22}{3} \to t_T(x) = -\frac{22}{3}$
Damit ist gezeigt, dass die zweite angegebene Gerade Tangente an den Graphen im Tiefpunkt $T(7|-\frac{22}{3})$ ist. Daher erübrigt sich die Betrachtung der Stelle $x_B = 1$.
$x_B = -1$; $x_B = 9$: Die zugehörigen Punkte und Tangenten wurden in Teil c) bereits bestimmt. Keine der beiden Tangentengleichungen stimmt mit der Gleichung der dritten gegebenen Geraden überein. Folglich ist diese Gerade nicht Tangente an den Graphen von f.

e) Man erkennt, dass die Tangente in einem Punkt B des Graphen und die Tangente in dem durch Punktspiegelung am Wendepunkt erzeugten Punktes B^* parallel sind, also dieselbe Steigung haben. Folglich ist die Tangente im Wendepunkt die einzige, zu der es keine parallele Tangente gibt. Der Zeichnung ist die y-Koordinate des Wendepunkts zu entnehmen: $x_W = 4$. Mit der Gleichung von f erhält man $f(4) = \frac{5}{3} \to W(4|\frac{5}{3})$.
Mit der Ableitung erhält man die Steigung der Tangente: $f'(4) = -\frac{9}{2} \to m = -\frac{9}{2}$. Durch Einsetzen in die allgemeine Gleichung $y = mx + n$ erhält man n:
$\frac{5}{3} = -\frac{9}{2} \cdot 4 + n \Leftrightarrow n = \frac{59}{3} \to t_W(x) = -\frac{9}{2}x + \frac{59}{3}$

f) Gesucht sind die Punkte $B(x_B|f(x_B))$, in denen der Graph von f die Steigung -5 hat. Zu bestimmen sind also die Stellen x_B, an denen die Ableitung den Wert -5 hat:
$f'(x_B) = -5 \Leftrightarrow \frac{1}{2}x_B^2 - 4x_B + \frac{7}{2} = -5 \Leftrightarrow x_B^2 - 8x_B = -17 \Leftrightarrow (x_B - 4)^2 = -1$
Die Gleichung hat keine reelle Lösung, d.h., es gibt keine Stellen, an denen die Ableitung den Wert -5 hat, folglich auch keine Punkte, in denen der Graph und damit die Tangente die Steigung -5 hat.

4. a) Die Geschwindigkeit zu einem Zeitpunkt t entspricht der Ableitung an der Stelle t.
$s'(t) = 0,8t$ für $0 \leq t \leq 15$
$s'(5) = 4 \to$ Geschwindigkeit: 4 m/s
$s'(10) = 8 \to$ Geschwindigkeit: 8 m/s

b) Für die Bewegung zum Zeitpunkt $t = 15$ gilt: $s(15) = 0,4 \cdot 15^2 = 90$. Mit dem zweiten Funktionsterm würde man erhalten: $12 \cdot 15 - 90 = 90$. Da die Werte übereinstimmen, ist der Graph an der Nahtstelle zusammenhängend.
Für die Geschwindigkeit zum Zeitpunkt $t = 15$ gilt: $s'(15) = 0,8 \cdot 15 = 12$. Mit dem zweiten Funktionsterm würde man ebenfalls den Ableitungswert 12 erhalten. Also hat der Graph an der Nahtstelle keinen Knick.

228

5. Zu zeigen ist jeweils, dass der Punkt auf der ausgewählten Tangente liegt und dass der Graph in dem Punkt dieselbe Steigung hat wie die ausgewählte Tangente. Letzteres zeigt man mithilfe der Ableitung:
$f'(x) = 0,12x^3 - 1,32x^2 + 2,88x$

$P(-2|9,76)$ und $t_3(x) = -12x - 14,24$:
$9,76 = -12 \cdot (-2) - 14,24 \Leftrightarrow 9,76 = 9,76 \to$ Punktprobe erfüllt
$f'(-2) = -12 \to$ Steigungen stimmen überein

$Q(3|3,51)$ und $t_7(x) = 3,51$:
$3,51 = 0 \cdot 3 + 3,51 \Leftrightarrow 3,51 = 3,51 \to$ Punktprobe erfüllt
$f'(3) = 0 \to$ Steigungen stimmen überein

$R(-1|1,91)$ und $t_4(x) = -4,32x - 2,41$:
$1,91 = -4,32 \cdot (-1) - 2,41 \Leftrightarrow 1,91 = 1,91 \to$ Punktprobe erfüllt
$f'(-1) = -4,32 \to$ Steigungen stimmen überein

$S(9|-7,29)$ und $t_6(x) = 6,48x - 65,61$:
$-7,29 = 6,48 \cdot 9 - 65,61 \Leftrightarrow -7,29 = -7,29 \to$ Punktprobe erfüllt
$f'(9) = 6,48 \to$ Steigungen stimmen überein

$T(8|-10,24)$ und $t_5(x) = -10,24$:
$-10,24 = 0 \cdot 8 - 10,24 \Leftrightarrow -10,24 = -10,24 \to$ Punktprobe erfüllt
$f'(8) = 0 \to$ Steigungen stimmen überein

$U(5|-0,25)$ und $t_8(x) = -3,6x + 17,75$:
$-0,25 = -3,6 \cdot 5 + 17,75 \Leftrightarrow -0,25 = -0,25 \to$ Punktprobe erfüllt
$f'(5) = -3,6 \to$ Steigungen stimmen überein

$V(2|2,72)$ und $t_2(x) = 1,44x - 0,16$:
$2,72 = 1,44 \cdot 2 - 0,16 \Leftrightarrow 2,72 = 2,72 \to$ Punktprobe erfüllt
$f'(2) = 1,44 \to$ Steigungen stimmen überein

$W(6|-4,32)$ und $t_1(x) = -4,32x + 21,6$:
$-4,32 = -4,32 \cdot 6 + 21,6 \Leftrightarrow -4,32 = -4,32 \to$ Punktprobe erfüllt
$f'(6) = -4,32 \to$ Steigungen stimmen überein

6. a) Funktionsgleichung: $s(t) = 30t - 5t^2$
$s(1) = 25 \to$ nach 1 Sekunde 25 Meter Flughöhe
$s(2) = 40 \to$ nach 2 Sekunden 40 Meter Flughöhe
$s(5) = 25 \to$ nach 5 Sekunden 25 Meter Flughöhe

b) Geschwindigkeit entspricht der Ableitung: $s'(t) = 30 - 10t$
$s'(1) = 20 \to$ nach 1 Sekunde 20 Meter pro Sekunde
$s'(2) = 10 \to$ nach 2 Sekunden 10 Meter pro Sekunde
$s'(5) = -20 \to$ nach 5 Sekunden -20 Meter pro Sekunde (fallend)

c) Gesucht t_0, sodass $s(t_0) = 33,75$. Mit dem Funktionsterm von s erhält man:
$30t_0 - 5t_0^2 = 33,75 \Leftrightarrow t_0^2 - 6t_0 = -6,75 \Leftrightarrow (t_0 - 3)^2 = 2,25 \Leftrightarrow t_0 = 1,5 \vee t_0 = 4,5$
Einsetzen in die Ableitung ergibt: $s'(1,5) = 15$ und $s'(4,5) = -15$
Nach 1,5 Sekunden beträgt die Flughöhe 33,75 Meter und die Fluggeschwindigkeit 15 Meter pro Sekunde. Nach 4,5 Sekunden beträgt die Flughöhe ebenfalls 33,75 Meter und die Fluggeschwindigkeit -15 Meter pro Sekunde, d.h., der Ball fällt.

3.1 Von der Änderungsrate zur Ableitung

228

d) Gesucht t_N, sodass gilt: $s(t_N) = 0$
$30t_N - 5t_N^2 = 0 \Leftrightarrow -5t_N(t_N - 6) = 0 \Leftrightarrow t_N = 0 \vee t_N = 6$
Nach 6 Sekunden hat der Ball die Abwurfhöhe wieder erreicht.
$s'(6) = -30$
Zu diesem Zeitpunkt fliegt der Ball mit einer Geschwindigkeit von 30 m/s.

e) $s(3) = 45; s'(3) = 0$
Aufgrund der Symmetrie des Funktionsgraphen liegt der höchste Punkt bei $t = 3$. Der Ball hat nach 3 Sekunden seine maximale Flughöhe erreicht. Sie beträgt 45 m. Er fliegt zu diesem Zeitpunkt mit einer Geschwindigkeit von 0 m/sec.

229

7. a) *Hinweis:* Die Beschriftung der x-Achse im Schülerbuch ist im 1. Druck der 1. Auflage fehlerhaft. Korrekt lautet sie „Länge in km".
Mit der Gleichung von f erhält man die Koordinaten der Punkte: $A(0|0); B(2|244); C(5|156,25); D(10|500)$ und $E(12|144)$.
Mit der Steigungsformel erhält man die Steigung der Geraden, auf der ein Streckenabschnitt liegt. Die x-Werte werden in m umgerechnet.
$m_{AB} = 0,122 \rightarrow$ durchschnittlich 12,2 % Steigung auf dem Abschnitt $\overline{AB}$
$m_{AD} = 0,05 \rightarrow$ durchschnittlich 5 % Steigung auf dem Abschnitt $\overline{AD}$
$m_{AE} = 0,012 \rightarrow$ durchschnittlich 1,2 % Steigung auf dem Abschnitt $\overline{AE}$
$m_{BC} = -0,02925 \rightarrow$ durchschnittlich 2,925 % Gefälle auf dem Abschnitt $\overline{BC}$
$m_{BD} = 0,032 \rightarrow$ durchschnittlich 3,2 % Steigung auf dem Abschnitt $\overline{BD}$
$m_{CD} = 0,06875 \rightarrow$ durchschnittlich 6,875 % Steigung auf dem Abschnitt $\overline{CD}$
$m_{DE} = -0,178 \rightarrow$ durchschnittlich 17,8 % Gefälle auf dem Abschnitt $\overline{DE}$

b) Die momentanen Steigungen werden mit der Ableitung berechnet:
$f'(x) = -3x^3 + 51x^2 - 240x + 300$:
$f'(1) = 108 \rightarrow 10,8\%$ Steigung beim Kilometerstand 1
$f'(4) = -36 \rightarrow 3,6\%$ Gefälle beim Kilometerstand 4
$f'(6) = 48 \rightarrow 4,8\%$ Steigung beim Kilometerstand 6
$f'(9) = 84 \rightarrow 8,4\%$ Steigung beim Kilometerstand 9
$f'(11) = -162 \rightarrow 16,2\%$ Gefälle beim Kilometerstand 11

c) Gesucht x_0, sodass gilt: $f'(x_0) = 108$
$\Leftrightarrow -3x_0^3 + 51x_0^2 - 240x_0 + 300 = 108$
$\Leftrightarrow x_0^3 - 17x_0^2 + 80x_0 - 64 = 0$
$\Leftrightarrow (x_0 - 1)(x_0^2 - 16x_0 + 64) = 0$ (Polynomdivision)
$\Leftrightarrow (x_0 - 1)(x_0 - 8)^2 = 0$
$\Leftrightarrow x_0 = 1 \vee x_0 = 8 \vee x_0 = 8$
Beim Kilometerstand 8 beträgt der Anstieg ebenfalls 10,8 %.

d) Gesucht x_0, sodass gilt: $f'(x_0) = 0$
$\Leftrightarrow -3x_0^3 + 51x_0^2 - 240x_0 + 300 = 0$
$\Leftrightarrow x_0^3 - 17x_0^2 + 80x_0 - 100 = 0$
$\Leftrightarrow (x_0 - 2)(x_0^2 - 15x_0 + 50) = 0$ (Polynomdivision)
$\Leftrightarrow (x_0 - 2)(x_0 - 5)(x_0 - 10) = 0$
$\Leftrightarrow x_0 = 2 \vee x_0 = 5 \vee x_0 = 10$
Bei den Kilometerständen 2; 5 und 10 beträgt der Anstieg jeweils 0%.
$f(2) = 244 \to$ Beim Kilometerstand 2 befindet man sich auf einer Höhe von 244 m.
$f(5) = 156,25 \to$ Beim Kilometerstand 5 befindet man sich auf einer Höhe von 156,25 m.
$f(10) = 500 \to$ Beim Kilometerstand 10 befindet man sich auf einer Höhe von 500 m.

e)

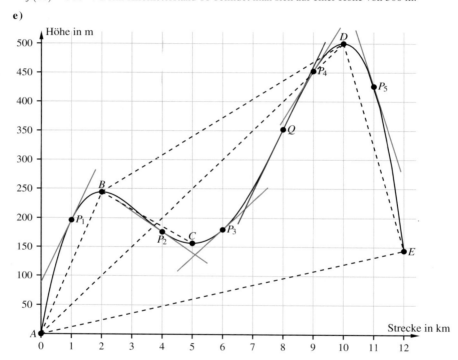

3.1 Von der Änderungsrate zur Ableitung

8. a) a_1)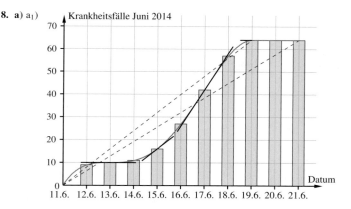

Für die Zeit vom 11.6. bis 19.6. wird die Ausbreitung der Infektion durch den Graphen von g sehr gut modelliert, da die Funktionswerte für ganzzahlige x-Werte im angegebenen Bereich den Längen der Säulen entsprechen.
Nach einem steilen Anstieg stagniert die Ausbreitung am 2. Tag, bevor sie am 3. Tag allmählich wieder Fahrt aufnimmt. Die Ausbreitung verläuft besonders schnell in der Zeit vom 16.6. bis 18.6. Danach schwächt sie sich deutlich ab und stagniert ab dem 19.6. wiederum bis zum Ende des Beobachtungszeitraums. Am 19.6. ist somit der Höchststand an Krankheitsfällen erreicht.

a_2) Steigung der Sekante OA mit $O(0|0)$ und $A(10|64)$: $m = 6,4$
Im Zeitraum vom 11.6. bis 21.6. erkranken durchschnittlich 6,4 Personen pro Tag.

a_3) Steigung der Sekante OC mit $O(0|0)$ und $C(8|64)$: $m = 8$
Im Zeitraum vom 11.6 bis 19.6. erkranken durchschnittlich 8 Personen pro Tag.

a_4) Die mittlere Zunahme an Krankheitsfällen wird mit der Ableitung berechnet:
$f'(x) = -0,5x^3 + 6x^2 - 18x + 16$
Gesucht x_0, sodass gilt: $f'(x_0) = 8$
$-0,5x_0^3 + 6x_0^2 - 18x_0 + 16 = 8$
$\Leftrightarrow x_0^3 - 12x_0^2 + 36x_0 - 16 = 0$
$\Leftrightarrow (x_0 - 4)(x_0^2 - 8x_0 + 4) = 0$ (Polynomdivision)
$\Leftrightarrow x_0 = 4 \vee x_0 = 4 - 2\sqrt{3} \vee x_0 = 4 + 2\sqrt{3}$
Für die Fragestellung ist nur die ganzzahlige Lösung relevant.
Am 15.6. stimmt die Zunahme an Krankheitsfällen mit der mittleren Zunahme im Zeitraum 11.–19.6. überein.
Tangente in $D(4|f(4))$: $f(4) = 16 \rightarrow D(4|16)$
$f'(4) = 8 \rightarrow m = 8$
Einsetzen in $y = mx + n$:
$16 = 8 \cdot 4 + n \Leftrightarrow n = -16 \rightarrow t_D(x) = 8x - 16$

a_5) Laut Abbildung liegt die geringste momentane Zunahme an Krankheitsfällen am 13.6., also für $x = 2$ vor.
Tangente in $B(2|f(2))$:
$f(2) = 10 \rightarrow B(2|10)$
$f'(2) = 0 \rightarrow m = 0 \rightarrow n = 10 \rightarrow t_B(x) = 10$

Laut Abbildung liegt die größte momentane Zunahme an Krankheitsfällen am 17.6., also für $x = 6$ vor.
Tangente in $F(6|f(6))$:
$f(6) = 42 \rightarrow F(6|42)$
$f'(6) = 16 \rightarrow m = 16$
Einsetzen in $y = mx + n$ ergibt:
$42 = 16 \cdot 6 + n \rightarrow n = -54 \rightarrow t_F(x) = 16x - 54$
Aus $f'(0) = 16$ folgt, dass zu Beginn der Beobachtung, also am 11.6. die Zunahme ebenfalls bei 16 lag.

229 b) b_1)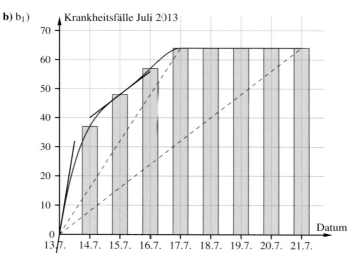

Die Ausbreitung verläuft anfangs sehr schnell und schwächt sich ab dem 15.7. leicht ab. Vom 17.7. an stagniert sie, sodass bereits nach 5 Tagen der Höchststand an Erkrankungen erreicht ist, während dies bei der Infektion aus dem Jahr 2014 erst nach 9 Tagen der Fall war. In beiden Fällen beträgt der Höchststand 64 Erkrankungen.

b_2) Steigung der Sekante OA mit $O(0|0)$ und $A(8|64)$: $m = 8$
Im Zeitraum vom 13.7. bis 21.7. erkranken durchschnittlich 8 Personen pro Tag. Das sind durchschnittlich 1,6 Personen mehr als bei der Infektion aus dem Jahr 2014.

b_3) Steigung der Sekante OC mit $O(0|0)$ und $C(4|64)$: $m = 16$
Im Zeitraum vom 13.7. bis 17.7. erkranken durchschnittlich 16 Personen pro Tag. Der Anstieg an Erkrankungen ist doppelt so hoch wie der im Jahr 2014.

b_4) Die momentane Zunahme an Krankheitsfällen wird mit der Ableitung berechnet:
$f'(x) = -4x^3 + 30x^2 - 72x + 64$
Gesucht x_0, sodass gilt $f'(x_0) = 8$
$-4x_0^3 + 30x_0^2 - 72x_0 + 64 = 8$
$\Leftrightarrow x_0^3 - 7,5x_0^2 + 18x_0 - 14 = 0$
$\Leftrightarrow (x_0 - 2)(x_0^2 - 5,5x_0 + 7) = 0$ (Polynomdivision)
$\Leftrightarrow x_0 = 2 \vee x_0 = 2 \vee x_0 = 3,5$
Für die Fragestellung ist nur die ganzzahlige Lösung relevant.
Am 15.7. stimmt die Zunahme an Krankheitsfällen mit der mittleren Zunahme im Zeitraum 13. – 21.7. überein.

Tangente in $B(2|f(2))$:
$f(2) = 48 \rightarrow B(2|48)$
$f'(2) = 8 \rightarrow m = 8$
Einsetzen in $y = mx - n$:
$48 = 8 \cdot 2 + n \Leftrightarrow n = 32 \rightarrow t_B(x) = 8x + 32$

b_5) Laut Abbildung ist die momentane Zunahme an Erkrankungen zu Beginn der Beobachtung, also am 13.7. ($x = 0$) am größten.
Tangente in $O(0|0)$:
$f'(0) = 64 \rightarrow m = 64 \rightarrow t_0(x) = 64x$
Mit einer momentanen Zunahme von 64 breitet sich die Infektion des Jahres 2013 wesentlich schneller aus als die im Jahr 2014. Dort lag die momentane Zunahme zu Beginn der Beobachtung bei 16.

3.1 Von der Änderungsrate zur Ableitung

9. a) Bezogen auf die Gesamtkosten eines Unternehmens gibt die mittlere Änderungsrate die durchschnittliche Zunahme der Gesamtkosten an.

b) Die mittlere Änderungsrate im Intervall [0; 6] entspricht der Steigung der Sekante AB mit $A(0|K(0))$ und $B(6|K(6))$.

$K(0) = 572 \to A(0|572)$
$K(6) = 914 \to B(6|914)$
Mittlere Änderungsrate: $m_{AB} = 57$

Die mittlere Änderungsrate im Intervall [6; 16] entspricht der Steigung der Sekante BC mit $B(6|K(6))$ und $C(16|K(16))$.

$K(6) = 914 \to B(6|914)$
$K(16) = 2124 \to C(16|2124)$
Mittlere Änderungsrate: $m_{BC} = 121$

Die mittlere Änderungsrate im Intervall [0; 16] entspricht der Steigung der Sekante AC mit $A(0|K(0))$ und $C(16|K(16))$.

$K(0) = 572 \to A(0|572)$
$K(16) = 2124 \to C(16|2124)$
Mittlere Änderungsrate: $m_{AC} = 97$

c) und e)

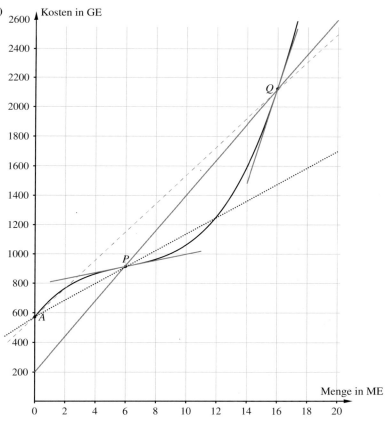

230

d) $B(6|914)$ ist offensichtlich der Wendepunkt des Graphen und damit das Symmetriezentrum. Daher ist die Sekante BD mit $B(6|914)$ und $D(12|1256)$ parallel zur Sekante AB. Mithilfe der Steigungsformel bestätigt man rechnerisch: $m_{BD} = 57$.

e) Wähle die Punkte $P(6|914)$ und $Q(16|2124)$.
Tangente in $P(6|914)$:
$K'(x) = 3x^2 - 36x + 129$
$K'(6) = 21 \rightarrow m = 21$
Einsetzen in $y = mx + n$ ergibt:
$914 = 21 \cdot 6 + n \Leftrightarrow n = 788$
$\rightarrow t_P(x) = 21x + 788$

Tangente in $Q(16|2124)$:
$K'(x) = 3x^2 - 36x + 129$
$K'(16) = 321 \rightarrow m = 321$
Einsetzen in $y = mx + n$ ergibt:
$2124 = 321 \cdot 16 + n \Leftrightarrow n = -3012$
$\rightarrow t_Q(x) = 321x - 3012$

Die momentanen Änderungsraten 21 (in P) und 321 (in Q) weichen deutlich von der mittleren Änderungsrate 121 im Intervall $[6; 16]$ ab.

10. a) Aus den abgelesenen Punkten $A(0|0)$; $B(2|40)$ und $C(2,5|45)$ erhält man die Funktion f mit der Gleichung $f(x) = -4x^2 + 28x$.

b)
$f(0) = 0 \quad \rightarrow \quad A(0|0)$
$f(0,5) = 13 \quad \rightarrow \quad D(0,5|13)$
$f(1) = 24 \quad \rightarrow \quad E(1|24)$
$f(1,5) = 33 \quad \rightarrow \quad F(1,5|33)$
$f(2) = 40 \quad \rightarrow \quad B(2|40)$
$f(2,5) = 45 \quad \rightarrow \quad C(2,5|45)$
$f(3) = 48 \quad \rightarrow \quad G(3|48)$

Intervall	Steigung der Sekante	Durchschnittliche Geschwindigkeit
$[0; 0,5]$	$m_{AD} = 26$	26 km/h
$[0,5; 1]$	$m_{DE} = 22$	22 km/h
$[1; 1,5]$	$m_{EF} = 18$	18 km/h
$[1,5; 2]$	$m_{FB} = 14$	14 km/h
$[2; 2,5]$	$m_{BC} = 10$	10 km/h
$[2,5; 3]$	$m_{CG} = 6$	6 km/h

c) Die momentane Geschwindigkeit wird mit der Ableitung f' berechnet: $f'(x) = -8x + 28$.
Für jedes Intervall ist x_0 gesucht, sodass die Ableitung an der Stelle x_0 gleich der ermittelten Sekantensteigung ist.

$[0; 0,5]$: $\quad f'(x_0) = 26 \quad \Leftrightarrow \quad -8x_0 + 28 = 26 \quad \Leftrightarrow \quad x_0 = 0,25$
$[0,5; 1]$: $\quad f'(x_0) = 22 \quad \Leftrightarrow \quad -8x_0 + 28 = 22 \quad \Leftrightarrow \quad x_0 = 0,75$
$[1; 1,5]$: $\quad f'(x_0) = 18 \quad \Leftrightarrow \quad -8x_0 + 28 = 18 \quad \Leftrightarrow \quad x_0 = 1,25$
$[1,5; 2]$: $\quad f'(x_0) = 14 \quad \Leftrightarrow \quad -8x_0 + 28 = 14 \quad \Leftrightarrow \quad x_0 = 1,75$
$[2; 2,5]$: $\quad f'(x_0) = 10 \quad \Leftrightarrow \quad -8x_0 + 28 = 10 \quad \Leftrightarrow \quad x_0 = 2,25$
$[2,5; 3]$: $\quad f'(x_0) = 6 \quad \Leftrightarrow \quad -8x_0 + 28 = 6 \quad \Leftrightarrow \quad x_0 = 2,75$

3.1 Von der Änderungsrate zur Ableitung

Die gesuchte Stelle x_0 liegt jeweils in der Mitte des Intervalls, d. h. jeweils eine Viertelstunde nach Beginn einer Etappe wird genau mit der Durchschnittsgeschwindigkeit gefahren. Da die Geschwindigkeit kontinuierlich abnimmt, folgt daraus, dass in der ersten Viertelstunde einer Etappe jeweils schneller und in der zweiten langsamer als im Durchschnitt gefahren wird.

d) Da Lara und Luisa mit konstantem Tempo fahren, lässt die Fahrt sich durch eine lineare Funktion modellieren. Der Startpunkt ist wegen der halbstündigen „Verspätung" $N(0,5|0)$. Der Treffpunkt ist der Parabelpunkt $C(2,5|45)$.
Mithilfe der beiden Punkte ermittelt man die Gleichung $g(x) = 22,5x - 11,25$.
Aus $m = 22,5$ folgt, dass Lara und Luisa mit einer konstanten Geschwindigkeit von 22,5 km/h gefahren sind. Gesucht ist der Zeitpunkt, zu dem Max mit 22,5 km/h unterwegs war. Zu bestimmen ist also x_0, sodass gilt: $f'(x_0) = 22,5$
$-8x_0 + 28 = 22,5 \Leftrightarrow x_0 = 0,6875$
Max fährt 0,6875 Stunden (41,25 Minuten) nach dem Start mit der gleichen Geschwindigkeit wie Lara und Luisa.

11. a) Aus den Punkten $A(0|28\,404); B(1|31\,551); C(2|33\,356); D(3|33\,622); E(4|34\,340)$ und $F(5|35\,386)$ lässt sich die Funktion f mit folgender Gleichung ermitteln:
$f(x) = -35,86x^5 + 449,75x^4 - 1834,87x^3 + 2223,25x^2 + 2344,73x + 28\,404$

b) Die durchschnittliche Zahl an zu behandelnden Alkoholvergiftungen entpricht der Steigung der Sekante AF: $m_{AF} = 1396,4$
Durch Einsetzen des Steigungswerts erhält man die Gleichung der Sekante AF:
$s(x) = 1396,4x + 28\,404$
Mit der Gleichung erhält man die voraussichtliche Zahl der zu behandelnden Alkoholvergiftungen im Jahr 2020: $s(13) = 46\,557,2$

c) Die folgende Tabelle gibt die Zunahme an zu behandelnden Alkoholvergiftungen gegenüber dem Vorjahr an:

2007	2008	2009	2010	2011	2012
—	3147	1805	266	718	1046

Im Jahr 2010 war die Zunahme mit 266 Fällen am geringsten, im Jahr 2008 mit 3147 Fällen am größten.

d) (1) Funktion g (von Beginn 2011 an linear): Einsetzen des Steigungswerts 266 und der Koordinaten des Punktes $D(3|33\,622)$ in die allgemeine Gleichung $y = mx + n$ ergibt:
$33\,622 = 266 \cdot 3 + n \Leftrightarrow n = 32\,824$

$$g(x) \begin{cases} f(x) & \text{falls } 0 \leq x < 3 \\ 266x + 32\,824 & \text{falls } x \geq 3 \end{cases}$$

Für 2012: $g(5) = 34\,154$
Bei einer Modellierung mit der Funktion g wären für das Jahr 2012 genau 34 154 Fälle zu erwarten gewesen. Das sind 1232 weniger als durch eine Modellierung mit der Funktion f.

230

(2) Funktion h (von Beginn 2009 an linear): Einsetzen des Steigungswerts 3147 und der Koordinaten des Punktes $B(1|31551)$ in die allgemeine Gleichung $y = mx + n$ ergibt:
$31551 = 3147 \cdot 1 + n \Leftrightarrow n = 28404$

$$h(x) \begin{cases} f(x) & \text{falls } 0 \leq x < 1 \\ 3147x + 28404 & \text{falls } x \geq 1 \end{cases}$$

Für 2012: $h(5) = 44139$

Bei einer Modellierung mit der Funktion h wären für das Jahr 2012 genau 44139 Fälle zu erwarten gewesen. Das sind 8753 mehr als durch eine Modellierung mit der Funktion f.

e) Der Graph von f hat im Punkt F annähernd die Steigung 0 und fällt danach so steil, dass für das Jahr 2014 keine Fälle von zu behandelnden Alkoholvergiftungen mehr zu beobachten wären. Das ist jedoch unwahrscheinlich.

f) Man könnte sich an der durchschnittlichen Zunahme an Fällen im gesamten Beobachtungszeitraum orientieren. Der „Übergang" an der Stelle 5 sollte möglichst ohne Sprung und ohne „Knick" sein.

Test zu 3.1

232

1. a)

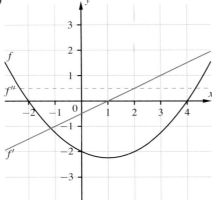

c)

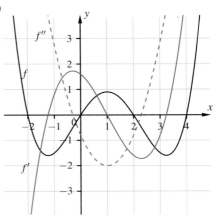

b)

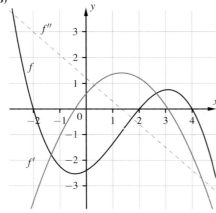

3.1 Von der Änderungsrate zur Ableitung

2. *Hinweis*: Fehler im 1. Druck! Die Funktionsgleichung von f sollte heißen:
$f(x) = 0,1x^3 - 0,2x^2 - 1,5x$

a) und b)

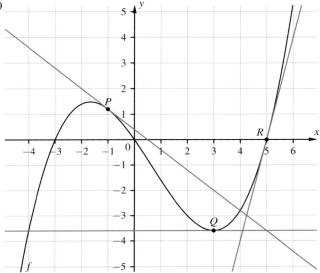

c) Mit der Gleichung von f werden die y-Koordinaten der Punkte berechnet. Die Steigungen der Tangenten werden mit der Ableitung berechnet:
$f'(x) = 0,3x^2 - 0,4x - 1,5$
Durch Einsetzen des Steigungswerts und der Koordinaten des Punktes in die allgemeine Gleichung $y = mx + n$ erhält man jeweils den y-Achsenabschnitt.

Tangente in P:
$f(-1) = 1,2 \qquad \to P(-1|1,2)$
$f'(-1) = -0,8 \qquad \to m = -0,8$
$1,2 = -0,8 \cdot (-1) + n \quad \Leftrightarrow n = 0,4$
$\qquad\qquad\qquad\qquad \to t_P(x) = -0,8x + 0,4$

Tangente in Q:
$f(3) = -3,6 \qquad \to Q(3|-3,6)$
$f'(3) = 0 \qquad \to m = 0$
$-3,6 = 0 \cdot 3 + n \quad \Leftrightarrow n = -3,6$
$\qquad\qquad\qquad \to t_Q(x) = -3,6$

Tangente in R:
$f(5) = 0 \qquad \to R(5|0)$
$f'(5) = 4 \qquad \to m = 4$
$0 = 4 \cdot 5 + n \quad \Leftrightarrow n = -20$
$\qquad\qquad\qquad \to t_R(x) = 4x - 20$

d)
$$f'(x_0) = \lim_{x \to x_0} \frac{f(x) - f(x_0)}{x - x_0} = \lim_{x \to x_0} \frac{0,1x^3 - 0,2x^2 - 1,5x - (0,1x_0^3 - 0,2x_0^2 - 1,5x_0)}{x - x_0}$$
$$= \lim_{x \to x_0} \left(\frac{0,1(x^3 - x_0^3)}{x - x_0} + \frac{-0,2(x^2 - x_0^2)}{x - x_0} + \frac{-1,5(x - x_0)}{x - x_0} \right)$$
$$= \lim_{x \to x_0} \left(0,1(x^2 + x_0 x + x_0^2) - 0,2(x + x_0) - 1,5 \right)$$
$$= 0,1(x_0^2 + x_0 x_0 + x_0^2) - 0,2(x_0 + x_0) - 1,5$$
$$= 0,3x_0^2 - 0,4x_0 - 1,5$$
$$\to f'(x) = 0,3x^2 - 0,4x - 1,5$$

3. a) $f'(x) = -2x + 8$; $g'(x) = x^2$

b) Gesucht x_0, sodass gilt: $f'(x_0) = g'(x_0)$
$-2x_0 + 8 = x_0^2 \Leftrightarrow x_0^2 + 2x_0 = 8 \Leftrightarrow (x_0 + 1)^2 = 9 \Leftrightarrow x_0 = -4 \vee x_0 = 2$
Der Graph von f hat im Punkt $P_1(-4|f(-4))$ dieselbe Steigung wie der Graph von g in $P_2(-4|g(-4))$. Die Tangente an den Graphen von f im Punkt P_1 ist parallel zur Tangente an den Graphen von g im Punkt P_2. Ebenso hat der Graph von f im Punkt $Q_1(2|f(2))$ dieselbe Steigung wie der Graph von g im Punkt $Q_2(2|g(2))$. Die Tangente an den Graphen von f in Q_1 ist parallel zur Tangente an den Graphen von g in Q_2.

c) Die Steigungen werden mithilfe der Ableitungen bestimmt.
$f'(3) = 2 \rightarrow$ Der Graph von f hat in $A(3|f(3))$ die Steigung 2.
$g'(3) = 9 \rightarrow$ Der Graph von g hat in $B(3|g(3))$ die Steigung 9.

d) Gesucht ist x_0, sodass $f'(x_0) = 0$ bzw. $g'(x_0) = 0$ gilt.
$f'(x_0) = 0 \Leftrightarrow -2x_0 + 8 = 0 \Leftrightarrow x_0 = 4$
$f(4) = 16 \rightarrow$ Im Punkt $H(4|16)$ hat der Graph von f eine waagerechte Tangente.
$g'(x_0) = 0 \Leftrightarrow x_0^2 = 0 \Leftrightarrow x_0 = 0$ (doppelte Lösung)
$g(0) = 0 \rightarrow$ Im Punkt $O(0|0)$ hat der Graph von g eine waagerechte Tangente.

4. *Hinweis*: Fehler im 1. Druck! Die Funktionsgleichung von f sollte heißen:
$f(x) = -\frac{1}{16}x^3 + \frac{3}{4}x^2$

a), b) und c)

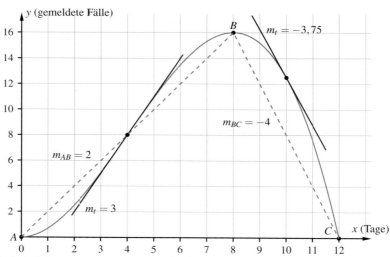

b) Die durchschnittliche Zunahme im Intervall $[0;8]$ entspricht der Steigung der Sekante AB mit $A(0|f(0))$ und $B(8|f(8))$.
$f(0) = 0 \rightarrow A(0|0)$; $f(8) = 16 \rightarrow B(8|16)$; $m_{AB} = 2$
Die durchschnittliche Zunahme im Intervall $[8;12]$ entspricht der Steigung der Sekante BC mit $B(8|f(8))$ und $C(12|f(12))$.
$f(8) = 16 \rightarrow B(8|16)$; $f(12) = 0 \rightarrow C(12|0)$; $m_{BC} = -4$
In den ersten 5 Tagen nimmt die Zahl der gemeldeten Fälle täglich um durchschnittlich 2 Fälle zu. In den folgenden 4 Tagen nimmt die Zahl der gemeldeten Fälle durchschnittlich um 4 Fälle ab.

3.1 Von der Änderungsrate zur Ableitung

c) Die momentane Zunahme entspricht der Steigung der zu dem Zeitpunkt gehörigen Tangente an den Graphen. Sie wird mit der Ableitung berechnet: $f'(x) = -\frac{3}{16}x^2 + \frac{3}{2}x$.
4. Tag: $f'(4) = 3$
10. Tag: $f'(10) = -3,75$
Am Ende des 4. Tages nimmt die Zahl der Fälle um 3 zu. Am Ende des 10 Tages nimmt die Zahl der Fälle um 3,75 ab.

5. a) Richtig
   b) Falsch: Die momentane Änderungsrate bezieht sich auf einen einzigen Punkt, während die durchschnittliche Steigung nur für zwei Punkte bestimmt werden kann.
   c) Richtig: Der Grenzwert des Differenzenquotienten für $x \to x_0$ ist die Ableitung einer Funktion f an der Stelle x_0. Diese wiederum gibt die Steigung der Tangente an den Graphen von f im Punkt $P_0(x_0|f(x_0))$ an.
   d) Falsch: Der Differenzenquotient dient der Berechnung von Sekantensteigungen. Der Differenzialquotient hingegen ist der Grenzwert des Differenzenquotienten und gibt die Steigung der Tangente an.
   e) Falsch: Beim grafischen Differenzieren geht es darum, den Graphen der Ableitungsfunktion einer Funktion f zu skizzieren. Der Funktionswert von f' an einer Stelle x_0 stimmt überein mit der Steigung der Tangente an den Graphen von f im Punkt $P_0(x_0|f(x_0))$. Das heißt: Von der Tangentensteigung kann man auf den Ableitungswert schließen, nicht aber von einer Sekantensteigung.

3.2 Untersuchung ganzrationaler Funktionen

3.2.1 Verlauf und charakteristische Punkte von Graphen

236

1. a)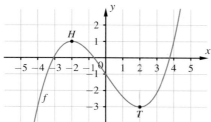

   b)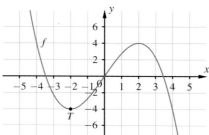

   c)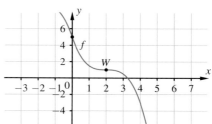

   d)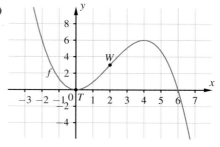

2. a)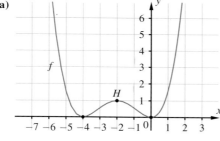

   b)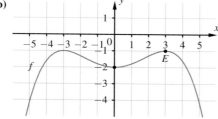

   c) z.B.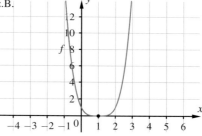

   d) z.B.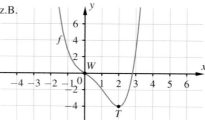

3.2 Untersuchung ganzrationaler Funktionen

236

3. a) (1) $x < -4$: steigend $\quad -4 < x < 2$: fallend $\quad x > 2$: steigend
$x < -1$: rechtsgekrümmt $\quad x > -1$: linksgekrümmt
(2) $H(-4|1)$; 1 ist lokales Maximum. $\quad T(2|-3)$; -3 ist lokales Minimum.
(3) $W(-1|-1)$; R-L-Übergang $\quad$ keine Wendepunkte mit waagerechter Tangente
(4) Der Graph hat 2 Extrempunkte (Grad der Funktion minus 1) und einen Wendepunkt (Grad der Funktion minus 2). Da ein Hochpunkt stets in einer Rechtskurve und ein Tiefpunkt stets in einer Linkskurve liegt, muss es zwischen den beiden Extrempunkten einen Wendepunkt geben, in dem der Graph seine Krümmung ändert.

b) (1) $x < -3$: steigend $\quad -3 < x < 0$: fallend $\quad 0 < x < 2$: steigend $\quad x > 2$: fallend
$x < -1{,}8$: rechtsgekrümmt $\quad -1{,}8 < x < 1{,}1$: linksgekrümmt $\quad x > 1{,}1$: rechtsgekrümmt
(2) $H_1(-3|5{,}9)$; 5,9 ist lokales und globales Maximum. $\quad T(0|2)$; 2 ist lokales Minimum.
$H_2(2|3{,}3)$; 3,3 ist lokales Maximum.
(3) $W_1(-1{,}8|4{,}2)$; R-L-Übergang $\quad W_2(1{,}1|2{,}7)$; L-R-Übergang
keine Wendepunkte mit waagerechter Tangente
(4) Der Graph hat 3 Extrempunkte (Grad der Funktion minus 1) und zwei Wendepunkte (Grad der Funktion minus 2). Aus dem bei a) genannten Grund muss es bei 3 Extrempunkten mindestens 2 Wendepunkte geben.

c) (1) $x < 0$: fallend; bei $x = -4$ Steigung 0 $\quad x > 0$: steigend
$x < -4$: linksgekrümmt $\quad -4 < x < -1{,}3$: rechtsgekrümmt $\quad x > -1{,}3$: linksgekrümmt
(2) $T(0|-4)$; -4 ist lokales und globales Minimum.
(3) $W_1(-4|-3)$; L-R-Übergang mit waagerechter Tangente $\quad W_2(-1{,}3|-3{,}6)$; R-L-Übergang
(4) Der Graph hat einen Tiefpunkt und (statt eines Hochpunkts und eines weiteren Tiefpunkts) einen Sattelpunkt. Außerdem gibt es einen weiteren Wendepunkt, sodass wiederum wie bei b) zweimal die Krümmung wechselt.

d) (1) überall fallend; bei $x = 4$ Steigung 0
$x < 4$: linksgekrümmt $\quad x > 4$: rechtsgekrümmt
(2) kein Extrempunkt
(3) $W(4|-1)$; L-R-Übergang mit waagerechter Tangente
(4) Der Graph hat keine Extrempunkte, stattdessen einen Sattelpunkt.

e) (1) überall steigend $\quad x < -1$: rechtsgekrümmt $\quad x > -1$: linksgekrümmt
(2) kein Extrempunkt
(3) $W(-1|-1{,}7)$; R-L-Übergang $\quad$ keine Wendepunkte mit waagerechter Tangente
(4) Der Graph hat keine Extrempunkte und keinen Sattelpunkt, sondern nur einen Wendepunkt mit nicht waagerechter Tangente.

f) (1) $x < 2$: steigend $\quad x > 2$: fallend
$x < -1$: rechtsgekrümmt $\quad -1 < x < 1$: linksgekrümmt $\quad x > 1$: rechtsgekrümmt
(2) $H(2|4)$; 4 ist lokales und globales Maximum.
(3) $W_1(-1|1)$; R-L-Übergang mit waagerechter Tangente $\quad W_2(1|2{,}8)$; L-R-Übergang
(4) Der Graph hat, wie der in c), einen Extrempunkt und statt möglicher weiterer Extrempunkte einen Sattelpunkt. Außerdem gibt es noch einen anderen Wendepunkt, sodass sich zweimal die Krümmung ändert.

3.2.2 Rechnerische Bestimmung von Extrempunkten

1.

a) $f'(x) = 2x - 3$
$f'(x) = 0 \Leftrightarrow 2x - 3 = 0 \Leftrightarrow x = 1{,}5$
$f(1{,}5) = -6{,}25$
waagerechte Tangente in $P(1{,}5|-6{,}25)$

b) $f'(x) = -3x + 1$
$f'(x) = 0 \Leftrightarrow -3x + 1 = 0 \Leftrightarrow x = \frac{1}{3}$
$f(\frac{1}{3}) = \frac{1}{6}$
waagerechte Tangente in $P(\frac{1}{3}|\frac{1}{6})$

c) $f'(x) = 24x^2 - 6x$
$f'(x) = 0 \Leftrightarrow 24x(x - \frac{1}{4}) = 0$
$\Leftrightarrow x = 0 \vee x = \frac{1}{4}$
$f(0) = 0;\ f(\frac{1}{4}) = -\frac{1}{16}$
waagerechte Tangenten in $P_1(0|0)$ und $P_2(\frac{1}{4}|-\frac{1}{16})$

d) $f'(x) = -3x^2 + 12$
$f'(x) = 0 \Leftrightarrow x^2 = 4 \Leftrightarrow x = -2 \vee x = 2$
$f(-2) = -16;\ f(2) = 16$
waagerechte Tangenten in $P_1(-2|-16)$ und $P_2(2|16)$

e) $f'(x) = 3x^2 + 6x - 9$
$f'(x) = 0 \Leftrightarrow x^2 + 2x - 3 = 0$
$\Leftrightarrow (x+3)(x-1) = 0 \Leftrightarrow x = -3 \vee x = 1$
$f(-3) = 27;\ f(1) = -5$
waagerechte Tangenten in $P_1(-3|27)$ und $P_2(1|-5)$

f) $f'(x) = 6x^2 - 18x + 7{,}5$
$f'(x) = 0 \Leftrightarrow x^2 - 3x = -1{,}25$
$\Leftrightarrow (x-1{,}5)^2 = 1 \Leftrightarrow x = 0{,}5 \vee x = 2{,}5$
$f(0{,}5) = 7{,}75;\ f(2{,}5) = -0{,}25$
waagerechte Tangenten in $P_1(0{,}5|7{,}75)$ und $P_2(2{,}5|-0{,}25)$

g) $f'(x) = \frac{3}{8}x^2 + 1$
$f'(x) = 0 \Leftrightarrow x^2 = -\frac{8}{3}$ nicht lösbar in $\mathbb{R}$
Der Graph hat keine Punkte mit waagerechter Tangente.

h) $f'(x) = -3x^2 + 9x - 6$
$f'(x) = 0 \Leftrightarrow x^2 - 3x + 2 = 0$
$\Leftrightarrow (x-1)(x-2) = 0 \Leftrightarrow x = 1 \vee x = 2$
$f(1) = -0{,}5;\ f(2) = 0$
waagerechte Tangenten in $P_1(1|-0{,}5)$ und $P_2(2|0)$

i) $f'(x) = 4x^3 - 48x^2$
$f'(x) = 0 \Leftrightarrow 4x^2(x - 12) = 0$
$\Leftrightarrow x = 0 \vee x = 0 \vee x = 12$
$f(0) = 0;\ f(12) = -6912$
waagerechte Tangenten in $P_1(0|0)$ und $P_2(12|-6912)$

j) $f'(x) = 4x^3 - 12$
$f'(x) = 0 \Leftrightarrow 4x(x^2 - 3) = 0$
$\Leftrightarrow x = 0 \vee x = -\sqrt{3} \vee x = \sqrt{3}$
$f(0) = 4;\ f(-\sqrt{3}) = -5;\ f(\sqrt{3}) = -5$
waagerechte Tangenten in $P_1(\sim -1{,}73|-5)$; $P_2(0|4)$ und $P_3(\sim 1{,}73|-5)$

k) $f'(x) = 3x^2 - 6$
$f'(x) = 0 \Leftrightarrow x^2 = 2 \Leftrightarrow x = -\sqrt{2} \vee x = \sqrt{2}$
$f(-\sqrt{2}) = 4\sqrt{2} \approx 5{,}66;$
$f(\sqrt{2}) = -4\sqrt{2} \approx -5{,}66$
waagerechte Tangenten in
$P_1(\sim -1{,}41|\sim -5{,}66)$ und $P_2(\sim 1{,}41|\sim -5{,}66)$

l) $f'(x) = -3x^3 - 6x^2 + 24x$
$f'(x) = 0 \Leftrightarrow -3x(x^2 + 2x - 8) = 0$
$\Leftrightarrow -3x(x+4)(x-2) = 0$
$\Leftrightarrow x = 0 \vee x = -4 \vee x = 2$
$f(0) = 0;\ f(-4) = 128;\ f(2) = 20$
waagerechte Tangenten in
$P_1(-4|128);\ P_2(0|0)$ und $P_3(2|20)$

m) $f'(x) = x^3 - 3x^2 + 2x$
$f'(x) = 0 \Leftrightarrow x(x^2 - 3x + 2) = 0$
$\Leftrightarrow x(x-1)(x-2) = 0$
$\Leftrightarrow x = 0 \vee x = 1 \vee x = 2$
$f(0) = 0;\ f(1) = 0{,}25;\ f(2) = 0$
waagerechte Tangenten in
$P_1(0|0);\ P_2(1|0{,}25)$ und $P_3(2|0)$

n) $f'(x) = 4x^3 - 12x^2 + 12x - 4$
$f'(x) = 0 \Leftrightarrow (x-1)(x^2 - 2x + 1) = 0$
$\Leftrightarrow (x-1)(x-1)^2 = 0 \Leftrightarrow x = 1$ (dreifache Lösung)
$f(1) = -1$
waagerechte Tangente in $P(1|-1)$

o) $f'(x) = 0{,}8x^3 + 2x$
$f'(x) = 0 \Leftrightarrow 0{,}8x(x^2 + 2{,}5) = 0$
$\Leftrightarrow x = 0 \vee x^2 = -2{,}5$ (0 ist die einzige reelle Lösung)
$f(0) = 0$
waagerechte Tangente in $P(0|0)$

3.2 Untersuchung ganzrationaler Funktionen

2. a) $f'(3) = 0 \land f''(3) = -1 < 0 \to 3$ ist Maximalstelle.

b) $f'(-2) = 0 \land f''(-2) = 0{,}6 > 0 \to -2$ ist Minimalstelle.

c) $f'(-4) = 0 \land f''(-4) = -2 < 0 \to -4$ ist Maximalstelle.
$f'(2) = 0 \land f''(2) = 2 > 0 \to 2$ ist Minimalstelle.

d) $f'(-1) = 0 \land f''(-1) = 0$
Die hinreichende Bedingung für Extremstellen ist nicht erfüllt. Da es bei f' keinen Vorzeichenwechsel an der Stelle -1 gibt, ist -1 keine Extremstelle.

e) keine Nullstelle bei $f' \to$ keine Extremstelle bei f

f) $f'(0) = 0 \land f''(0) = 3{,}6 > 0 \to 0$ ist Minimalstelle.
$f'(3) = 0 \land f''(3) = -1{,}8 < 0 \to 3$ ist Maximalstelle.
$f'(6) = 0 \land f''(6) = 3{,}6 > 0 \to 6$ ist Minimalstelle.

3. a) $f'(x) = 4x + 8 \qquad f''(x) = 4$
$f'(x_E) = 0 \Leftrightarrow x_E = -2$
$f'(-2) = 0 \land f''(-2) = 4 > 0 \Rightarrow -2$ ist Minimalstelle.
$f(-2) = -11 \qquad T(-2|-11)$
-11 ist lokales und globales Minimum von f.

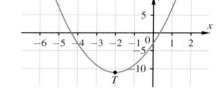

b) $f'(x) = -2x + 2 \qquad f''(x) = -2$
$f'(x_E) = 0 \Leftrightarrow x_E = 1$
$f'(1) = 0 \land f''(1) = -2 < 0 \Rightarrow 1$ ist Maximalstelle.
$f(1) = 5 \qquad H(1|5)$
5 ist lokales und globales Maximum von f.

c) $f'(x) = x - 4 \qquad f''(x) = 1$
$f'(x_E) = 0 \Leftrightarrow x_E = 4$
$f'(4) = 0 \land f''(4) = 1 > 0 \Rightarrow 4$ ist Minimalstelle.
$f(4) = -8 \qquad T(4|-8)$
-8 ist lokales und globales Minimum von f.

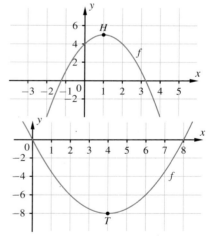

d) $f'(x) = -3x + 6 \qquad f''(x) = -3$
$f'(x_E) = 0 \Leftrightarrow x_E = 2$
$f'(2) = 0 \land f''(2) = -3 < 0 \Rightarrow 2$ ist Maximalstelle.
$f(2) = 12 \qquad H(2|12)$
12 ist lokales und globales Maximum von f.

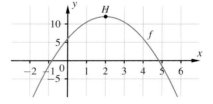

e) $f'(x) = x^2 - 1 \quad f''(x) = 2x$
$f'(x_E) = 0 \Leftrightarrow x_E^2 = 1 \Leftrightarrow x_E = -1 \vee x_E = 1$
$f'(-1) = 0 \wedge f''(-1) = -2 < 0 \Rightarrow -1$ ist Maximalstelle.
$f(-1) = \frac{2}{3} \quad H(-1|\frac{2}{3})$
$\frac{2}{3}$ ist nur lokales Maximum von f.
$f'(1) = 0 \wedge f''(1) = 2 > 0 \Rightarrow 1$ ist Minimalstelle.
$f(1) = -\frac{2}{3} \quad T(1|-\frac{2}{3})$
$-\frac{2}{3}$ ist nur lokales Minimum von f.

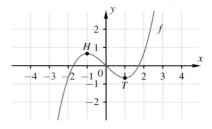

f) $f'(x) = 3x^2 + 12x \quad f''(x) = 6x + 12$
$f'(x_E) = 0 \Leftrightarrow x_E(3x_E + 12) = 0$
$\Leftrightarrow x_E = -4 \vee x_E = 0$
$f'(-4) = 0 \wedge f''(-4) = -12 < 0 \Rightarrow -4$ ist Maximalstelle.
$f(-4) = 32 \quad H(-4|32)$
32 ist nur lokales Maximum von f.
$f'(0) = 0 \wedge f''(0) = 12 > 0 \Rightarrow 0$ ist Minimalstelle.
$f(0) = 0 \quad T(0|0)$
0 ist nur lokales Minimum von f.

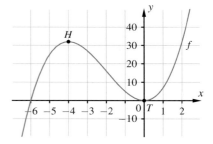

g) $f'(x) = 3x^2 - 6x + 3 = 3(x-1)^2$
$f''(x) = 6x - 6$
$f'(x_E) = 0 \Leftrightarrow 3(x_E - 1)^2 = 0; x_E = 1$ (doppelte Lösung)
$f'(1) = 0 \wedge f''(1) = 0$
Die hinreichende Bedingung ist nicht erfüllt.
$f'(x) > 0$ sowohl für $x < 1$ als auch für $x > 1$, d.h. kein VZW bei 1, also ist 1 keine Extremstelle.

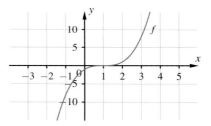

h) $f'(x) = 4x^2 - 16x + 12 \quad f''(x) = 8x - 16$
$f'(x_E) = 0 \Leftrightarrow x_E^2 - 4x_E + 3 = 0$
$x_{E_1} = 1; x_{E_2} = 3$
$f'(1) = 0 \wedge f''(1) = -8 < 0 \Rightarrow 1$ ist Maximalstelle.
$f(1) = \frac{16}{3} \approx 5{,}33 \quad H(1|\frac{16}{3})$
$\frac{16}{3}$ ist nur lokales Maximum von f.
$f'(3) = 0 \wedge f''(3) = 8 > 0 \Rightarrow 3$ ist Minimalstelle.
$f(3) = 0 \quad T(3|0)$
0 ist nur lokales Minimum von f.

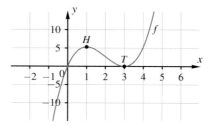

i) $f'(x) = 6x^3 + 24x^2 - 42x - 60;$
$f''(x) = 18x^2 + 48x - 42$
$f'(x_E) = 0 \Leftrightarrow x_E^3 + 4x_E^2 - 7x_E - 10 = 0$
$ \Leftrightarrow (x_E + 1)(x_E^2 + 3x_E - 10) = 0$
$ \Leftrightarrow x_E = -1 \vee x_E = -5 \vee x_E = 2$
$f'(-5) = 0 \wedge f''(-5) = 168 > 0 \Rightarrow -5$ ist Minimalstelle.
$f(-5) = -256 \Rightarrow T(-5|-256)$
-256 ist lokales und globales Minimum von f.
$f'(-1) = 0 \wedge f''(-1) = -72 < 0 \Rightarrow -1$ ist Maximalstelle.
$f(-1) = 64 \Rightarrow H(-1|64)$
64 ist nur lokales Maximum von f.
$f'(2) = 0 \wedge f''(2) = 126 > 0 \Rightarrow 2$ ist Minimalstelle.
$f(2) = -84,5 \Rightarrow T_2(2|-84,5)$
$-84,5$ ist nur lokales Minimum von f.

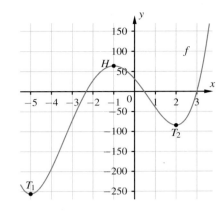

j) $f'(x) = \frac{1}{2}x^3 - 3x^2 - 2x + 12;$
$f''(x) = \frac{3}{2}x^2 - 6x - 2$
$f'(x_E) = 0 \Leftrightarrow x_E^3 - 6x_E^2 - 4x_E + 24 = 0$
$ \Leftrightarrow (x_E - 6)(x_E^2 - 4) = 0$
$ \Leftrightarrow x_E = -2 \vee x_E = 2 \vee x_E = 6$
$f'(-2) = 0 \wedge f''(-2) = 16 > 0 \Rightarrow -2$ ist Minimalstelle.
$f(-2) = 0 \Rightarrow T_1(-2|0)$
0 ist lokales und globales Minimum von f.
$f'(2) = 0 \wedge f''(2) = -8 < 0 \Rightarrow 2$ ist Maximalstelle.
$f(2) = 32 \Rightarrow H(2|32)$
32 ist nur lokales Maximum von f.
$f'(6) = 0 \wedge f''(6) = 16 > 0 \Rightarrow 6$ ist Minimalstelle.
$f(6) = 0 \Rightarrow T_2(6|0)$
0 ist lokales und globales Minimum von f.

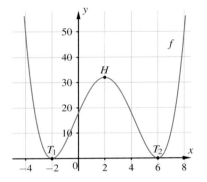

k) $f'(x) = -2x^3 - 16x^2 - 32x;$
$f''(x) = -6x^2 - 32x - 32$
$f'(x_E) = 0 \Leftrightarrow -2x_E^3 - 16x_E^2 - 32x_E = 0$
$ \Leftrightarrow -2x_E(x_E^2 + 8x_E + 16) = 0$
$ \Leftrightarrow x_E = 0 \vee x_E = -4 \vee x_E = -4$
$f'(0) = 0 \wedge f''(0) = -32 < 0 \Rightarrow 0$ ist Maximalstelle.
$f(0) = 60 \Rightarrow H(0|60)$
60 ist lokales und globales Maximum von f.
$f'(-4) = 0 \wedge f''(-4) = 0$
Die hinreichende Bedingung ist nicht erfüllt.
Es gilt $f'(x) > 0$ sowohl für $x < -4$ als auch für $x > -4$, d. h., f' hat keinen VZW bei -4. Also ist -4 nicht Extremstelle von f.

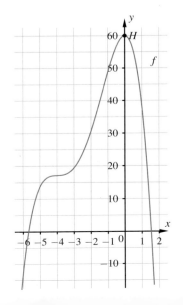

243

1) $f'(x) = 4x^3 + 2x \qquad f''(x) = 12x^2 + 2$
$f'(x_E) = 0 \Leftrightarrow 4x_E(x_E^2 + 0{,}5) = 0 \Leftrightarrow x_E = 0$
$f''(0) = 2 > 0 \Rightarrow 0$ ist Minimalstelle.
$f(0) = 0 \qquad T(0|0)$
0 ist lokales und globales Minimum von f.

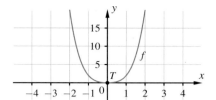

4. a) $f'(x) = 2x - 1$
$f'(0{,}5) = 0 \to 0{,}5$ ist mögliche Extremstelle.
VZW von $-$ nach $+ \Rightarrow 0{,}5$ ist Minimalstelle.

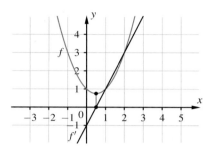

b) $f'(x) = -x$
$f'(0) = 0 \to 0$ ist mögliche Extremstelle.
VZW von $+$ nach $- \Rightarrow 0$ ist Maximalstelle.

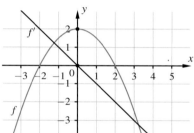

c) $f'(x) = 3x^2 - 3$
$f'(-1) = 0 \Rightarrow -1$ ist mögliche Extremstelle.
VZW von $+$ nach $- \Rightarrow -1$ ist Maximalstelle.
$f'(1) = 0 \to 1$ ist mögliche Extremstelle.
VZW von $-$ nach $+ \Rightarrow 1$ ist Minimalstelle.

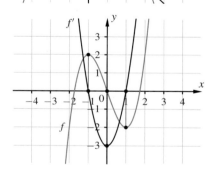

d) $f'(x) = -1{,}5x^2 + 24$
$f'(-4) = 0 \to -4$ ist mögliche Extremstelle.
VZW von $-$ nach $+ \Rightarrow -4$ ist Minimalstelle.
$f'(4) = 0 \to 4$ ist mögliche Extremstelle.
VZW von $+$ nach $- \Rightarrow 4$ ist Maximalstelle.

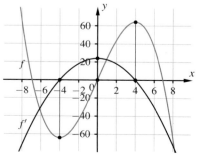

3.2 Untersuchung ganzrationaler Funktionen

243

e) $f'(x) = x^3 - 8$
$f'(2) = 0 \to 2$ ist mögliche Extremstelle.
VZW von $-$ nach $+ \Rightarrow 2$ ist Minimalstelle.

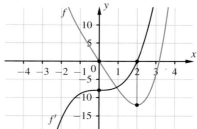

f) $f'(x) = \frac{1}{2}x^3 - 2x$
$f'(-2) = 0 \to -2$ ist mögliche Extremstelle.
VZW von $-$ nach $+ \Rightarrow -2$ ist Minimalstelle.
$f'(0) = 0 \to 0$ ist mögliche Extremstelle.
VZW von $+$ nach $- \Rightarrow 0$ ist Maximalstelle.
$f'(2) = 0 \to 2$ ist mögliche Extremstelle.
VZW von $-$ nach $+ \Rightarrow 2$ ist Minimalstelle.

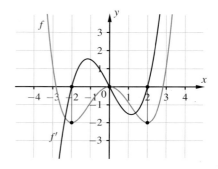

244

5. a) $f'(x) = -\frac{4}{3}x^3 + 8x^2 + 12x - 72;\ f''(x) = -4x^2 + 16x + 12$
$f'(x_E) = 0 \Leftrightarrow x_E^3 - 6x_E^2 - 9x_E + 54 = 0$
$ \Leftrightarrow (x_E - 6)(x_E^2 - 9) = 0$
$ \Leftrightarrow x_E = 6 \vee x_E = -3 \vee x_E = 3$
$f'(-3) = 0 \wedge f''(-3) = -72 < 0 \Rightarrow -3$ ist Maximalstelle.
$f(-3) = 171 \Rightarrow H_1(-3|171)$
$f'(3) = 0 \wedge f''(3) = 24 > 0 \Rightarrow 3$ ist Minimalstelle.
$f(3) = -117 \Rightarrow T(3|-117)$
$f'(6) = 0 \wedge f''(6) = -36 < 0 \Rightarrow 6$ ist Maximalstelle.
$f(6) = -72 \Rightarrow H_2(6|-72)$

b) 171 ist lokales und globales Maximum von f.
-117 ist nur lokales Minimum von f.
-72 ist nur lokales Maximum von f.

c) $I_1 = [-5;\ 5]$: 171 bleibt lokales und globales Maximum.
Wegen $f(-5) = -31,\overline{6}$ und $f(5) = -85$ ist -117 nun lokales und globales Minimum.
$I_2 = [-5;\ 7]$: 171 bleibt lokales und globales Maximum.
Wegen $f(-5) = -31,\overline{6}$ und $f(7) = -95,\overline{6}$ ist -117 nun lokales und globales Minimum.
-72 ist nur lokales Maximum.
$I_3 = [1;\ 7]$: Wegen $f(1) = -63,\overline{6}$ ist -72 nur lokales Maximum.
Wegen $f(7) = -95,\overline{6}$ ist -117 lokales und globales Minimum.

244

6. a) $f'(x) = -4x+4$; $f''(x) = -4$
$f'(x_E) = 0 \Leftrightarrow -4x_E + 4 = 0 \Leftrightarrow x_E = 1$
$f'(1) = 0 \wedge f''(1) = -4 < 0 \Rightarrow 1$ ist Maximalstelle.
$f(1) = 8 \Rightarrow H(1|8)$
8 ist lokales und globales Maximum.

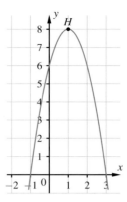

b) $f'(x) = 1,5x+3$; $f''(x) = 1,5$
$f'(x_E) = 0 \Leftrightarrow 1,5x_E + 3 = 0 \Leftrightarrow x_E = -2$
$f'(-2) = 0 \wedge f''(-2) = 1,5 > 0 \Rightarrow -2$ ist Minimalstelle.
$f(-2) = -12 \Rightarrow T(-2|-12)$
-12 ist lokales und globales Minimum.

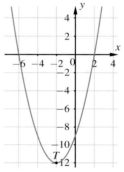

c) $f'(x) = x^2 - 2x - 3$; $f''(x) = 2x - 2$
$f'(x_E) = 0 \Leftrightarrow x_E^2 - 2x_E - 3 = 0$
$\Leftrightarrow x_E = -1 \vee x_E = 3$
$f'(-1) = 0 \wedge f''(-1) = -4 < 0 \Rightarrow -1$ ist Maximalstelle.
$f(-1) = \frac{5}{3} \Rightarrow H(-1|\frac{5}{3})$
$\frac{5}{3}$ ist nur lokales Maximum von f.
Im Intervall $I_1 =]-\infty; 5[$ ist $\frac{5}{3}$ lokales und globales Maximum.
$f'(3) = 0 \wedge f''(3) = 4 > 0 \Rightarrow 3$ ist Minimalstelle.
$f(3) = -9 \Rightarrow T(3|-9)$
-9 ist nur lokales Minimum von f.
Im Intervall $I_2 =]-3; +\infty[$ ist -9 lokales und globales Minimum.

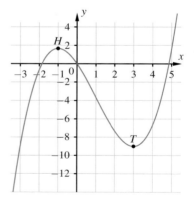

d) $f'(x) = \frac{1}{4}x^3 - 3x^2 + 8x$; $f''(x) = \frac{3}{4}x^2 - 6x + 8$
$f'(x_E) = 0 \Leftrightarrow \frac{1}{4}x_E(x_E^2 - 12x_E + 32) = 0$
$\Leftrightarrow x_E = 0 \vee x_E = 4 \vee x_E = 8$
$f'(0) = 0 \wedge f''(0) = 8 > 0 \Rightarrow 0$ ist Minimalstelle.
$f(0) = 0 \Rightarrow T_1(0|0)$
0 ist lokales und globales Minimum von f.
$f'(4) = 0 \wedge f''(4) = -4 < 0 \Rightarrow 4$ ist Maximalstelle.
$f(4) = 16 \Rightarrow H(4|16)$
16 ist nur lokales Maximum von f.
Im Intervall $I =]-1;9[$ ist 16 lokales und globales Maximum.
$f'(8) = 0 \wedge f''(8) = 8 > 0 \rightarrow 8$ ist Minimalstelle.
$f(8) = 0 \Rightarrow T_2(8|0)$
0 ist lokales und globales Minimum von f.

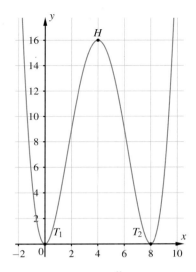

e) $f'(x) = -\frac{1}{6}x^2 + 6$; $f''(x) = -\frac{1}{3}x$
$f'(x_E) = 0 \Leftrightarrow -\frac{1}{6}x_E^2 + 6 = 0$
$\Leftrightarrow x_E = -6 \vee x_E = 6$
$f'(-6) = 0 \wedge f''(-6) = 2 > 0 \Rightarrow -6$ ist Minimalstelle.
$f(-6) = -6 \Rightarrow T(-6|-6)$
-6 ist nur lokales Minimum von f.
Im Intervall $I_1 =]-\infty; 12[$ ist -6 lokales und globales Minimum.
$f'(6) = 0 \wedge f''(6) = -2 < 0 \Rightarrow 6$ ist Maximalstelle.
$f(6) = 42 \Rightarrow H(6|42)$
42 ist nur lokales Maximum von f.
Im Intervall $I_2 =]-12; +\infty[$ ist 42 lokales und globales Maximum.

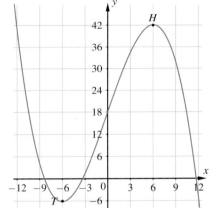

f) $f'(x) = -0,75x^2 + 3x$; $f''(x) = -1,5x + 3$
$f'(x_E) = 0 \Leftrightarrow -0,75x_E(x_E - 4) = 0$
$\Leftrightarrow x_E = 0 \vee x_E = 4$
$f'(0) = 0 \wedge f''(0) = 3 > 0 \Rightarrow 0$ ist Minimalstelle.
$f(0) = -8 \Rightarrow T(0|-8)$
-8 ist nur lokales Minimum von f.
Im Intervall $I_1 =]-\infty; 6[$ ist -8 lokales und globales Minimum.
$f'(4) = 0 \wedge f''(4) = -3 < 0 \Rightarrow 4$ ist Maximalstelle.
$f(4) = 0 \Rightarrow H(4|0)$
0 ist nur lokales Maximum von f.
Im Intervall $I_2 =]-2; +\infty[$ ist 0 lokales und globales Maximum.

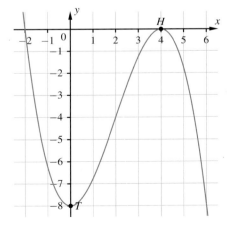

244

7. $f'(x) = \frac{1}{12}x^3 - \frac{5}{2}x^2 + 18x - \frac{80}{3}$ $f''(x) = \frac{1}{4}x^2 - 5x + 18$
$f'(x_E) = 0 \Leftrightarrow x_E^3 - 30x_E^2 + 216x_E - 320 = 0 \Leftrightarrow (x_E - 2)(x_E^2 - 28x_E + 160) = 0$
$\Leftrightarrow x_{E_1} = 2 \vee x_{E_2} = 8 \vee x_{E_3} = 20$
$f'(2) = 0 \wedge f''(2) = 9 > 0 \Rightarrow 2$ ist Minimalstelle. $f(2) = 255$ $T_1(2|255)$
$f'(8) = 0 \wedge f''(8) = -6 < 0 \Rightarrow 8$ ist Maximalstelle. $f(8) = 300$ $H(8|300)$
300 ist lokales und globales Maximum von f in $D_f = [0; 20]$.
$f'(20) = 0 \wedge f''(20) = 18 > 0 \Rightarrow 20$ ist Minimalstelle. $f(20) = 12$ $T_2(20|12)$
Tiefststände gab es im Jahr 1992 mit 255 Anmeldungen und im Jahr 2010 mit 12 Anmeldungen. Den absoluten Höchststand gab es im Jahr 1998 mit 300 Anmeldungen.

8. *Hinweis*: Fehler im 1. Druck! Die Funktionsgleichung von f sollte heißen:
$-0,051x^5 + 2,237x^4 - 35,136x^3 + 230,539x^2 - 497,851x + 500$

   a) Man benötigt Anfangspunkt und Endpunkt der Wanderung sowie die Extrempunkte:
   $f(0) = 500 \to A(0|500); f(16) \approx 761,97 \to E(16|761,97)$
   $T_1(1,57|163,76); H_1(7,48|773,70); T_2(11,12|690,91); H_2(14,92|839,86)$
        Abstiege: $A \searrow T_1: 336,24$ m; $H_1 \searrow T_2: 87,79$ m; $H_2 \searrow E: 77,89$ m
        Insgesamt: 501,92 m
        Aufstiege: $T_1 \nearrow H_1: 614,94$ m; $T_2 \nearrow H_2: 148,95$ m
        Insgesamt: 763,89 m

   b) Das globale Maximum von f im Intervall $[0; 16]$ liegt an der Stelle 14,92 und beträgt 839,86. Der höchste Punkt der Wanderung wird nach 14,92 km erreicht. Er liegt auf einer Höhe von 839,86 m.

   c) durchschnittliches Gefälle pro Meter auf der Etappe von A bis T_1:
   $m = \frac{500-163,76}{0-1570} = -\frac{336,24}{1570} \approx -0,2142 \to 21,42\%$
   größtes Gefälle im Punkt A: $f'(0) = 497,85 \to 497,85 \frac{m}{km} \to 49,785\%$
   durchschnittliche Steigung pro Meter auf der Etappe von T_1 bis H_1:
   $m = \frac{778,70-163,76}{7480-1570} = \frac{614,94}{5910} \approx 0,1041 \to 10,41\%$

   d) durchschnittliche Steigung pro Meter auf der Etappe von T_2 bis H_2:
   $m = \frac{839,86-690,91}{14920-11120} = \frac{148,95}{3800} \approx 0,0392 \to 3,92\%$
   Auf dem Verkehrsschild sollten 4 % Steigung angegeben werden.

3.2.3 Rechnerische Bestimmung von Wendepunkten

250

1. a) (1) $f''(1) = 0 \wedge f'''(1) = -\frac{2}{3} \neq 0 \to 1$ ist Wendestelle.
   (2) $f'''(1) < 0 \to$ L-R-Übergang
   (2) $m_t = f'(1) = 3$
   (4) $f'(1) \neq 0 \to 1$ ist keine Sattelstelle.

   b) (1) $f''(-2) = 0 \wedge f'''(-2) = 1,5 \neq 0 \to -2$ ist Wendestelle.
   (2) $f'''(-2) > 0 \to$ R-L-Übergang
   (3) $m_t = f'(-2) = 0$
   (4) $f'(-2) = 0 \to -2$ ist Sattelstelle.

3.2 Untersuchung ganzrationaler Funktionen

c) $x_w = -2\sqrt{3}$:
(1) $f''(-2\sqrt{3}) = 0 \wedge f'''(-2\sqrt{3}) > 0 \to -2\sqrt{3}$ ist Wendestelle
(2) $f'''(-2\sqrt{3}) > 0 \to$ R-L-Übergang
(3) $m_t = f'(-2\sqrt{3}) = -6$
(4) $f'(-2\sqrt{3}) \neq 0 \to -2\sqrt{3}$ nicht Sattelstelle

$x_w = 0$
(1) $f''(0) = 0 \wedge f'''(0) < 0 \to 0$ ist Wendestelle
(2) $f'''(0) < 0 \to$ L-R-Übergang
(3) $m_t = f'(0) = 0$
(4) $f'(0) = 0 \to 0$ ist Sattelstelle

$x_w = 2\sqrt{3}$:
(1) $f''(2\sqrt{3}) = 0 \wedge f'''(2\sqrt{3}) > 0 \to 2\sqrt{3}$ ist Wendestelle
(2) $f'''(2\sqrt{3}) > 0 \to$ R-L-Übergang
(3) $m_t = f'(2\sqrt{3}) = -6$
(4) $f'(2\sqrt{3}) \neq 0 \to 2\sqrt{3}$ nicht Sattelstelle

2. a) $f'(x) = 3x^2 + 6x$
$f''(x) = 6x + 6$
$f'''(x) = 6$
$f''(x_w) = 0 \Leftrightarrow x_w = -1$
$f''(-1) > 0 \wedge f'''(-1) = 6 \Rightarrow -1$ ist Wendestelle.
$f'''(-1) > 0 \to$ R-L-Übergang
$f'(-1) = -3 \to -1$ ist nicht Sattelstelle.
$f(-1) = 2 \to W(-1|2)$

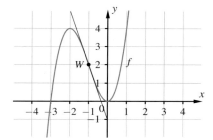

b) $f'(x) = -0,9x^2$
$f''(x) = -1,8x$
$f'''(x) = -1,8$
$f''(x_w) = 0 \Leftrightarrow x_w = 0$
$f''(0) = 0 \wedge f'''(0) = -1,8 \neq 0$ ist Wendestelle.
$f'''(0) < 0 \to$ L-R-Übergang
$f'(0) = 0 \to 0$ ist Sattelstelle.
$f(0) = 8,1 \to W(0|8,1)$ (Sattelpunkt)

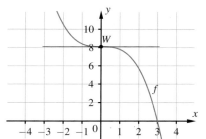

c) $f'(x) = x^2 - 4$
$f''(x) = 2x$
$f'''(x) = 2$
$f''(x_w) = 0 \Leftrightarrow x_w = 0$
$f''(0) = 0 \wedge f'''(0) = 2 \Rightarrow 0$ ist Wendestelle.
$f'''(0) > 0 \to$ R-L-Übergang
$f'(0) = -4 \to 0$ ist nicht Sattelstelle.
$f(0) = 0 \to W(0|0)$

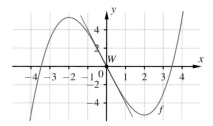

250

d) $f'(x) = -\frac{1}{3}x^2 - 2x$
$f''(x) = -\frac{2}{3}x - 2$
$f'''(x) = -\frac{2}{3}$
$f''(x_w) = 0 \Leftrightarrow x_w = -3$
$f''(-3) = 0 \wedge f'''(-3) = -\frac{2}{3} \Rightarrow -3$ ist Wendestelle.
$f'''(-3) < 0 \to$ L-R-Übergang
$f'(-3) = 3 \to -3$ ist nicht Sattelstelle.
$f(-3) = -6 \to W(-3|-6)$

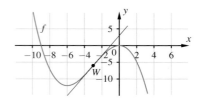

e) $f'(x) = 3x^2 - 18x + 27$
$f''(x) = 6x - 18$
$f'''(x) = 6$
$f''(x_w) = 0 \Leftrightarrow x_w = 3$
$f''(3) = 0 \wedge f'''(3) = 6 \Rightarrow 3$ ist Wendestelle.
$f'''(3) > 0 \to$ R-L-Übergang
$f'(3) = 0 \to 3$ ist Sattelstelle.
$f(3) = 8 \to W(3|8)$ (Sattelpunkt)

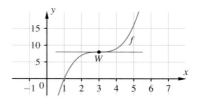

f) $f'(x) = -0,6x^2 + 6x - 9,6$
$f''(x) = -1,2x + 6$
$f'''(x) = -1,2$
$f''(x_w) = 0 \Leftrightarrow x_w = 5$
$f''(5) = 0 \wedge f'''(5) = -1,2 \Rightarrow 5$ ist Wendestelle.
$f'''(5) < 0 \to$ L-R-Übergang
$f'(5) = 5,4 \to 5$ ist nicht Sattelstelle.
$f(5) = 2 \to W(5|2)$

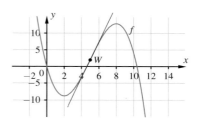

g) $f'(x) = \frac{1}{2}x^3 - 6x$
$f''(x) = \frac{3}{2}x^2 - 6$
$f'''(x) = 3x$
$f''(x_w) = 0 \Leftrightarrow x_w = -2 \vee x_w = 2$
$f''(-2) = 0 \wedge f'''(-2) = -6 \Rightarrow -2$ ist Wendestelle.
$f'''(-2) < 0 \to$ L-R-Übergang
$f'(-2) = 8 \to -2$ ist nicht Sattelstelle.
$f(-2) = -10 \to W_1(-2|-10)$
$f''(2) = 0 \wedge f'''(2) = 6 \Rightarrow 2$ ist Wendestelle.
$f'''(2) < 0 \to$ R-L-Übergang
$f'(2) = -8 \to 2$ ist nicht Sattelstelle.
$f(2) = -10 \to W_2(2|-10)$

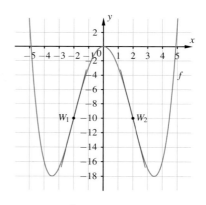

h) $f'(x) = x^3 - 6x^2 + 9x$
$f''(x) = 3x^2 - 12x + 9$
$f'''(x) = 6x - 12$
$f''(x_w) = 0 \Leftrightarrow x_w = 1 \vee x_w = 3$
$f''(1) = 0 \wedge f'''(1) = -6 \Rightarrow 1$ ist Wendestelle.
$f'''(1) < 0 \to$ L-R-Übergang
$f'(1) = 4 \to 1$ ist nicht Sattelstelle.
$f(1) = 2,75 \to W_1(1|2,75)$
$f''(3) = 0 \wedge f'''(3) = 6 \Rightarrow 3$ ist Wendestelle.
$f'''(3) > 0 \to$ R-L-Übergang
$f'(3) = 0 \to 3$ ist Sattelstelle.
$f(3) = 6,75 \to W_2(3|6,75)$

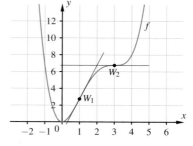

3.2 Untersuchung ganzrationaler Funktionen

3. Zeichnungen: siehe Aufgabe 2
   a) $t(x) = -3x - 1$
   b) $t(x) = 8{,}1$
   c) $t(x) = -4x$
   d) $t(x) = 3x + 3$
   e) $t(x) = 8$
   f) $t(x) = 5{,}4x - 25$
   g) $t_1(x) = 8x + 6$ $\quad t_2(x) = -8x + 6$
   h) $t_1(x) = 4x - 1{,}25$ $\quad t_2(x) = 6{,}75$

4. Wendestellen einer ganzrationalen Funktion f sind stets Nullstellen der 2. Ableitung von f. Ist f eine Funktion n-ten Grades, so ist f'' eine Funktion vom Grad $n - 2$, da beim Ableiten stets ein Grad „verloren geht". Da f'' als Funktion vom Grad $n - 2$ höchstens $n - 2$ Nullstellen hat, hat die Funktion f demzufolge höchstens $n - 2$ Wendestellen.

Außerdem gilt: Ist der Grad einer ganzrationalen Funktion eine gerade Zahl, so ist auch die Anzahl der Nullstellen, gemäß ihrer Vielfachheit gezählt, gerade. Ist dagegen der Grad einer ganzrationalen Funktion eine ungerade Zahl, so hat die Funktion auch eine ungerade Anzahl an Nullstellen, wenn man sie gemäß ihrer Vielfachheit zählt. Daraus ergibt sich, dass eine ganzrationale Funktion mit geradzahligem Grad stets eine gerade und eine ganzrationale Funktion mit ungeradzahligem Grad stets eine ungerade Anzahl an Wendestellen hat.

5. Die Steigung von K ist minimal bei einer R-L-Wendestelle.
   a) $K'(x) = 15x^2 - 120x + 250$
      $K''(x) = 30x - 120$
      $K'''(x) = 30$
      $K''(x_W) = 0 \Leftrightarrow x_W = 4$
      $K''(4) = 0 \wedge K'''(4) = 30 > 0 \Rightarrow 4$ ist R-L-Wendestelle.
      Bei 4 ME ist der Kostenanstieg am geringsten.
      $K(4) = 560 \quad K'(4) = 10$
      Bei 4 ME betragen die Kosten 560 GE und der Kostenanstieg 10 GE pro ME.

   b) $K'(x) = 3x^2 - 18x + 34$
      $K''(x) = 6x - 18$
      $K'''(x) = 6$
      $K''(x_W) = 0 \Leftrightarrow x_W = 3$
      $K''(3) = 0 \wedge K'''(3) = 6 > 0 \Rightarrow 3$ ist R-L-Wendestelle.
      Bei 3 ME ist der Kostenanstieg am geringsten.
      $K(3) = 176 \quad K'(3) = 7$
      Bei 3 ME betragen die Kosten 176 GE und der Kostenanstieg 7 GE pro ME.

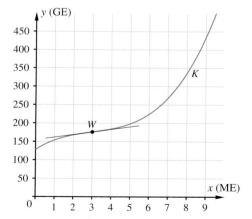

c) $K'(x) = 0{,}1x^2 - 10x + 340$
$K''(x) = 0{,}2x - 10$
$K'''(x) = 0{,}2$
$K''(x_W) = 0 \Leftrightarrow x_W = 50$
$K''(50) = 0 \wedge K'''(50) = 0{,}2 > 0 \Rightarrow 50$ ist R-L-Wendestelle.
Bei 50 ME ist der Kostenanstieg am geringsten.
$K(50) = \frac{29000}{3} \approx 9667 \qquad K'(50) = 90$
Bei 50 ME betragen die Kosten ca. 9667 GE und der Kostenanstieg 90 GE pro ME.

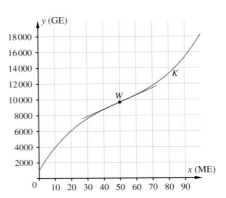

d) $K'(x) = 6x^2 - 36x + 60$
$K''(x) = 12x - 36$
$K'''(x) = 12$
$K''(x_W) = 0 \Leftrightarrow x_W = 3$
$K''(3) = 0 \wedge K'''(3) = 12 > 0 \Rightarrow 3$ ist R-L-Wendestelle.
Bei 3 ME ist der Kostenanstieg am geringsten.
$K(3) = 104 \qquad K'(3) = 6$
Bei 3 ME betragen die Kosten 104 GE und der Kostenanstieg 6 GE pro ME.

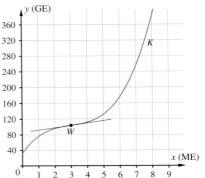

e) $K'(x) = 12x^2 - 192x + 770$
$K''(x) = 24x - 192$
$K'''(x) = 24$
$K''(x_W) = 0 \Leftrightarrow x_W = 8$
$K''(8) = 0 \wedge K'''(8) = 24 > 0 \Rightarrow 8$ ist R-L-Wendestelle.
Bei 8 ME ist der Kostenanstieg am geringsten.
$K(8) = 2064 \qquad K'(8) = 2$
Bei 8 ME betragen die Kosten 2064 GE und der Kostenanstieg 2 GE pro ME.

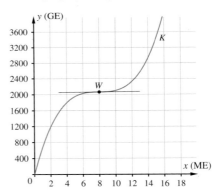

f) $K'(x) = 2x^2 - 36x + 168$
$K''(x) = 4x - 36$
$K'''(x) = 4$
$K''(x_W) = 0 \Leftrightarrow x_W = 9$
$K''(9) = 0 \wedge K'''(9) = 4 > 0 \Rightarrow 9$ ist R-L-Wendestelle.
Bei 9 ME ist der Kostenanstieg am geringsten.
$K(9) = 654 \qquad K'(9) = 6$
Bei 9 ME betragen die Kosten 654 GE und der Kostenanstieg 6 GE pro ME.

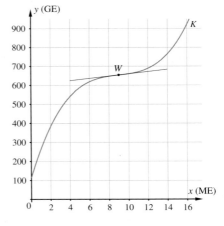

3.2 Untersuchung ganzrationaler Funktionen

g) $K'(x) = 0,15x^2 - 7,2x + 90$
$K''(x) = 0,3x - 7,2$
$K'''(x) = 0,3$
$K''(x_W) = 0 \Leftrightarrow x_W = 24$
$K''(24) = 0 \wedge K'''(24) = 0,3 > 0 \Rightarrow$ 24 ist R-L-Wendestelle.
Bei 24 ME ist der Kostenanstieg am geringsten.
$K(24) = 1000 \qquad K'(24) = 3,6$
Bei 24 ME betragen die Kosten 1000 GE und der Kostenanstieg 3,6 GE pro ME.

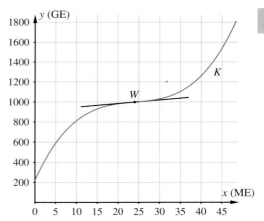

h) $K'(x) = 0,75x^2 - 24x + 192$
$K''(x) = 1,5x - 24$
$K'''(x) = 1,5$
$K''(x_W) = 0 \Leftrightarrow x_W = 16$
$K''(16) = 0 \wedge K'''(16) = 1,5 > 0 \Rightarrow$ 16 ist R-L-Wendestelle.
Bei 16 ME ist der Kostenanstieg am geringsten.
$K(16) = 1272 \qquad K'(16) = 0$ (Sattelstelle)
Bei 16 ME betragen die Kosten 1272 GE und der Kostenanstieg 0 GE pro ME.

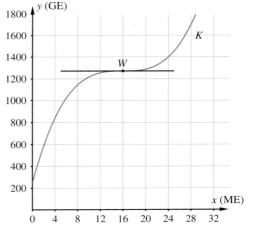

6. **Geschlossene Variante**

a) $f'(x) = 0,03x^2 - 0,32x + 0,48 \qquad f''(x) = 0,06x - 0,32$
$f'(x_E) = 0 \Leftrightarrow x_E^2 - \frac{32}{3}x_E + 16 = 0 \qquad x_{E_1} \approx 1,81; \; x_{E_2} \approx 8,86$
$f''(1,81) < 0 \rightarrow 1,81$ ist Maximalstelle. $\qquad f(1,81) \approx 2,01 \qquad H(\sim 1,81 | \sim 2,01)$
$f''(8,86) > 0 \rightarrow 8,86$ ist Minimalstelle. $\qquad f(8,86) \approx 0,26 \qquad T(\sim 8,86 | \sim 0,26)$
Randwerte: $f(0) = 1,61; \; f(12) = 1,61$
Den höchsten Krankenstand gab es ca. 1,8 Monate nach Jahresbeginn (Ende Februar) und den geringsten nach ca. 8,86 Monaten (Ende September).

b) $f(x) = 1,5 \Leftrightarrow 0,01x^3 - 0,16x^2 + 0,48x + 0,11 = 0$
Bestimmung der Lösungen grafisch, mit Näherungsverfahren oder technischen Hilfsmitteln:
$x_1 \approx -0,21; \; x_2 \approx 4,33; \; x_3 \approx 11,88$
Der Krankenstand betrug 1,5 % nach ca. 4,33 Monaten (ca. 10. Mai) und nach ca. 11,88 Monaten (Ende Dezember).

251

c) Die Steigung ist im Wendepunkt lokal extremal.
$f''(x) = 0,06x - 0,32; \; f'''(x) = 0,06$
$f''(x_W) = 0 \Leftrightarrow x_W = \frac{16}{3} (\approx 5,33)$
$f''(\frac{16}{3}) = 0 \wedge f'''(\frac{16}{3}) = 0,06 \Rightarrow \frac{16}{3}$ ist Wendestelle
$f'''(\frac{16}{3}) > 0 \rightarrow$ R-L-Übergang, d.h. lokal minimale Steigung
$f(\frac{16}{3}) \approx 1,14 \quad W(\sim 5,33 | \sim 1,14)$
Steigung in W: $f'(\frac{16}{3}) = -\frac{28}{75} \approx -0,37$
Steigungswerte am Rand des Definitionsbereichs:
$f'(0) = 0,48; \; f'(12) = 0,96$ (maximale Steigung)

Also ist die Steigung in W nicht nur lokal minimal, sondern auch global minimal.
Die größte Zunahme des Krankenstandes gab es nach 12 Monaten (am Ende des Jahres), die stärkste Abnahme nach ca. 5,33 Monaten (ca. am 10. Juni).

d)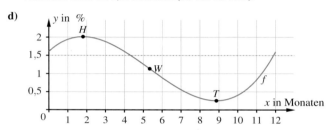

e) 100 % entspricht 853 $\rightarrow$ 1 % entspricht 8,53.
$g(x) = 8,53 \cdot f(x) = 8,53 \cdot (0,01x^3 - 0,16x^2 + 0,48x + 1,61)$
$= 0,0853x^3 - 1,3648x^2 + 4,0944x + 13,7333$

6. **Ergänzungen zur offenen Variante**

Neben der Berechnung der x-Werte mit $f(x) = 1,5$ ist die Bestimmung der Extrempunkte und der Stellen mit maximaler und minimaler Steigung sinnvoll.
Erläuterung für den Heimträger z.B.:
Zu Beginn des Jahres liegt der Krankenstand bei ca. 1,6 % und wächst bis Ende Februar auf knapp über 2 %. Dann fällt der Krankenstand bis Ende September auf ca. 0,26 %, um dann zum Jahreswechsel wieder auf das Ausgangsniveau zu wachsen.
Der stärkste Rückgang kann Anfang bis Mitte Juni festgestellt werden, der stärkste Zuwachs zum Jahreswechsel.
Der Krankenstand liegt von Ende Dezember bis Anfang/Mitte Mai über 1,5 %.

7. a) Gegenüber dem Vorverkauf sinkt die Zahl der verkauften Gläser bei der ersten Schicht deutlich. Einen noch stärkeren Rückgang finden wir bei der 11. Schicht. Ein besonders hoher Anstieg der verkauften Gläser ist bei der 6. und der 7. Schicht zu beobachten.

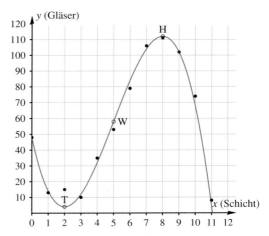

b) Summe der Zunahmen zwischen 11 und 17 Uhr: $25 + 18 + 26 + 27 + 5 = 101$
Durchschnittliche Zunahme pro Stunde: $101 : 6 = 16,8\overline{3}$
Zwischen 11 und 17 Uhr steigen die Verkaufszahlen durchschnittlich um $16,8\overline{3}$ Gläser pro Stunde.

c) Abgesehen von der zweiten Verkaufsschicht, werden die Verkaufszahlen aller Schichten sehr gut durch den Graphen der gegebenen Funktion modelliert.

d) $f'(x) = -3x^2 + 30x - 48$
$f''(x) = -6x + 30$
$f'(x_E) = 0 \Leftrightarrow x_E = 2 \vee x_E = 8$
$f'(2) = 0 \wedge f''(2) = 18 > 0 \Rightarrow 2$ ist Minimalstelle.
$f(2) = 4 \rightarrow T(2|4)$
$f'(8) = 0 \wedge f''(8) = -18 < 0 \Rightarrow 8$ ist Maximalstelle.
$f(8) = 112 \rightarrow H(8|112)$
Laut Modellierung verkauft die 2. Schicht mit 4 Stück die wenigsten und die 8. Schicht mit 112 Stück die meisten Gläser. Laut Tabelle verkauft die 2. Schicht 15 Gläser, also deutlich mehr, als mit der Modellierung ermittelt wird. Bei der 8. Schicht weicht die tatsächliche Zahl der verkauften Gläser nur um 1 vom Funktionswert der Funktion f ab.

e) $f''(x) = -6x + 30$
$f'''(x) = -6$
$f''(x_W) = 0 \Leftrightarrow x_W = 5$
$f''(5) = 0 \wedge f'''(5) = -6 < 0 \Rightarrow 5$ ist L-R-Wendestelle, d. h., die Steigung des Graphen ist an der Stelle 5 lokal maximal.
$f'(5) = 27$
Am Ende der 5. Schicht ist die momentane Zunahme an verkauften Gläsern maximal. Der Anstieg beträgt 27 Gläser pro Stunde.

f) $g(x) = 2,5 \cdot f(x) = -2,5x^3 + 37,5x^2 - 120x + 120$
Die Graphen unterscheiden sich nur durch einen multiplikativen Faktor. Die Funktion g hat dieselben Extremstellen und dieselbe Wendestelle wie f. Folglich stimmen die Graphen sowohl in ihrem Steigungsverhalten als auch in ihrem Krümmungsverhalten überein.

g) Die Verteilung der 60 Gläser auf 11 Verkaufsschichten und den Vorverkauf ergibt ein Plus von 5 Gläsern pro Schicht.
$h(x) = f(x) + 5 = -x^3 + 15x^2 - 48x + 48 + 5 = -x^3 + 15x^2 - 48x + 53$
Der Graph von h entsteht aus dem Graphen von f durch Verschiebung um 5 Einheiten nach oben. Die Funktion h hat dieselben Extremstellen und dieselbe Wendestelle wie f. Folglich stimmen die Graphen sowohl in ihrem Steigungsverhalten als auch in ihrem Krümmungsverhalten überein.

3.2.4 Kurvendiskussion

1. a) Punktymmetrie zum Ursprung
$f(x) \to -\infty$ für $x \to -\infty$; $f(x) \to \infty$ für $x \to \infty$
$S_y(0|0)$
$N_1(-\sqrt{3}|0)$; $N_2(0|0)$; $N_3(\sqrt{3}|0)$
$f'(x) = x^2 - 1$
$f''(x) = 2x$
$f'''(x) = 2$
$H\left(-1 \mid \frac{2}{3}\right)$ $T\left(1 \mid -\frac{2}{3}\right)$
$W(0|0)$ (R-L-Übergang)

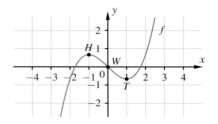

b) weder Punktsymmetrie zum Ursprung noch Achsensymmetrie zur y-Achse
$f(x) \to \infty$ für $x \to -\infty$; $f(x) \to -\infty$ für $x \to \infty$
$S_y(0|0)$
$N_1(-9|0)$; $N_2(0|0)$; $N_3(15|0)$
$f'(x) = -3x^2 + 12x + 135$
$f''(x) = -6x + 12$
$f'''(x) = -6$
$T(-5|-400)$ $H(9|972)$
$W(2|286)$ (L-R-Übergang)

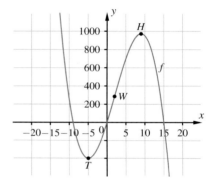

c) weder Punktsymmetrie zum Ursprung noch Achsensymmetrie zur y-Achse
$f(x) \to -\infty$ für $x \to -\infty$; $f(x) \to \infty$ für $x \to \infty$
$S_y(0|0)$ $N(0|0)$
$f'(x) = x^2 + 2x + 2$
$f''(x) = 2x + 2$
$f'''(x) = 2$
keine Extrempunkte
$W\left(-1 \mid -\frac{4}{3}\right)$ (R-L-Übergang)

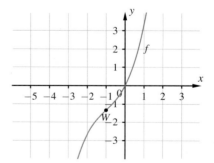

d) weder Punktsymmetrie zum Ursprung noch Achsensymmetrie zur y-Achse
$f(x) \to -\infty$ für $x \to -\infty$; $f(x) \to \infty$ für $x \to \infty$
$S_y(0|0)$ $N(0|0)$
$f'(x) = \frac{1}{2}x^2 + 2x + 2$
$f''(x) = x + 2$
$f'''(x) = 1$
keine Extrempunkte
Sattelpunkt $W\left(-2 \mid -\frac{4}{3}\right)$ (R-L-Übergang)

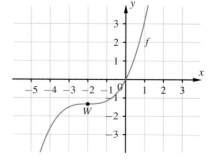

e) weder Punktsymmetrie zum Ursprung noch Achsensymmetrie zur y-Achse
$f(x) \to -\infty$ für $x \to -\infty$; $f(x) \to \infty$ für $x \to \infty$
$S_y(0|0)$ $N_1(0|0)$ (doppelt); $N_2(0{,}375|0)$
$f'(x) = 8x^2 - 2x$
$f''(x) = 16x - 2$
$f'''(x) = 16$
$H(0|0)$ $T\left(\frac{1}{4}\left|-\frac{1}{48}\right.\right) \approx (0{,}25|-0{,}021)$
$W\left(\frac{1}{8}\left|-\frac{1}{96}\right.\right) \approx (0{,}125|-0{,}010)$ (R-L-Übergang)

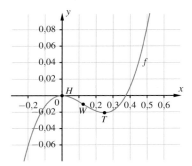

f) Achsensymmetrie zur y-Achse
$f(x) \to \infty$ sowohl für $x \to -\infty$ als auch für $x \to \infty$
$S_y(0|-20)$ $N_1(-2|0)$; $N_2(2|0)$
$f'(x) = 4x^3 + 2x$
$f''(x) = 12x^2 + 2$
$f'''(x) = 24x$
$T(0|-20)$
keine Wendepunkte

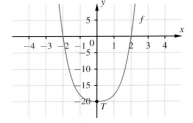

g) weder Punktsymmetrie zum Ursprung noch Achsensymmetrie zur y-Achse
$f(x) \to \infty$ sowohl für $x \to -\infty$ als auch für $x \to \infty$
$S_y(0|3)$ $N(-1|0)$ (doppelt)
$f'(x) = 4x^3 + 4$
$f''(x) = 12x^2$
$f'''(x) = 24x$
$T(-1|0)$
keine Wendepunkte

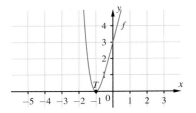

h) weder Punktsymmetrie zum Ursprung noch Achsensymmetrie zur y-Achse
$f(x) \to -\infty$ für $x \to -\infty$; $f(x) \to \infty$ für $x \to \infty$
$S_y(0|-2)$
$N_1\left(-1-\sqrt{5}\,\Big|\,0\right) \approx (-3{,}24|0)$; $N_2(-2|0)$;
$N_3\left(-1+\sqrt{5}\,\Big|\,0\right) \approx (1{,}24|0)$
$f'(x) = \frac{3}{4}x^2 + 2x$
$f''(x) = \frac{3}{2}x + 2$
$f'''(x) = \frac{3}{2}$
$H\left(-\frac{8}{3}\left|\frac{10}{27}\right.\right) \approx (-2{,}67|0{,}37)$ $T(0|-2)$
$W\left(-\frac{4}{3}\left|-\frac{22}{27}\right.\right) \approx (-1{,}33|-0{,}81)$ (R-L-Übergang)

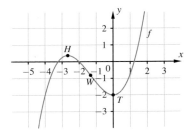

i) weder Punktsymmetrie zum Ursprung noch Achsensymmetrie zur y-Achse
$f(x) \to \infty$ für $x \to -\infty$; $f(x) \to -\infty$ für $x \to \infty$
$S_y\left(0\left|\frac{16}{3}\right.\right)$ $N_1(-2|0)$ (doppelt); $N_2(4|0)$
$f'(x) = -x^2 + 4$
$f''(x) = -2x$
$f'''(x) = -2$
$T(-2|0)$ $H\left(2\left|\frac{32}{3}\right.\right)$
$W\left(0\left|\frac{16}{3}\right.\right)$ (L-R-Übergang)

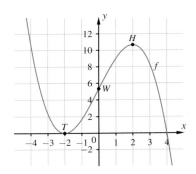

257

j) weder Punktsymmetrie zum Ursprung noch
   Achsensymmetrie zur y-Achse
   $f(x) \to -\infty$ für $x \to -\infty$; $f(x) \to \infty$ für $x \to \infty$
   $S_y(0|-4)$ $N_1(0,5|0)$; $N_2(2|0)$ (doppelt)
   $f'(x) = 6x^2 - 18x + 12$
   $f''(x) = 12x - 18$
   $f'''(x) = 12$
   $H(1|1)$ $T(2|0)$
   $W(1,5|0,5)$ (R-L-Übergang)

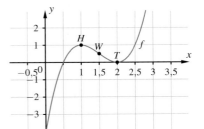

k) weder Punktsymmetrie zum Ursprung
   noch Achsensymmetrie zur y-Achse
   $f(x) \to -\infty$ sowohl für $x \to -\infty$ als auch für $x \to \infty$
   $S_y(0|-4)$ $N(2|0)$ (doppelt)
   $f'(x) = -2x^3 + \frac{15}{4}x^2 + 1$
   $f''(x) = -6x^2 + \frac{15}{2}x$
   $f'''(x) = -12x + \frac{15}{2}$
   $H(2|0)$
   $W_1(0|-4)$ (R-L-Übergang)
   $W_2\left(\frac{5}{4}\bigm|-\frac{783}{512}\right) \approx (1{,}25|-1{,}53)$ (L-R-Übergang)

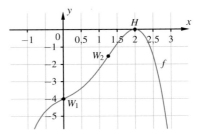

l) Achsensymmetrie zur y-Achse
   $f(x) \to -\infty$ sowohl für $x \to -\infty$ als auch für $x \to \infty$
   $S_y(0|0)$
   $N_1\left(-\sqrt{6}\bigm|0\right)$; $N_2(0|0)$ (doppelt); $N_3\left(\sqrt{6}\bigm|0\right)$
   $f'(x) = -2x^3 + 6x$
   $f''(x) = -6x^2 + 6$
   $f'''(x) = -12x$
   $H_1\left(-\sqrt{3}\bigm|4,5\right)$ $T(0|0)$ $H_2\left(\sqrt{3}\bigm|4,5\right)$
   $W_1(-1|2,5)$ (R-L-Übergang);
   $W_2(1|2,5)$ (L-R-Übergang)

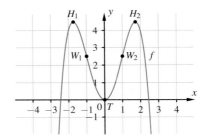

m) weder Punktsymmetrie zum Ursprung
   noch Achsensymmetrie zur y-Achse
   $f(x) \to -\infty$ sowohl für $x \to -\infty$ als auch für $x \to \infty$
   $S_y(0|0,5)$ $N_1(-1|0)$ (dreifach); $N_2(3|0)$
   $f'(x) = -\frac{2}{3}x^3 + 2x + \frac{4}{3}$
   $f''(x) = -2x^2 + 2$
   $f'''(x) = -4x$
   $H(2|4,5)$
   Sattelpunkt $W_1(-1|0)$ (R-L-Übergang);
   $W_2\left(1\bigm|\frac{8}{3}\right)$ (L-R-Übergang)

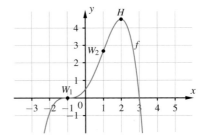

n) weder Punktsymmetrie zum Ursprung
   noch Achsensymmetrie zur y-Achse
   $f(x) \to \infty$ sowohl für $x \to -\infty$ als auch für $x \to \infty$
   $S_y(0|0)$ $N_1(0|0)$ (doppelt); $N_2(2|0)$ (doppelt)
   $f'(x) = x^3 - 3x^2 + 2x$
   $f''(x) = 3x^2 - 6x + 2$
   $f'''(x) = 6x - 6$
   $T_1(0|0)$ $H(1|0,25)$ $T_2(2|0)$
   $W_1\left(1-\frac{1}{\sqrt{3}}\bigm|\frac{1}{9}\right) \approx (0{,}42|0{,}11)$ (L-R-Übergang)
   $W_2\left(1+\frac{1}{\sqrt{3}}\bigm|\frac{1}{9}\right) \approx (1{,}58|0{,}11)$ (R-L-Übergang)

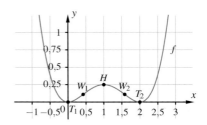

o) Achsensymmetrie zur y-Achse
$f(x) \to \infty$ sowohl für $x \to -\infty$ als auch für $x \to \infty$
$S_y(0|0)$ $N_1(-3|0); N_2(0|0); N_3(3|0)$
$f'(x) = \frac{4}{3}x^3 - 6x$
$f''(x) = 4x^2 - 6$
$f'''(x) = 8x$
$T_1\left(-\frac{3\sqrt{2}}{2}\middle| -6{,}75\right) \approx (-2{,}12| -6{,}75)$ $H(0|0)$
$T_2\left(\frac{3\sqrt{2}}{2}\middle| -6{,}75\right) \approx (2{,}12| -6{,}75)$
$W_1\left(-\frac{\sqrt{6}}{2}\middle| -3{,}75\right) \approx (-1{,}22| -3{,}75)$
(L-R-Übergang)
$W_2\left(\frac{\sqrt{6}}{2}\middle| -3{,}75\right) \approx (1{,}22| -3{,}75)$ (R-L-Übergang)

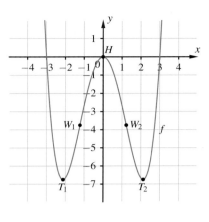

2. Der linke Randpunkt der Sandfläche entspricht dem gemeinsamen y-Achsenschnittpunkt $S_y(0|4)$ der beiden Graphen f und g.
$g'(x) = \frac{1}{16}x^2 - x + 3$ $g''(x) = \frac{1}{8}x - 1$
$g'(x_E) = 0 \Leftrightarrow x_E^2 - 16x_E + 48 = 0$
$\Leftrightarrow x_E = 4 \vee x_E = 12$
$g'(4) = 0 \wedge g''(4) = -0{,}5 < 0 \Rightarrow 4$ ist Maximalstelle.
$g(4) = \frac{28}{3} \to H(4|\frac{28}{3})$
$g'(12) = 0 \wedge g''(12) = 0{,}5 > 0 \Rightarrow 12$ ist Minimalstelle.
$g(12) = 4 \to T(12|4)$
Aus der Position des y-Achsenschnittpunkts und der Extrempunkte ergibt sich, dass die Hauswand der x-Achse entspricht. Folglich ist $M(4|6)$ der Mittelpunkt der Sitzinsel.
Aus der Angabe zur Größe der Sitzinsel folgt zudem, dass 1 LE im Koordinatensystem einem Meter in der Wirklichkeit entspricht. Nun lassen sich folgende Längen berechnen:

Steg 1: $g(4) - 7 = \frac{28}{3} - 7 = \frac{7}{3} = 2{,}\overline{3}$ Steg 1 ist etwa 2,33 m lang.
Steg 2: $5 - f(4) = 5 - 2 = 3$ Steg 2 ist etwa 3 m lang.
Querung: $g(12) - f(12) = 4 - 2 = 2$ Die Querung ist 2 m lang.
Weg 2: $g(4) - g(12) = \frac{28}{3} - 4 = \frac{16}{3} = 5{,}\overline{3}$ Weg 2 ist etwa 5,33 m lang.

Zugang:
$f'(x) = \frac{1}{12}x - \frac{2}{3}$ $f''(x) = \frac{1}{12}$
$f'(x_E) = 0 \Leftrightarrow x_E = 8$
$f'(8) = 0 \Leftrightarrow f''(8) = \frac{1}{12} > 0 \Rightarrow 8$ ist Minimalstelle.
$f(8) = \frac{4}{3} \to T_1(8|\frac{4}{3})$
Der Zugang ist etwa 1,33 m lang.

Weg 1: Gesucht x, sodass gilt $g(x) = \frac{28}{3}$
$\frac{1}{48}x^3 - 0{,}5x^2 + 3x + 4 = \frac{28}{3} \Leftrightarrow x^3 - 24x^2 + 144x - 256 = 0$
$\Leftrightarrow (x-4)(x^2 - 20x + 64) = 0$
$\Leftrightarrow x = 4 \vee x = 4 \vee x = 16$
Folglich entspricht Weg 1 der Strecke $\overline{PQ}$ mit $P(4|g(4))$ und $Q(16|g(16))$ und ist 12 m lang.

257

kürzeste Querung:
gesucht: Minimum der Differenzfunktion d mit $d(x) = g(x) - f(x) = \frac{1}{48}x^3 - \frac{13}{24}x^2 + \frac{11}{3}x$ im Intervall $[0; 16]$.

$d'(x) = \frac{1}{16}x^2 - \frac{13}{12}x + \frac{11}{3}$ $\quad d''(x) = \frac{1}{8}x - \frac{13}{12}$

$d'(x_E) = 0 \Leftrightarrow x_E = \frac{26-2\sqrt{37}}{3} \lor x_E = \frac{26+2\sqrt{37}}{3}$

$d'(\frac{26-2\sqrt{37}}{3}) = 0 \land d''(\frac{26-2\sqrt{37}}{3}) = -\frac{\sqrt{37}}{12} < 0 \Rightarrow \frac{26-2\sqrt{37}}{3}$ ist Maximalstelle.

$d'(\frac{26+2\sqrt{37}}{3}) = 0 \land d''(\frac{26+2\sqrt{37}}{3}) = \frac{\sqrt{37}}{12} > 0 \Rightarrow \frac{26+2\sqrt{37}}{3}$ ist Minimalstelle.

$\frac{26+2\sqrt{37}}{3} \approx 12{,}72$

$d(12{,}72) \approx 1{,}88$

Die kürzeste Querung ist etwa 1,88 m lang und liegt etwa bei $x = 12{,}72$. Damit ist sie etwa 12 cm kürzer als die vorhandene Querung und liegt etwa 72 cm weiter rechts als die vorhandene Querung.

3. a) wahre Aussage

Für eine Wendestelle ist die Bedingung $f''(x_W) = 0$ notwendig. Bei einer quadratischen Funktion mit $f(x) = ax^2 + bx + c$ und $f'(x) = 2ax + b$ sowie $f''(x) = 2a$ müsste also $2a = 0$ erfüllt sein. Das wäre nur für $a = 0$ möglich. Für $a = 0$ ist f jedoch keine quadratische Funktion.

b) wahre Aussage

Die Wendestelle von f ist gleichzeitig die Extremstelle von f'. Da f' eine quadratische Funktion ist, ist der Graph achsensymmetrisch bezüglich der senkrechten Geraden durch den Extrempunkt, d. h., die „gegenüberliegenden" Funktionswerte sind jeweils gleich. Dies sind gleichzeitig die Steigungswerte des Graphen von f, die sich zu beiden Seiten der Wendestelle gleich verhalten. Damit ergibt sich die Punktsymmetrie zum Wendepunkt.

c) falsche Aussage

Für die Extremstellen bzw. Sattelstellen einer Funktion gilt notwendig $f'(x_E) = 0$. Bei einer Funktion 3. Grades ist f' eine quadratische Funktion. Diese hat entweder zwei verschiedene Nullstellen (Fall 1), eine doppelte Nullstelle (Fall 2) oder keine Nullstelle (Fall 3). Im Fall 1 hat f zwei Extremstellen, im Fall 2 eine Sattelstelle und im Fall 3 weder Extremstellen noch Sattelstellen.

Gegenbeispiel: $f(x) = x^3 + x \quad f'(x) = 3x^2 + 1$

Die Gleichung $f'(x_E) = 0$ hat keine Lösung, d.h., f hat weder Extremstellen noch Sattelstellen.

d) falsche Aussage

Für die Extremstellen einer Funktion gilt notwendig $f'(x_E) = 0$. Wenn f eine Funktion 4. Grades ist, ist f' eine Funktion 3. Grades und hat entweder drei Nullstellen oder eine Nullstelle. Falls f' nur eine einzige Nullstelle hat, kann f auch nur eine einzige Extremstelle und der Graph nur einen einzigen Extrempunkt haben.

Gegenbeispiel: $f(x) = x^4 \quad f'(x) = 4x^3$

Die Gleichung $f'(x_E) = 0$ hat nur die Lösung $x_E = 0$ und der Graph von f nur den Extrempunkt $T(0|0)$.

e) wahre Aussage

Da ein Hochpunkt stets in einer Rechtskurve und ein Tiefpunkt immer in einer Linkskurve liegt, muss der Graph zwischen beiden Punkten sein Krümmungsverhalten ändern, also einen Wendepunkt haben. Darüber hinaus ist zu berücksichtigen, dass zwischen zwei Hochpunkten stets ein Tiefpunkt und zwischen zwei Tiefpunkten stets ein Hochpunkt liegt.

3.2 Untersuchung ganzrationaler Funktionen

f) falsche Aussage
Gegenbeispiele sind die Aufgaben 1 **k)** und **m)**.

g) wahre Aussage
Die notwendige Bedingung $f'(x_E) = 0$ bedeutet, dass die Steigung an der Stelle x_E gleich 0 ist. Wenn dies nicht der Fall ist, handelt es sich nicht um eine Extremstelle.

h) falsche Aussage
Gegenbeispiel: $f(x) = x^4 \quad f'(x) = 4x^3 \quad f''(x) = 12x^2$
Mit $f'(0) = 0$ und $f''(0) = 0$ ist die hinreichende Bedingung nicht erfüllt. Da das VZW-Kriterium erfüllt ist, ist ersichtlich, dass 0 Extremstelle von f ist.

i) wahre Aussage
Ist das VZW-Kriterium nicht erfüllt, so bedeutet dies, dass der Graph von f sowohl links als auch rechts von der Stelle x_E positive Steigungswerte oder aber sowohl links als auch rechts von der Stelle x_E negative Steigungswerte hat. Beides schließt einen Extrempunkt an der Stelle x_E aus.

4. a) Das Wachstum verläuft in den ersten 6 Monaten annähernd linear, danach wird es schwächer, bis es bei 9 Monaten fast aufhört.

b) $g'(t) = -0{,}06t^2 + 0{,}18t + 3{,}285$
$g''(t) = -0{,}12t + 0{,}18 \qquad g'''(t) = -0{,}12$
$g'(t_E) = 0 \Leftrightarrow t_E^2 - 3t_E - 54{,}75 = 0$
$t_{E_1} = 1{,}5 - \sqrt{57} \approx -6{,}05;$
$t_{E_2} = 1{,}5 + \sqrt{57} \approx 9{,}05$
$g'(1{,}5 - \sqrt{57}) = 0$
$\wedge g''(1{,}5 - \sqrt{57}) = 0{,}12\sqrt{57} > 0$
$\Rightarrow 1{,}5 - \sqrt{57}$ ist Minimalstelle.
$g(-6{,}05) \approx 38{,}5$
$T(\sim -6{,}05 | \sim 38{,}5)$ (nicht relevant)
$g'(1{,}5 + \sqrt{57}) = 0$
$\wedge g''(1{,}5 + \sqrt{57}) = -0{,}12\sqrt{57} < 0$
$\Rightarrow 1{,}5 + \sqrt{57}$ ist Maximalstelle.
$g(1{,}5 + \sqrt{57}) \approx 72{,}9 \qquad H(\sim 9{,}05 | \sim 72{,}9)$
$g''(t_W) = -0{,}12t_W + 0{,}18 \Leftrightarrow t_W = 1{,}5$
$g''(1{,}5) = 0 \wedge g'''(1{,}5) = -0{,}12 < 0 \to 1{,}5$ ist
L-R-Wendestelle.
$f(1{,}5) \approx 55{,}7 \qquad W(1{,}5 | \sim 55{,}7)$

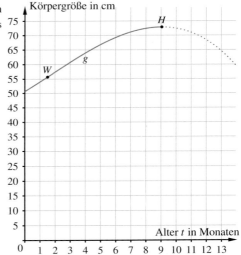

c) Im Wendepunkt hat der Graph die größte Steigung. Das bedeutet, dass das Wachstum des Kindes während der ersten 9 Monate bei 1,5 Monaten am höchsten ist.

d) Für $t > 9{,}05$ hat der Graph negative Steigungswerte. Das würde bedeuten, dass die Körpergröße des Kindes nach 9 Monaten wieder abnimmt.

Übungen zum Exkurs: Ökonomische Funktionen IV

1. a) $p(x) = mx + n$ $A(5|204)$; $B(10|144)$
$m = \frac{144-204}{10-5} = -12$
z.B. Einsetzen des Steigungswerts und der Koordinaten von A: $204 = -12 \cdot 5 + n \Leftrightarrow n = 264$
$p(x) = -12x + 264$ $E(x) = x \cdot p(x) = -12x^2 + 264x$

b) $E(x_N) = 0 \Leftrightarrow -12x_N(x_N - 22) = 0 \Leftrightarrow x_N = 0 \vee x_N = 22$
Die Sättigungsmenge beträgt 22 ME.
Aus Symmetriegründen liegt die Maximalstelle von E in der Mitte zwischen den beiden Nullstellen 0 und 22. Also ist 11 Maximalstelle von E.
$E(11) = 1452$ Der maximale Ertrag beträgt 1452 GE, die zugehörige Menge 11 ME.

c) $K(0) = 572$ Die Fixkosten betragen 572 GE.
$K'(x) = 3x^2 - 36x + 129$ $K''(x) = 6x - 36$ $K'''(x) = 6$
$K''(x_W) = 0 \Leftrightarrow x_W = 6$
$K''(6) = 0 \wedge K'''(6) = 6 > 0 \rightarrow$ 6 ist R-L-Wendestelle von K.
$K'(6) = 21$ $K(6) = 914$
Die Grenzkosten sind minimal bei 6 ME. Bei 6 ME betragen die Grenzkosten 21 GE pro ME und die Gesamtkosten 914 GE.

d) Gewinnfunktion: $G(x) = E(x) - K(x) = -x^3 + 6x^2 + 135x - 572$
$G'(x) = -3x^2 + 12x + 135$ $G''(x) = -6x + 12$
$G'(x_E) = 0 \Leftrightarrow x_E^2 - 4x_E - 45 = 0$ $x_{E_1} = -5$ (nicht relevant); $x_{E_2} = 9$
$G'(9) = 0 \wedge G''(9) = -42 < 0 \rightarrow$ 9 ist Maximalstelle von G. $G(9) = 400$
Der Gewinn wird maximal bei 9 ME und beträgt 400 GE.

e)

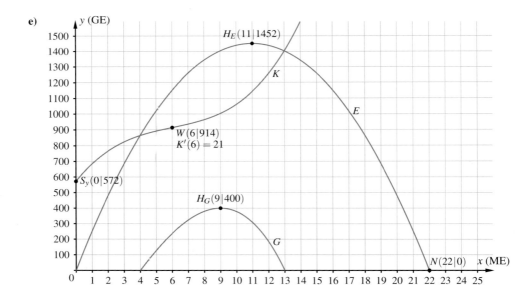

3.2 Untersuchung ganzrationaler Funktionen

Übungen zu 3.2

1. a) $T(-3|0)$ 0 ist nur lokales Minimum.
   $H(1|4)$ 4 ist nur lokales Maximum.
   $W(-1|2)$ L-R-Wendepunkt; kein Sattelpunkt

   b) $T_1(-4|-4)$ -4 ist lokales und globales Minimum.
   $H(1|\frac{19}{64})$ $\frac{19}{64}$ ist nur lokales Maximum.
   $T_2(4|-0,8)$ $-0,8$ ist nur lokales Minimum.
   $W_1(-2|-2,15)$ L-R-Wendepunkt; kein Sattelpunkt
   $W_2(\frac{8}{3}|-\frac{8}{27})$ R-L-Wendepunkt; kein Sattelpunkt

   c) $H(-3|4)$ 4 ist nur lokales Maximum.
   $T(3|-4)$ -4 ist nur lokales Minimum.
   $W_1(-1,5\sqrt{2}|\frac{567}{320}\sqrt{2})$ R-L-Wendepunkt; kein Sattelpunkt
   $W_2(0|0)$ L-R-Wendepunkt; Sattelpunkt
   $W_3(1,5\sqrt{2}|-\frac{567}{320}\sqrt{2})$ R-L-Wendepunkt; kein Sattelpunkt

2. a) $f'(x) = x^2 - 2x$ $f''(x) = 2x - 2$ $f'''(x) = 2$
   $f''(x_W) = 0 \Leftrightarrow x_W = 1$
   $f''(1) = 0 \wedge f'''(1) = 2 \Rightarrow 1$ ist Wendestelle.
   $f'''(1) > 0 \rightarrow$ R-L-Übergang
   $f'(1) = -1 \rightarrow 1$ ist nicht Sattelstelle.
   $f(1) = -\frac{2}{3} \rightarrow W(1|-\frac{2}{3})$
   Steigung der Wendetangente: $m = f'(1) = -1$
   Einsetzen des Steigungswerts und der Koordinaten von W in $y = mx + n$:
   $-\frac{2}{3} = -1 \cdot 1 + n \Leftrightarrow n = \frac{1}{3}$
   Wendetangente: $t(x) = -x + \frac{1}{3}$

   b) $f'(x) = 0,6x^2$ $f''(x) = 1,2x$ $f'''(x) = 1,2$
   $f''(x_W) = 0 \Leftrightarrow x_W = 0$
   $f''(0) = 0 \wedge f'''(0) = 1,2 \Rightarrow 0$ ist Wendestelle.
   $f'''(0) > 0 \rightarrow$ R-L-Übergang
   $f'(0) = 0 \rightarrow 0$ ist Sattelstelle.
   $f(0) = -1 \rightarrow W(0|-1)$
   Steigung der Wendetangente: $m = f'(0) = 0$
   Einsetzen des Steigungswerts und der Koordinaten von W in $y = mx + n$:
   $-1 = 0 \cdot 0 + n \Leftrightarrow n = -1$
   Wendetangente: $t(x) = -1$

260

c) $f'(x) = \frac{1}{3}x^3 - x \quad f''(x) = x^2 - 1 \quad f'''(x) = 2x$
$f''(x_W) = 0 \Leftrightarrow x_W = -1 \vee x_W = 1$
$f''(-1) = 0 \wedge f'''(-1) = -2 \Rightarrow -1$ ist Wendestelle.
$f'''(-1) < 0 \to$ L-R-Übergang
$f'(-1) = \frac{2}{3} \to -1$ ist nicht Sattelstelle.
$f(-1) = -\frac{5}{12} \to W(-1|-\frac{5}{12})$
Steigung der Wendetangente: $m = f'(-1) = \frac{2}{3}$
Einsetzen des Steigungswerts und der Koordinaten von W in $y = mx + n$:
$-\frac{5}{12} = \frac{2}{3} \cdot (-1) + n \Leftrightarrow n = \frac{1}{4}$
Wendetangente: $t_1(x) = \frac{2}{3}x + \frac{1}{4}$

$f''(1) = 0 \wedge f'''(1) = 2 \Rightarrow 1$ ist Wendestelle.
$f'''(1) > 0 \to$ R-L-Übergang
$f'(1) = -\frac{2}{3} \to 1$ ist nicht Sattelstelle.
$f(1) = -\frac{5}{12} \to W_2(1|-\frac{5}{12})$
Steigung der Wendetangente: $m = f'(1) = -\frac{2}{3}$
Einsetzen des Steigungswerts und der Koordinaten von W in $y = mx + n$:
$-\frac{5}{12} = -\frac{2}{3} \cdot 1 + n \Leftrightarrow n = \frac{1}{4}$
Wendetangente: $t_2(x) = -\frac{2}{3}x + \frac{1}{4}$

d) $f'(x) = -x^3 + 3x^2 - 4 \quad f''(x) = -3x^2 + 6x \quad f'''(x) = -6x + 6$
$f''(x_W) = 0 \Leftrightarrow -3x_W(x_W - 2) = 0 \Leftrightarrow x_w = 0 \vee x_w = 2$
$f''(0) = 0 \wedge f'''(0) = 6 \Rightarrow 0$ ist Wendestelle.
$f'''(0) > 0 \to$ R-L-Übergang
$f'(0) = -4 \to 0$ ist nicht Sattelstelle.
$f(0) = 4 \to W_1(0|4)$
Steigung der Wendetangente: $m = f'(0) = -4$
Einsetzen des Steigungswerts und der Koordinaten von W in $y = mx + n$:
$4 = -4 \cdot 0 + n \Leftrightarrow n = 4$
Wendetangente: $t_1(x) = -4x + 4$

$f''(2) = 0 \wedge f'''(2) = -6 \Rightarrow 2$ ist Wendestelle.
$f'''(2) < 0 \to$ L-R-Übergang
$f'(2) = 0 \to 2$ ist Sattelstelle.
$f(2) = 0 \to W_2(2|0)$
Steigung der Wendetangente: $m = f'(2) = 0$
Einsetzen des Steigungswerts und der Koordinaten von W in $y = mx + n$:
$0 = 0 \cdot 2 + n \Leftrightarrow n = 0$
Wendetangente: $t_2(x) = 0$

e) $f'(x) = x^2 + 2x - 26 \quad f''(x) = 2x + 2 \quad f'''(x) = 2$
$f''(x_W) = 0 \Leftrightarrow x_W = -1$
$f''(-1) = 0 \wedge f'''(-1) = 2 \Rightarrow -1$ ist Wendestelle.
$f'''(-1) > 0 \to$ R-L-Übergang
$f'(-1) = -27 \to -1$ ist nicht Sattelstelle.
$f(-1) = 0 \to W(-1|0)$
Steigung der Wendetangente: $m = f'(-1) = -27$
Einsetzen des Steigungswerts und der Koordinaten von W in $y = mx + n$:
$0 = -27 \cdot (-1) + n \Leftrightarrow n = -27$
Wendetangente: $t(x) = -27x - 27$

f) $f'(x) = 2x^3 - 6x^2 + 6x \quad f''(x) = 6x^2 - 12x + 6 \quad f'''(x) = 12x - 12$
$f''(x_W) = 0 \Leftrightarrow x_W = 1$ (doppelte Lösung)
$f''(1) = 0 \wedge f'''(1) = 0 \Rightarrow$ hinreichende Bedingung nicht erfüllt
Da $x_W = 1$ doppelte Nullstelle von f'' ist, berührt der Graph von f'' bei 1 die x-Achse, d. h., es findet kein Vorzeichenwechsel statt. Also ist $x_W = 1$ keine Wendestelle von f. Folglich hat f keine Wendestellen und der Graph von f keine Wendepunkte.

3.2 Untersuchung ganzrationaler Funktionen

3. a) Für das Globalverhalten des Graphen einer ganzrationalen Funktion 3. Grades gilt entweder $f(x) \to +\infty$ für $x \to -\infty$ und $f(x) \to -\infty$ für $x \to +\infty$, oder es gilt $f(x) \to -\infty$ für $x \to -\infty$ und $f(x) \to +\infty$ für $x \to +\infty$.
Also gilt im Fall $D_f = \mathbb{R}$ auch $W_f = \mathbb{R}$, d. h., es gibt keinen größten und keinen kleinsten Wert, also weder ein globales Maximum noch ein lokales Minimum.

b) Für das Globalverhalten des Graphen einer ganzrationalen Funktion, der nur einen Extrempunkt hat, gilt entweder $f(x) \to +\infty$ sowohl für $x \to -\infty$ als auch für $x \to +\infty$, oder es gilt $f(x) \to -\infty$ sowohl für $x \to -\infty$ als auch für $x \to +\infty$. Beides steht im Widerspruch zum Globalverhalten des Graphen einer ganzrationalen Funktion 3. Grades.

c) Die erste Ableitung einer ganzrationalen Funktion f 4. Grades ist eine Funktion 3. Grades. Diese hat entweder genau eine Nullstelle oder 3 Nullstellen mit VZW. Folglich hat der Graph von f genau einen Extrempunkt oder 3 Extrempunkte.
Im Fall eines einzigen Extrempunkts ist die y-Koordinate entweder lokales und globales Maximum oder lokales und globales Minimum der Funktion f. Im Fall dreier Extrempunkte handelt es sich entweder um 2 Hochpunkte und einen Tiefpunkt oder um 2 Tiefpunkte und einen Hochpunkt. Bei zwei Hochpunkten ist die y-Koordinate des höher liegenden das globale Maximum; bei zwei Tiefpunkten ist die y-Koordinate des tiefer liegenden Tiefpunkts das globale Minimum.

4. a) Der Tiefpunkt der Parabel liegt auf der y-Achse, folglich ist die Parabel achsensymmetrisch zur y-Achse und schneidet die x-Achse außer in $N_1(3|0)$ auch in $N_2(-3|0)$.

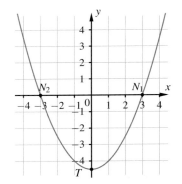

b) *Hinweis*: Fehler im 1. Druck! In der Aufgabe sollte es heißen: „Der Graph ... schneidet die x-Achse bei $3\sqrt{3}$ ..."
Wegen der Punktsymmetrie zum Ursprung ist $O(0|0)$ ein Punkt des Graphen, mit $N_1(3\sqrt{3}|0)$ auch $N_2(-3\sqrt{3}|0)$ und mit dem Hochpunkt $H(-3|6)$ auch der Tiefpunkt $T(3|-6)$.

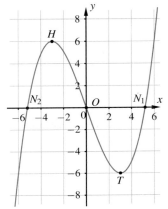

261

c) Aufgrund der Achsensymmetrie der Parabel zur senkrechten Geraden durch den Scheitelpunkt ($x = -4$) ist mit $O(0|0)$ auch $N(-8|0)$ ein x-Achsenschnittpunkt der Parabel.

d) Aufgrund der Lage des Wendepunkts ist der Berührpunkt mit der x-Achse bei 6 ein Hochpunkt, also $H(6|0)$. Aufgrund der Punktsymmetrie zu $W(3|-18)$ ist dann $T(0|-36)$ der Tiefpunkt des Graphen. Durch Spiegelung des Punktes $N(-3|0)$ an W erhält man außerdem den Punkt $P(9|-36)$.

e) *Hinweis*: Fehler im 1. Druck! Der Schnittpunkt N_1 sollte lauten: $N_1(2\sqrt{2}|0)$. Der Wendepunkt W sollte lauten: $W(2\sqrt{3}|13)$.

Durch Spiegelung an der y-Achse erhält man die Punkte $N_3(-2\sqrt{2}|0)$; $N_4(8|0)$; $H_1(-6|49)$ und $W_1(-2\sqrt{3}|13)$. Wegen der Symmetrie des Graphen ist der y-Achsenabschnittpunkt auf jeden Fall ein Extrempunkt, aufgrund der gegebenen Hochpunkte in diesem Fall ein Tiefpunkt.

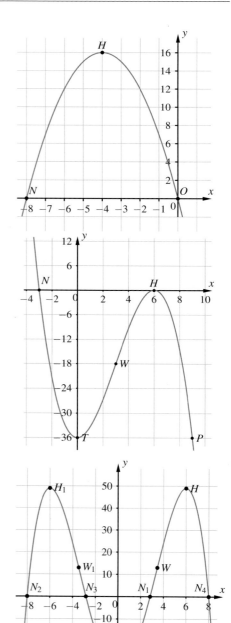

5. a) Achsensymmetrie zur y-Achse
$f(x) \to -\infty$ sowohl für $x \to -\infty$ als auch für $x \to +\infty$
$S_y(0|3,2)$
$f(x_N) = 0 \Leftrightarrow x_N = -4 \vee x_N = 4$
$N_1(-4|0); N_2(4|0)$
$H(0|3,2)$ folgt aus Symmetrie und Globalverhalten
Tangente in N_1: $y = 1,6x + 6,4$
Tangente in N_2: $y = -1,6x + 6,4$
Tangente in H: $y = 3,2$

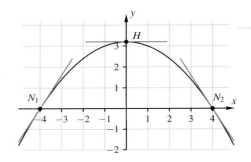

b) weder Achsensymmetrie zur y-Achse noch Punktsymmetrie zum Ursprung
$f(x) \to +\infty$ sowohl für $x \to -\infty$ als auch für $x \to +\infty$
$S_y(0|9)$
$f(x_N) = 0 \Leftrightarrow x_N^2 - 8x_N + 12 = 0$
$\Leftrightarrow x_N = 2 \vee x_N = 6$
$N_1(2|0); N_2(6|0)$
$f'(x) = 1,5x - 6; f''(x) = 1,5$
$f'(x_E) = 0 \Leftrightarrow x_E = 4$
$f'(4) = 0 \wedge f''(4) = 1,5 > 0 \Rightarrow 4$ ist Minimalstelle.
$f(4) = -3 \to T(4|-3)$
Tangente in S_y: $y = -6x + 9$
Tangente in N_1: $y = -3x + 6$
Tangente in N_2: $y = 3x - 18$
Tangente in T: $y = -3$

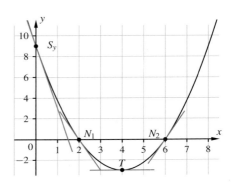

c) weder Achsensymmetrie zur y-Achse noch Punktsymmetrie zum Ursprung
$f(x) \to -\infty$ für $x \to -\infty$ und $f(x) \to \infty$ für $x \to +\infty$
$S_y(0|16)$
$f(x_N) = 0 \Leftrightarrow (x_N + 4)(0,75x_N^2 + 1,5x_N + 4) = 0$
$\Leftrightarrow x_N = -4 \vee x_N^2 + 2x_N + \frac{16}{3} = 0$
$\Leftrightarrow x_N = -4 \vee (x_N + 1)^2 = -\frac{13}{3}$
keine weitere Lösung in $\mathbb{R}$.
$N(-4|0)$
$f'(x) = 2,25x^2 + 9x + 10;$
$f''(x) = 4,5x + 9; f'''(x) = 4,5$
$f'(x_E) = 0 \Leftrightarrow x_E^2 + 4x_E + \frac{40}{9} = 0$
$\Leftrightarrow (x_E + 2)^2 = -\frac{4}{9}$ keine Lösung in $\mathbb{R}$.
$\to f$ hat keine Extremstellen.
$f''(x_W) = 0 \Leftrightarrow x_W = -2$
$f''(-2) = 0 \wedge f'''(-2) = 4,5 \Rightarrow -2$ ist Wendestelle.
$f'''(-2) > 0 \to$ R-L-Übergang
$f'(-2) = 1 \to -2$ ist keine Sattelstelle.
$f(-2) = 8 \to W(-2|8)$
Tangente in S_y: $y = 10x + 16$
Tangente in N: $y = 10x + 40$
Tangente in W: $y = x + 10$

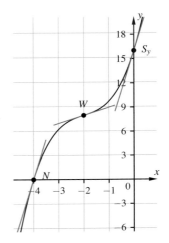

d) Punktsymmetrie zum Ursprung

$f(x) \to +\infty$ für $x \to -\infty$ und $f(x) \to -\infty$ für $x \to +\infty$

$S_y(0|0)$

$f(x_N) = 0 \Leftrightarrow -\frac{1}{48}x_N(x_N^2 - 36) = 0$

$\Leftrightarrow x_N = 0 \lor x_N = -6 \lor x_N = 6$

$N_1(-6|0); N_2(0|0); N_3(6|0)$

$f'(x) = -\frac{1}{16}x^2 + \frac{3}{4}$

$f''(x) = -\frac{1}{8}x$

$f'''(x) = -\frac{1}{8}$

$f'(x_E) = 0 \Leftrightarrow x_E = -2\sqrt{3} \lor x_E = 2\sqrt{3}$

$f'(-2\sqrt{3}) = 0 \land f''(-2\sqrt{3}) = \frac{1}{4}\sqrt{3} > 0$

$\Rightarrow -2\sqrt{3}$ ist Minimalstelle.

$f(-2\sqrt{3}) = -\sqrt{3} \to T(-2\sqrt{3}|-\sqrt{3})$

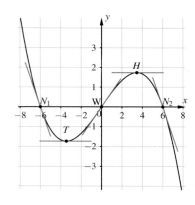

Aufgrund der Symmetrie ist $2\sqrt{3}$ Maximalstelle von f und $H(2\sqrt{3}|\sqrt{3})$ Hochpunkt des Graphen. Ebenfalls aufgrund der Symmetrie ist $W(0|0)$ Wendepunkt des Graphen.

$f'(0) = \frac{3}{4} \to W$ ist kein Sattelpunkt.

Tangente in $S_y = W$: $y = \frac{3}{4}x$

Tangente in N_1: $y = -1,5x - 9$

Tangente in N_2: $y = -1,5x + 9$

Tangente in T: $y = -\sqrt{3}$

Tangente in H: $y = \sqrt{3}$

e) weder Achsensymmetrie zur y-Achse noch Punktsymmetrie zum Ursprung

$f(x) \to -\infty$ sowohl für $x \to -\infty$ als auch für $x \to +\infty$

$S_y(0|0)$

$f(x_N) = 0 \Leftrightarrow -\frac{1}{32}x_N^3(x_N - 8) = 0$

$\Leftrightarrow x_N = 8 \lor x_N = 0$ (dreifache Lösung)

$N_{1,2,3}(0|0); N_4(8|0)$

$f'(x) = -\frac{1}{8}x^3 + \frac{3}{4}x^2$

$f''(x) = -\frac{3}{8}x^2 + \frac{3}{2}x$

$f'''(x) = -\frac{3}{4}x + \frac{3}{2}$

$f'(x_E) = 0 \Leftrightarrow -\frac{1}{8}x^2(x_E - 6) = 0$

$\Leftrightarrow x_E = 6 \lor x_E = 0$ (doppelte Lösung)

$f'(6) = 0 \land f''(6) = -4,5 < 0 \Rightarrow 6$ ist Maximalstelle.

$f(6) = 13,5 \to H(6|13,5)$

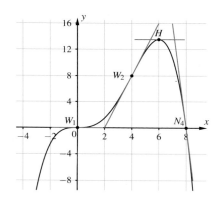

$f'(0) = 0 \land f''(0) = 0$ hinreichende Bedingung nicht erfüllt; ohne weitere Untersuchungen keine Aussage über das Vorliegen eines Extremwerts an der Stelle 0 möglich

$f''(x_W) = 0 \Leftrightarrow -\frac{3}{8}x_W(x_W - 4) = 0 \Leftrightarrow x_W = 0 \lor x_W = 4$

$f''(0) = 0 \land f'''(0) = \frac{3}{2} \neq 0$ ist Wendestelle (also nicht Extremstelle!).

$f'''(0) > 0 \to$ R-L-Übergang

$f'(0) = 0 \to 0$ ist Sattelstelle.

$f(0) = 0 \to W_1(0|0)$ Sattelpunkt

$f''(4) = 0 \land f'''(4) = -\frac{3}{2} \Rightarrow 4$ ist Wendestelle.

$f'''(4) < 0 \to$ L-R-Übergang

$f'(4) = 4 \to 4$ ist nicht Sattelstelle.

$f(4) = 8 \to W_2(4|8)$

Tangente in $S_y = W_1$: $y = 0$

Tangente in N_4: $y = -16x + 128$

Tangente in H: $y = 13,5$

Tangente in W_2: $y = 4x - 8$

f) weder Achsensymmetrie zur y-Achse noch Punktsymmetrie zum Ursprung

$f(x) \to +\infty$ sowohl für $x \to -\infty$ als auch für $x \to +\infty$

$S_y(0|0)$

$f(x_N) = 0$
$\Leftrightarrow 0{,}01x_N(x_N^3 + 16x_N^2 + 96x_N + 256) = 0$
$\Leftrightarrow x_N = 0 \vee x_N^3 + 16x_N^2 + 96x_N + 256 = 0$
$\Leftrightarrow x_N = 0 \vee (x_N + 8)(x_N^2 + 8x_N + 32) = 0$
$\Leftrightarrow x_N = 0 \vee x_N = -8 \vee x_N^2 + 8x_N + 32 = 0$
$\Leftrightarrow x_N = 0 \vee x_N = -8 \vee (x_N + 4)^2 = -16$

keine weitere Lösung in $\mathbb{R}$

$N_1(-8|0); N_2(0|0)$

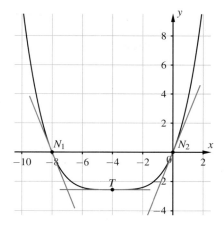

$f'(x) = 0{,}04x^3 + 0{,}48x^2 + 1{,}92x + 2{,}56$
$f''(x) = 0{,}12x^2 + 0{,}96x + 1{,}92$
$f'''(x) = 0{,}24x + 0{,}96$
$f'(x_E) = 0 \Leftrightarrow x_E^3 + 12x_E^2 + 48x_E + 64 = 0$
$\Leftrightarrow (x_E + 4)(x_E^2 + 8x_E + 16) = 0$
$\Leftrightarrow x_E = -4 \vee (x_E + 4)^2 = 0$
$\Leftrightarrow x_E = -4$ (dreifache Lösung)

$f'(-4) = 0 \wedge f''(-4) = 0$ hinreichende Bedingung nicht erfüllt.

Da -4 dreifache Nullstelle von f' ist, hat f' bei -4 einen Vorzeichenwechsel, und zwar wegen des positiven Leitkoeffizienten von „$-$" nach „$+$". Also ist -4 Minimalstelle von f.

$f(-4) = -2{,}56 \quad T(-4|-2{,}56)$

$f''(x_W) = 0 \Leftrightarrow x_W^2 + 8x_W + 16 = 0 \Leftrightarrow (x_W + 4)^2 = 0 \Leftrightarrow x_W = -4$ (doppelte Lösung)

$f''(-4) = 0 \wedge f'''(-4) = 0$ hinreichende Bedingung nicht erfüllt. Da bereits gezeigt wurde, dass -4 Minimalstelle von f ist, kann -4 nicht Wendestelle sein. Also hat f keine Wendestellen. Der Graph von f ist überall linksgekrümmt.

Tangente in S_y: $y = 2{,}56x$
Tangente in N_1: $y = -2{,}56x - 20{,}48$
Tangente in T: $y = -2{,}56$

6. a) weder Achsensymmetrie zur y-Achse noch Punktsymmetrie zum Ursprung

$f(x) \to -\infty$ sowohl für $x \to -\infty$ als auch für $x \to +\infty$

$S_y(0|3)$

Tangente in S_y: $y = 2x + 3$

$f(x_N) = 0 \Leftrightarrow -x_N^2 + 2x_N + 3 = 0$
$\Leftrightarrow x_N = -1 \vee x_N = 3 \Rightarrow N_1(-1|0); N_2(3|0)$

$f'(x) = -2x + 2$
$f''(x) = -2$
$f'(x_E) = 0 \Leftrightarrow x_E = 1$
$f'(1) = 0 \wedge f''(1) = -2 < 0 \Rightarrow 1$ ist Maximalstelle.

$f(1) = 4 \to H(1|4)$

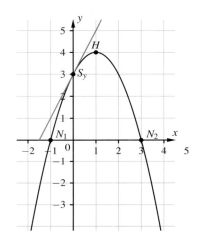

261

b) weder Achsensymmetrie zur y-Achse noch Punktsymmetrie zum Ursprung
$f(x) \to +\infty$ sowohl für $x \to -\infty$ als auch für $x \to +\infty$
$S_y(0|5)$
Tangente in S_y: $y = -5x + 5$
$f(x_N) = 0 \Leftrightarrow 1{,}25x_N^2 - 5x_N + 5 = 0$
$\Leftrightarrow x_N = 2$ doppelte Lösung
$f'(x) = 2{,}5x - 5$
$f''(x) = 2{,}5$
$f'(x_E) = 0 \Leftrightarrow x_E = 2$
$f'(2) = 0 \land f''(2) = 2{,}5 > 0 \Rightarrow 2$ ist Minimalstelle.
$f(2) = 0 \to T(2|0)$

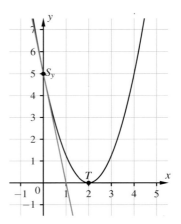

c) weder Achsensymmetrie zur y-Achse noch Punktsymmetrie zum Ursprung
$f(x) \to -\infty$ für $x \to -\infty$ und $f(x) \to +\infty$ für $x \to +\infty$
$S_y(0|0)$
Tangente in S_y: $y = -3x$
$f(x_N) = 0 \Leftrightarrow 0{,}2x_N(x_N^2 + 2x_N - 15) = 0$
$\Leftrightarrow x_N = 0 \lor x_N^2 + 2x_N + 1 = 15 + 1$
$\Leftrightarrow x_N = 0 \lor (x_N + 1)^2 = 16$
$\Leftrightarrow x_N = 0 \lor x_N = -5 \lor x_N = 3$
$\to N_1(-5|0); N_2(0|0); N_3(3|0)$
$f'(x) = 0{,}6x^2 + 0{,}8x - 3$
$f''(x) = 1{,}2x + 0{,}8$
$f'''(x) = 1{,}2$

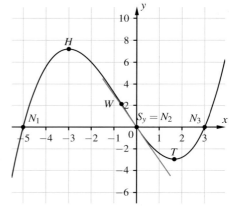

$f'(x_E) = 0 \Leftrightarrow x_E^2 + \frac{4}{3}x_E - 5 = 0 \Leftrightarrow (x_E + \frac{2}{3})^2 = \frac{49}{9}$
$\Leftrightarrow x_E = -3 \lor x_E = \frac{5}{3}$
$f'(-3) = 0 \land f''(-3) = -2{,}8 < 0 \Rightarrow -3$ ist Maximalstelle.
$f(-3) = 7{,}2 \to H(-3|7{,}2)$
$f'(\frac{5}{3}) = 0 \land f''(\frac{5}{3}) = 2{,}8 > 0 \Rightarrow \frac{5}{3}$ ist Minimalstelle.
$f(\frac{5}{3}) = -\frac{80}{27} \to T(\frac{5}{3}|-\frac{80}{27})$

$f''(x_W) = 0 \Leftrightarrow x_W = -\frac{2}{3}$
$f''(-\frac{2}{3}) = 0 \land f'''(-\frac{2}{3}) = 1{,}2 \Rightarrow -\frac{2}{3}$ ist Wendestelle.
$f'''(-\frac{2}{3}) > 0 \to$ R-L-Übergang
$f'(-\frac{2}{3}) = -\frac{49}{15} \to -\frac{2}{3}$ ist nicht Sattelstelle.
$f(-\frac{2}{3}) = \frac{286}{135} \to W(-\frac{2}{3}|\frac{286}{135})$

d) Punktsymmetrie zu Punkt $S_y(0|-1)$
$f(x) \to +\infty$ für $x \to -\infty$ und $f(x) \to -\infty$ für $x \to +\infty$
$S_y(0|-1)$
Tangente in S_y: $y = -1$
$f(x_N) = 0 \Leftrightarrow x_N^3 = -27 \Leftrightarrow x_N = -3$
$\to N(-3|0)$
$f'(x) = -\frac{1}{9}x^2$
$f''(x) = -\frac{2}{9}x$
$f'''(x) = -\frac{2}{9}$
$f'(x_E) = 0 \Leftrightarrow x_E = 0$
$f'(0) = 0 \wedge f''(0) = 0 \to$ hinreichende Bedingung ist nicht erfüllt, d. h., ohne weitere Untersuchungen ist keine Aussage über das Vorliegen eines Extremwerts an der Stelle 0 möglich.
$f''(x_W) = 0 \Leftrightarrow x_W = 0$
$f''(0) = 0 \wedge f'''(0) = -\frac{2}{9} \Rightarrow 0$ ist Wendestelle (also nicht Extremstelle!).
$f'''(0) < 0 \to$ L-R-Übergang
$f'(0) = 0 \to 0$ ist Sattelstelle.
$f(0) = -1 \to W(0|-1)$ Sattelpunkt

e) weder Achsensymmetrie zur y-Achse noch Punktsymmetrie zum Ursprung
$f(x) \to -\infty$ für $x \to -\infty$ und $f(x) \to +\infty$ für $x \to +\infty$
$S_y(0|0)$
Tangente in S_y: $y = 0$
$f(x_N) = 0 \Leftrightarrow \frac{1}{8}x_N^2(x_N - 6) = 0$
$\Leftrightarrow x_N = 6 \vee x_N = 0$ doppelte Lösung
$\to N_{1,2}(0|0); N_3(6|0)$
$f'(x) = \frac{3}{8}x^2 - \frac{3}{2}x$
$f''(x) = \frac{3}{4}x - \frac{3}{2}$
$f'''(x) = \frac{3}{4}$
$f'(x_E) = 0 \Leftrightarrow \frac{3}{8}x_E(x_E - 4) = 0$
$\Leftrightarrow x_E = 0 \vee x_E = 4$
$f'(0) = 0 \wedge f''(0) = -\frac{3}{2} < 0 \Rightarrow 0$ ist Maximalstelle.
$f(0) = 0 \to H(0|0)$

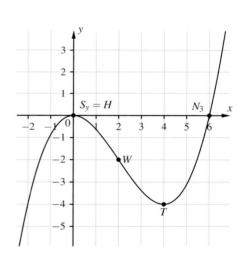

$f'(4) = 0 \wedge f''(4) = \frac{3}{2} > 0 \Rightarrow 4$ ist Minimalstelle.
$f(4) = -4 \to T(4|-4)$
$f''(x_W) = 0 \Leftrightarrow x_W = 2$
$f''(2) = 0 \wedge f'''(2) = \frac{3}{4} \Rightarrow 2$ ist Wendestelle.
$f'''(2) > 0 \to$ R-L-Übergang
$f'(2) = -\frac{3}{2} \to 2$ ist nicht Sattelstelle.
$f(2) = -2 \to W(2|-2)$

261

f) *Hinweis:* Fehler im 1. Druck! Die Funktionsgleichung von f sollte heißen:
$f(x) = -0{,}25x^4 + 3x^3 - 11{,}5x^2 + 15x$.
weder Achsensymmetrie zur y-Achse noch Punktsymmetrie zum Ursprung
$f(x) \to -\infty$ sowohl für $x \to -\infty$ als auch für $x \to +\infty$
$S_y(0|0)$
Tangente in S_y: $y = 15x$
$f(x_N) = 0$
$\Leftrightarrow 0{,}25x_N(x_N^3 - 12x_N^2 + 46x_N - 60) = 0$
$\Leftrightarrow x_N = 0 \vee (x_N - 6)(x_N^2 - 6x_N + 10) = 0$
$\Leftrightarrow x_N = 0 \vee x_N = 6 \vee (x_N - 3)^2 = -1$
keine weitere Lösung in $\mathbb{R}$
$\to N_1(0|0); N_2(6|0)$
$f'(x) = -x^3 + 9x^2 - 23x + 15$
$f''(x) = -3x^2 + 18x - 23$
$f'''(x) = -6x + 18$

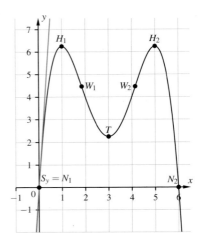

$f'(x_E) = 0 \Leftrightarrow (x_E - 3)(-x_E^2 + 6x_E - 5) = 0$ (Polynomdivision)
$\Leftrightarrow x_E = 3 \vee x_E^2 - 6x_E + 5 = 0$
$\Leftrightarrow x_E = 3 \vee x_E = 1 \vee x_E = 5$
$f'(3) = 0 \wedge f''(3) = 4 > 0 \Rightarrow 3$ ist Minimalstelle.
$f(3) = 2{,}25 \to T(3|2{,}25)$
$f'(1) = 0 \wedge f''(1) = -8 < 0 \Rightarrow 1$ ist Maximalstelle.
$f(1) = 6{,}25 \to H_1(1|6{,}25)$
$f'(5) = 0 \wedge f''(5) = -8 < 0 \Rightarrow 5$ ist Maximalstelle.
$f(5) = 6{,}25 \to H_2(5|6{,}25)$
$f''(x_W) = 0 \Leftrightarrow x_W^2 - 6x_W + \frac{23}{3} = 0 \Leftrightarrow (x_W - 3)^2 = \frac{4}{3}$
$\Leftrightarrow x_W = 3 - \frac{2}{3}\sqrt{3} \vee x_w = 3 + \frac{2}{3}\sqrt{3}$
$f''(3 - \frac{2}{3}\sqrt{3}) = 0 \wedge f'''(3 - \frac{2}{3}\sqrt{3}) = 4\sqrt{3} \Rightarrow 3 - \frac{2}{3}\sqrt{3}$ ist Wendestelle.
$f'''(3 - \frac{2}{3}\sqrt{3}) > 0 \to$ R-L-Übergang
$f'(3 - \frac{2}{3}\sqrt{3}) \approx -3{,}08 \to 3 - \frac{2}{3}\sqrt{3}$ ist nicht Sattelstelle.
$f(3 - \frac{2}{3}\sqrt{3}) \approx 4{,}47 \to W_1(\sim 1{,}85| \sim 4{,}47)$
$f''(3 + \frac{2}{3}\sqrt{3}) = 0 \wedge f'''(3 + \frac{2}{3}\sqrt{3}) = -4\sqrt{3} \Rightarrow 3 + \frac{2}{3}\sqrt{3}$ ist Wendestelle.
$f'''(3 + \frac{2}{3}\sqrt{3}) < 0 \to$ L-R-Übergang
$f'(3 + \frac{2}{3}\sqrt{3}) \approx 3{,}08 \to 3 + \frac{2}{3}\sqrt{3}$ ist nicht Sattelstelle.
$f(3 + \frac{2}{3}\sqrt{3}) \approx 4{,}47 \to W_2(\sim 4{,}15| \sim 4{,}47)$

g) weder Achsensymmetrie zur y-Achse noch Punktsymmetrie zum Ursprung
$f(x) \to +\infty$ sowohl für $x \to -\infty$ als auch für $x \to +\infty$
$S_y(0|20)$
Tangente in S_y: $y = 3x + 20$
$f(x_N) = 0$
$\Leftrightarrow x_N^4 - \frac{4}{3}x_N^3 - 32x_N^2 + 64x_N + \frac{1280}{3} = 0$
$\Leftrightarrow (x_N + 4)(x_N^3 - \frac{16}{3}x_N^2 - \frac{32}{3}x_N + \frac{320}{3}) = 0$
$\Leftrightarrow x_N = -4 \vee (x_N + 4)(x_N^2 - \frac{28}{3}x_N + \frac{80}{3}) = 0$
$\Leftrightarrow x_N = -4 \vee x_N = -4 \vee (x_N - \frac{14}{3})^2 = -\frac{44}{9}$
keine weitere Lösung in $\mathbb{R}$
$\to N_{1,2}(-4|0)$
$f'(x) = \frac{3}{16}x^3 - \frac{3}{16}x^2 - 3x + 3$
$f''(x) = \frac{9}{16}x^2 - \frac{3}{8}x - 3$
$f'''(x) = \frac{9}{8}x - \frac{3}{8}$

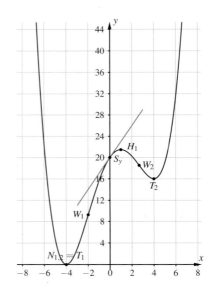

$f'(x_E) = 0 \Leftrightarrow x_E^3 - x_E^2 - 16x_E - 16 = 0$
$\Leftrightarrow (x_E - 1)(x_E^2 - 16) = 0$ (Polynomdivision)
$\Leftrightarrow x_E = 1 \vee x_E^2 - 16 = 0$
$\Leftrightarrow x_E = 1 \vee x_E = -4 \vee x_E = 4$
$f'(1) = 0 \wedge f''(1) = -\frac{45}{16} < 0 \Rightarrow 1$ ist Maximalstelle.
$f(1) = \frac{1375}{64} \rightarrow H(1| \sim 21,48)$
$f'(-4) = 0 \wedge f''(-4) = 7,5 > 0 \Rightarrow -4$ ist Minimalstelle.
$f(-4) = 0 \rightarrow T_1(-4|0)$
$f'(4) = 0 \wedge f''(4) = 4,5 > 0 \Rightarrow 4$ ist Minimalstelle.
$f(4) = 0 \rightarrow T_2(4|16)$
$f''(x_W) = 0 \Leftrightarrow x_W^2 - \frac{2}{3}x_W - \frac{16}{3} = 0$
$\Leftrightarrow (x_W - \frac{1}{3})^2 = \frac{49}{9}$
$\Leftrightarrow x_W = -2 \vee x_W = \frac{8}{3}$
$f''(-2) = 0 \wedge f'''(-2) = -\frac{21}{8}$ ist Wendestelle.
$f'''(-2) < 0 \rightarrow$ L-R-Übergang
$f'(-2) = 6,75 \rightarrow -2$ ist nicht Sattelsstelle.
$f(-2) = 9,25 \rightarrow W_1(-2|9,25)$
$f''(\frac{8}{3}) = 0 \wedge f'''(\frac{8}{3}) = \frac{21}{8} \Rightarrow \frac{8}{3}$ ist Wendestelle.
$f'''(\frac{8}{3}) > 0 \rightarrow$ R-L-Übergang
$f'(\frac{8}{3}) = -\frac{25}{9} \rightarrow \frac{8}{3}$ ist nicht Sattelstelle.
$f(\frac{8}{3}) = \frac{500}{27} \rightarrow W_2(\frac{8}{3}| \sim 18,52)$

h) weder Achsensymmetrie zur y-Achse noch Punktsymmetrie zum Ursprung
$f(x) \rightarrow -\infty$ sowohl für $x \rightarrow -\infty$ als auch für $x \rightarrow +\infty$
$S_y(0|-3)$
Tangente in S_y: $y = -3$
$f(x_N) = 0$
$\Leftrightarrow x_N^4 - 4x_N^3 + 27 = 0$
$\Leftrightarrow (x_N - 3)(x_N^3 - x_N^2 - 3x_N - 9) = 0$
(Polynomdivision)
$\Leftrightarrow x_N = 3 \vee (x_N - 3)(x_N^2 + 2x_N + 3) = 0$
(Polynomdivision)
$\Leftrightarrow x_N = 3 \vee x_N = 3 \vee (x_N + 1)^2 = -2$
keine weitere Lösung in $\mathbb{R}$
$\rightarrow N_{1,2}(3|0)$

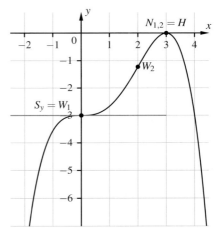

$f'(x) = -\frac{4}{9}x^3 + \frac{4}{3}x^2$
$f''(x) = -\frac{4}{3}x^2 + \frac{8}{3}x$
$f'''(x) = -\frac{8}{3}x + \frac{8}{3}$
$f'(x_E) = 0 \Leftrightarrow -\frac{4}{9}x_E^2(x_E - 3) = 0 \Leftrightarrow x_E = 0 \vee x_E = 0 \vee x_E = 3$
$f'(0) = 0 \wedge f''(0) = 0 \rightarrow$ hinreichende Bedingung ist nicht erfüllt, d. h., ohne weitere Untersuchungen ist keine Aussage über das Vorliegen eines Extremwerts an der Stelle 0 möglich.
$f'(3) = 0 \wedge f''(3) = -4 < 0 \rightarrow 3$ ist Maximalstelle.
$f(3) = 0 \rightarrow H(3|0)$
$f''(x_W) = 0 \Leftrightarrow -\frac{4}{3}x_W(x_W - 2) = 0 \Leftrightarrow x_W = 0 \vee x_W = 2$
$f''(0) = 0 \wedge f'''(0) = \frac{8}{3} \Rightarrow 0$ ist Wendestelle (also nicht Extremstelle!).

261

$f'''(0) > 0 \to$ R-L-Übergang
$f'(0) = 0 \to 0$ ist Sattelstelle.
$f(0) = -3 \to W_1(0|-3)$ Sattelpunkt
$f''(2) = 0 \wedge f'''(2) = -\frac{8}{3} \Rightarrow 2$ ist Wendestelle.
$f'''(2) < 0 \to$ L-R-Übergang
$f'(2) = \frac{16}{9} \to 2$ ist nicht Sattelstelle.
$f(2) = -\frac{11}{9} \to W_2(2|-\frac{11}{9})$

i) Punktsymmetrie zum Ursprung
$f(x) \to -\infty$ für $x \to -\infty$ und $f(x) \to +\infty$ für $x \to +\infty$
$S_y(0|0)$
Tangente in S_y: $y = 0$
$f(x_N) = 0 \iff \frac{1}{16}x_N^3(x_N^2 - \frac{80}{3}) = 0$
$x_N = 0$ (dreifache Lösung)
$\vee x_N = -\frac{4}{3}\sqrt{15} \vee x_N = \frac{4}{3}\sqrt{15}$
$\to N_1(\sim -5,16|0); N_{2,3,4}(0|0); N_5(\sim 5,16|0)$
$f'(x) = \frac{5}{16}x^4 - 5x^2$
$f''(x) = \frac{5}{4}x^3 - 10x$
$f'''(x) = \frac{15}{4}x^2 - 10$
$f'(x_E) = 0 \iff \frac{5}{16}x_E^2(x_E^2 - 16) = 0$
$\iff x_E = 0$ (doppelte Lösung) $\vee x_E = -4$
$\vee x_E = 4$
$f'(-4) = 0 \wedge f''(-4) = -40 < 0$
$\to -4$ ist Maximalstelle.
$f(-4) = 42,\overline{6} \to H(-4|42,\overline{6})$
$f'(4) = 0 \wedge f''(4) = 40 > 0 \to 4$ ist Minimalstelle.
$f(4) = -42,\overline{6} \to T(4|-42,\overline{6})$

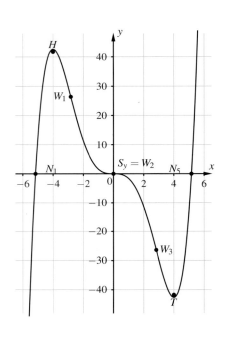

(T ergibt sich auch aus der Symmetrie.)
$f'(0) = 0 \iff f''(0) = 0 \to$ hinreichende Bedingung ist nicht erfüllt, d. h., ohne weitere Untersuchungen ist keine Aussage über das Vorliegen eines Extremwerts an der Stelle 0 möglich.
$f''(x_W) = 0 \iff \frac{5}{4}x_W(x_W^2 - 8) = 0$
$\iff x_W = 0 \vee x_W = -2\sqrt{2} \vee x_W = 2\sqrt{2}$
$f''(-2\sqrt{2}) = 0 \wedge f'''(-2\sqrt{2}) = 20 \Rightarrow -2\sqrt{2}$ ist Wendestelle.
$f'''(-2\sqrt{2}) > 0 \to$ R-L-Übergang
$f'(-2\sqrt{2}) = -20 \to -2\sqrt{2}$ ist nicht Sattelstelle.
$f(-2\sqrt{2}) = \frac{56}{3}\sqrt{2} \to W_1(-2\sqrt{2}|\sim 26,4)$
$f''(0) = 0 \wedge f'''(0) = -10 \Rightarrow 0$ ist Wendestelle (also nicht Extremstelle!).
$f'''(0) < 0 \to$ L-R-Übergang
$f'(0) = 0 \to 0$ ist Sattelstelle.
$f(0) = 0 \to W_2(0|0)$ (Sattelpunkt)
$f''(2\sqrt{2}) = 0 \wedge f'''(2\sqrt{2}) = 20 \Rightarrow 2\sqrt{2}$ ist Wendestelle.
$f'''(2\sqrt{2}) > 0 \to$ R-L-Übergang
$f'(2\sqrt{2}) = -20 \to 2\sqrt{2}$ ist nicht Sattelstelle.
$f(2\sqrt{2}) = -\frac{56}{3}\sqrt{2} \to W_3(2\sqrt{2}|\sim -26,4)$
(W_3 ergibt sich auch aus der Symmetrie.)

3.2 Untersuchung ganzrationaler Funktionen

Der Funktionsterm der Tangente im y-Achsenschnittpunkt setzt sich zusammen aus dem linearen Term $a_1 x$ und dem konstanten Term a_0 des Funktionsterms von f. Dass a_0 auch der y-Achsenabschnitt der Tangente in S_y ist, lässt sich daraus schließen, dass die Tangente in S_y auf jeden Fall durch den Punkt S_y geht und somit selbst diesen als y-Achsenschnittpunkt hat. Der lineare Term $a_1 x$ wird beim Ableiten zu a_1. Genau dieser Wert „bleibt übrig", wenn man die Ableitung an der Stelle 0, also die Steigung des Graphen und der Tangente im y-Achsenschnittpunkt S_y berechnet. Somit erhält man für die Tangente in S_y die Gleichung $y = a_1 x + a_0$.

7. a) Die erste Fieberkurve steigt zu Beginn sehr stark an und erreicht am Ende des zweiten Tages ihr absolutes Maximum. Danach fällt die Kurve fünf Tage lang, davon drei Tage lang fast linear, bevor sie am Ende des 7. Tages ihr absolutes Minimum erreicht. Dann steigt die Kurve noch einmal drei Tage lang um insgesamt etwa $1\,°C$ und erreicht am Ende des 10. Tages erneut ein lokales Maximum, bevor sie wieder stark fällt und nach dem 11. Tag ihr absolutes Minimum erreicht.
Die zweite Kurve zerfällt in zwei annähernd zueinander symmetrische Abschnitte. Nach einem steilen Anstieg wird am Ende des 2. Tages ein Maximum erreicht. Dann folgen 4 Tage, an denen die Kurve relativ gleichmäßig um etwa $2\,°C$ fällt, und 4 Tage, an denen die Kurve in fast gleicher Weise wieder auf den „alten" Höchstwert ansteigt. Nach diesem zweiten Maximum fällt die Kurve etwa so steil, wie sie anfangs gestiegen war, und erreicht nach 12 Tagen wieder die Anfangshöhe.
Beide Fieberkurven haben etwa gleiche Anfangs- und Endpunkte, zudem zwei Hochpunkte und einen Tiefpunkt. Bei der ersten Kurve liegen die beiden ersten Extrema weiter auseinander (3,5 Grad Differenz), und der zweite Hochpunkt erreicht längst nicht die Höhe des ersten. Bei der zweiten Kurve dagegen sind die beiden Hochpunkte etwa auf derselben Höhe, d. h., das Fieber steigt noch einmal bis auf fast $40\,°C$ an.

b) Untersuchung der Funktion f
weder Achsensymmetrie zur y-Achse noch Punktsymmetrie zum Ursprung
$f(x) \to -\infty$ sowohl für $x \to -\infty$ als auch für $x \to +\infty$
$f'(x) = -0{,}03x^3 + 0{,}54x^2 - 2{,}76x + 3{,}6$
$f''(x) = -0{,}09x^2 + 1{,}08x - 2{,}76$
$f'''(x) = -0{,}18x + 1{,}08$
$f'(x_E) = 0 \Leftrightarrow x_E^3 - 18x_E^2 + 92x_E - 120 = 0$
$\Leftrightarrow (x_E - 2)(x_E^2 - 16x + 60) = 0$ (Polynomdivision)
$\Leftrightarrow x_E = 2 \vee x_E = 6 \vee x_E = 10$
$f'(2) = 0 \wedge f''(2) = -0{,}96 < 0 \to 2$ ist Maximalstelle.
$f(2) = 39{,}9 \to H_1(2|39{,}9)$
$f'(6) = 0 \wedge f''(6) = 0{,}48 > 0 \to 6$ ist Minimalstelle.
$f(6) = 37{,}98 \to T(6|37{,}98)$
$f'(10) = 0 \wedge f''(10) = -0{,}96 < 0 \to 10$ ist Maximalstelle.
$f(10) = 0 \to H_2(10|39{,}9)$
$f''(x_W) = 0$
$\Leftrightarrow x_W^2 - 12x_W + \frac{92}{3} = 0$
$\Leftrightarrow (x_W - 6)^2 = \frac{16}{3}$
$\Leftrightarrow x_W = 6 - \frac{4}{3}\sqrt{3} \vee x_W = 6 + \frac{4}{3}\sqrt{3}$

261

$f''(6-\frac{4}{3}\sqrt{3})=0 \wedge f'''(6-\frac{4}{3}\sqrt{3})=0,24\sqrt{3} \Rightarrow 6-\frac{4}{3}\sqrt{3}$ ist Wendestelle.
$f'''(6-\frac{4}{3}\sqrt{3})>0 \to$ R-L-Übergang
$f'(6-\frac{4}{3}\sqrt{3}) \approx -0,74 \to 6-\frac{4}{3}\sqrt{3}$ ist nicht Sattelstelle.
$f(6-\frac{4}{3}\sqrt{3}) \approx 39,05 \to W_1(\sim 3,69| \sim 39,05)$
$f''(6+\frac{4}{3}\sqrt{3})=0 \wedge f'''(6+\frac{4}{3}\sqrt{3})=-0,24\sqrt{3} \Rightarrow 6+\frac{4}{3}\sqrt{3}$ ist Wendestelle.
$f'''(6+\frac{4}{3}\sqrt{3})<0 \to$ L-R-Übergang
$f'(6+\frac{4}{3}\sqrt{3}) \approx 0,74 \to 6+\frac{4}{3}\sqrt{3}$ ist nicht Sattelstelle.
$f(6+\frac{4}{3}\sqrt{3}) \approx 39,05 \to W_2(\sim 8,31| \sim 39,05)$

Untersuchung der Funktion g
Weder Achsensymmetrie zur y-Achse noch Punktsymmetrie zum Ursprung
$g(x) \to -\infty$ sowohl für $x \to -\infty$ als auch für $x \to +\infty$
$g'(x) = -0,01x^3 + 0,21x^2 - 1,35x + 2,43$
$g''(x) = -0,03x^2 + 0,42x - 1,35$
$g'''(x) = -0,06x + 0,42$
$g'(x_E) = 0 \Leftrightarrow x_E^3 - 21x_E^2 + 135x_E - 243 = 0$
$\Leftrightarrow (x_E - 3)(x_E^2 - 18x_E + 81) = 0$ (Polynomdivision)
$\Leftrightarrow x_E = 3 \vee x_E = 9 \vee x_E = 9$
$g'(3) = 0 \wedge g''(3) = -0,36 < 0 \to 3$ ist Maximalstelle.
$g(3) = 39,8 \to H_1(3|39,8)$
$g'(9) = 0 \wedge g''(9) = 0 \to$ hinreichende Bedingung ist nicht erfüllt, d. h., ohne weitere Untersuchungen ist keine Aussage über das Vorliegen eines Extremwerts an der Stelle 9 möglich.
$g''(x_W) = 0 \Leftrightarrow x_W^2 - 14x_W + 45 = 0 \Leftrightarrow (x_W - 7)^2 = 4$
$\Leftrightarrow x_W = 5 \vee x_W = 9$
$g''(5) = 0 \wedge g'''(5) = 0,12 \to 5$ ist Wendestelle.
$g'''(5) > 0 \to$ R-L-Übergang
$g'(5) = -0,32 \to 5$ ist nicht Sattelstelle.
$g(5) = 39,3625 \to W_1(5| \sim 39,36)$
$g''(9) = 0 \wedge g'''(9) = -0,12 \Rightarrow 9$ ist Wendestelle (also nicht Extremstelle!).
$g'''(9) < 0 \to$ L-R-Übergang
$g'(9) = 0 \to 9$ ist Sattelstelle.
$g(9) = 38,7225 \to W_2(9| \sim 38,72)$ (Sattelpunkt)

Untersuchung der Funktion h
Weder Achsensymmetrie zur y-Achse noch Punktsymmetrie zum Ursprung
$h(x) \to -\infty$ sowohl für $x \to -\infty$ als auch für $x \to +\infty$
$h'(x) = -0,03x^3 + 0,57x^2 - 3,12x + 4,2$
$h''(x) = -0,09x^2 + 1,14x - 3,12$
$h'''(x) = -0,18x + 1,14$
$h'(x_E) = 0 \Leftrightarrow x_E^3 - 19x_E^2 + 104x_E - 140 = 0$
$\Leftrightarrow (x_E - 2)(x_E^2 - 17x_E + 70) = 0$ (Polynomdivision)
$\Leftrightarrow x_E = 2 \vee x_E = 7 \vee x_E = 10$
$h'(2) = 0 \wedge h''(2) = -1,2 < 0 \to 2$ ist Maximalstelle.
$h(2) = 40,46 \to H_1(2|40,46)$
$h'(7) = 0 \wedge h''(7) = 0,45 > 0 \to 7$ ist Minimalstelle.
$h(7) = 37,0225 \to T(7| \sim 37,02)$
$h'(10) = 0 \wedge h''(10) = -0,72 < 0 \to 10$ ist Maximalstelle.
$h(10) = 37,9 \to H_2(10|37,9)$
$h''(x_W) = 0 \Leftrightarrow x_W^2 - \frac{38}{3}x_W + \frac{104}{3} = 0 \Leftrightarrow (x_W - \frac{19}{3})^2 = \frac{49}{9} \Leftrightarrow x_W = 4 \vee x_W = \frac{26}{3}$
$h''(4) = 0 \wedge h'''(4) = 0,42 \Rightarrow 4$ ist Wendestelle.
$h'''(4) > 0 \to$ R-L-Übergang
$h'(4) = -1,08 \to 4$ ist nicht Sattelstelle.
$h(4) = 38,98 \to W_1(4|38,98)$

$h''(\frac{26}{3}) = 0 \wedge h'''(\frac{26}{3}) = -1,56 \Rightarrow \frac{26}{3}$ ist Wendestelle.
$h'''(\frac{26}{3}) < 0 \to$ L-R-Übergang
$h'(\frac{26}{3}) = \frac{4}{9} \to \frac{26}{3}$ ist nicht Sattelstelle.
$h(\frac{26}{3}) = 37,5 \to W_2(8,\overline{6}|37,5)$

Alle drei Funktionen sind für die Modellierung einer Fieberkurve in einem Zeitraum von 12 Tagen geeignet. Für die Darstellung von biphasischem Fieber kommen nur die Funktionen f und h in Frage, da g nur eine Extremstelle und darüber hinaus nur eine Sattelstelle hat.

c) Anhand der Abbildung ist zu sehen, dass der Graph von f sehr gut die erste und der Graph von h die zweite Fieberkurve modelliert. Sowohl der Globalverlauf als auch die Extrem- und Wendepunkte sind in beiden Fällen mit Abweichungen von maximal 0,2 °C passgenau wiedergegeben. Über den 12. Tag hinaus sind beiden Funktionen nicht mehr geeignet.

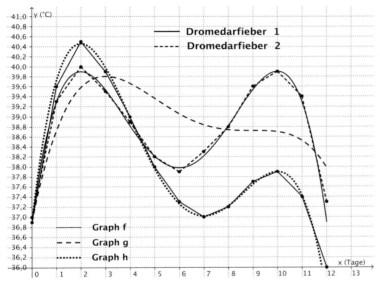

8. a) $f'(x) = -6x^3 + 72x^2 - 216x + 192$
$f''(x) = -18x^2 + 144x - 216$
$f'''(x) = -36x + 144$

Bestimmung der Extremstellen:
$f'(x_E) = 0 \Leftrightarrow x_E^3 - 12x_E^2 + 36x_E - 32 = 0$
$\Leftrightarrow (x_E - 2)(x_E^2 - 10x + 16) = 0$ (Polynomdivision)
$\Leftrightarrow x_E = 2 \vee x_E = 2 \vee x_E = 8$
$f'(2) = 0 \wedge f''(2) = 0 \to$ hinreichende Bedingung nicht erfüllt
Mit $f'(2) = 0 \wedge f''(2) = 0 \wedge f'''(2) = 72 > 0$ sind die Bedingungen für eine Sattelstelle mit einem R-L-Übergang des Graphen erfüllt, d. h., 2 ist nicht Extremstelle.
$f'(8) = 0 \wedge f''(8) = -216 < 0 \Rightarrow 8$ ist Maximalstelle.
$f(8) = 768 \to H(8|768)$

In waagerechter Richtung sind 8 km zurückzulegen. Dabei sind 768 Höhenmeter zu überwinden.

262

b) $f(9) = 634,5$
Die Bergstation befindet sich auf 634,5 m Höhe.

c) Höhe der Talstation: $f(3) = 130,5$
Höhe des Kreuzungspunkts K: $130,5 + 192 = 322,5$
Aus $f(5) = 322,5$ folgt, dass die Bahn nach 5 km Wegstrecke den Wanderweg kreuzt.
Rechnerische Bestimmung von x_K:
$f(x_K) = 322,5 \Leftrightarrow x_K^4 - 16x_K^3 + 72x_K^2 - 128x_K + 215 = 0$
$\Leftrightarrow (x_K - 5)(x_K^3 - 11x_K^2 + 17x_K - 43) = 0$
$\Leftrightarrow x_K = 5 \vee x_K^3 - 11x_K^2 + 17x_K - 43 = 0$
Das Restpolynom hat nur noch eine weitere reelle Lösung: $x_K \approx 9,07$. Da dieser Wert bereits „rechts"von der Bergstation liegt, kommt er als x-Koordinate für den Punkt K nicht in Frage. Damit ist die Lösung $x_K = 5$ bestätigt.

d) $f''(x) = -18x^2 + 144x - 216$
$f'''(x) = -36x + 144$
Bestimmung der Wendestellen:
$f''(x_W) = 0 \Leftrightarrow x_W^2 - 8x_W + 12 = 0 \Leftrightarrow (x_W - 4)^2 = 4$
$\Leftrightarrow x_W = 2 \vee x_W = 6$
$f''(2) = 0 \wedge f'''(2) = 72 > 0 \Rightarrow 2$ ist Wendestelle mit R-L-Übergang des Graphen.
$f'(2) = 0 \to 2$ ist Sattelstelle (siehe Aufgabenteil a).
$f(2) = 120 \to W_1(2|120)$ Sattelpunkt
$f''(6) = 0 \wedge f'''(6) = -72 \Rightarrow 6$ ist Wendestelle mit L-R-Übergang des Graphen.
$f'(6) = 192 \to 6$ ist nicht Sattelstelle.
$f(6) = 504 \to W_2(6|504)$
Nach 6 km waagerechter Strecke ist die steilste Stelle des Weges im Intervall [3; 8] erreicht. Der Anstieg beträgt hier 192 $\frac{m}{km}$ (19,2 %). Bis zu der steilsten Stelle wurden bereits 504 Höhenmeter überwunden.

e) Aus a) und d) folgt, dass im Intervall [0; 8] der geringste Anstieg an der Stelle 2 vorliegt und dort den Wert 0 hat (Sattelstelle). Also hat der Weg nach 2 km Wegstrecke mit 0 $\frac{m}{km}$ die geringste Steigung.
Wegen $f(2) = 120$ befindet sich die Stelle auf 120 m Höhe.

f) Die mittlere Steigung des Aufstiegs entspricht der Steigung der Sekante S_yH mit $S_y(0|0)$ und $H(8|768)$: $m_{S_yH} = \frac{768-0}{8-0} = 96$
$96 \frac{m}{km} = 0,096 = 9,6 \%$
Die mittlere Steigung des Aufstiegs beträgt 9,6 %.
Höhe der Bergstation: $f(9) = 634,5 \to B(9|634,5)$
Die mittlere Steigung des gesamten Wegs $m_{S_yB} = \frac{634,5-0}{9-0} = 70,5$
$70,5 \frac{m}{km} = 0,0705 = 7,05 \%$
Die mittlere Steigung der gesamten Wanderung beträgt 7,05 %.

g) Anstieg des Weges zu Beginn der Wanderung: $f'(0) = 192$
Gesucht ist x_0, sodass gilt: $f'(x_0) = 192$
$-6x_0^3 + 72x_0^2 - 216x_0 + 192 = 192 \Leftrightarrow x_0^3 - 12x_0^2 + 36x_0 = 0$
$\Leftrightarrow x_0(x_0^2 - 12x_0 + 36) = 0$
$\Leftrightarrow x_0 = 0 \vee (x_0 - 6)^2 = 0$
$\Leftrightarrow x_0 = 0 \vee x_0 = 6$ (doppelte Lösung)
Nach 6 km Wegstrecke, also in W_2, steigt der Weg genauso steil an wie zu Beginn der Wanderung.

h) 1. Intervall: [0; 3]
$f(3) = 130,5 \to A(3|130,5)$
Steigung der Sekante SA: $m_1 = 43,5$
$43,5 \frac{m}{km} = 4,35 \%$
2. Intervall: [3; 6]
$A(3|130,5); W_2(6|504)$
Steigung der Sekante AW_2: $m_2 = 124,5$
$124,5 \frac{m}{km} = 12,45 \%$

3.2 Untersuchung ganzrationaler Funktionen

3. Intervall: [6; 9]
$W_2(6|504)$; $B(9|634,5)$
Steigung der Sekante W_2B: $m_3 = 43,5$
$43,5 \frac{m}{km} = 4,35\,\%$
Hinsichtlich der durchschnittlichen Steigung sind die erste und die dritte Etappe gleich. Die mittlere Steigung der 2. Etappe ist mit 12,45 % fast dreimal so hoch wie die der beiden anderen Etappen.

9. a)

b) Es handelt sich um den Graphen einer ganzrationalen Funktion, die mindestens den Grad 3 hat.

c) Für die Modellierung mit einer ganzrationalen Funktion 3. Grades müssen vier der sechs Punkte abgelesen werden:
$A(1|1)$; $B(2|4)$; $C(4|11)$; $D(5|15)$; $E(8|18)$ und $F(9|17)$
Beispiele:
1) Aus A, B, D und E erhält man
$$f(x) = -0,09x^3 + 0,87x^2 + 1,02x - 0,79$$
2) Aus A, D, E und F erhält man
$$g(x) = -0,02x^3 - 0,11x^2 + 4,7x - 3,57$$
3) Aus A, C, D und F erhält man
$$h(x) = -0,11x^3 + 1,25x^2 - 0,64x + 0,5$$

d) Die maximale Zahl der Neuerkrankungen entspricht dem lokalen Maximum der Funktion. Der Zeitpunkt, zu dem keine Person mehr erkrankt, entspricht der Nullstelle der Funktion.
Für die Beispiele aus c) ergibt sich:
Der Graph von f hat den Hochpunkt $H(7,15|18,78)$ und schneidet die x-Achse in $N(10,9|0)$. Demnach werden maximal 19 Neuerkrankungen gezählt, und nach etwa 11 Wochen treten keine Neuerkrankungen mehr auf.
Der Graph von g hat den Hochpunkt $H(7,57|18,09)$ und schneidet die x-Achse in $N(13,02|0)$. Demnach werden maximal 18 Neuerkrankungen gezählt, und nach etwa 13 Wochen treten keine Neuerkrankungen mehr auf.
Der Graph von h hat den Hochpunkt $H(7,43|20,3)$ und schneidet die x-Achse in $N(11,04|0)$. Demnach werden maximal 20 Neuerkrankungen gezählt, und nach etwa 11 Wochen treten keine Neuerkrankungen mehr auf.

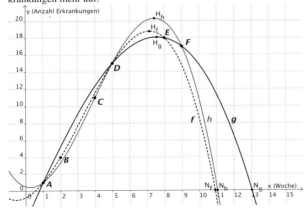

e) Individuelle Lösungen

10. Individuelle Lösungen

Test zu 3.2

1. a)
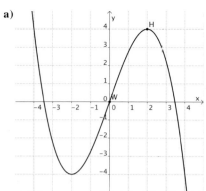
b)
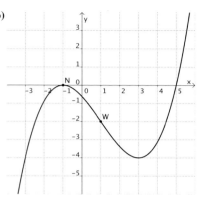

c) Ist der Graph einer ganzrationalen Funktion punksymmetrisch zum Ursprung, so liegt der Wendepunkt im Ursprung. Ebenso gilt: Ist $W(4|3)$ der Wendepunkt des Graphen einer ganzrationalen Funktion dritten Grades, so ist der Graph nicht punktsymmetrisch zum Ursprung. Bei Punktsymmetrie zum Ursprung wäre dann Auch $W^*(-4|-3)$ ein Wendepunkt des Graphen. Das wiederum steht im Widerspruch dazu, dass eine ganzrationale Funktion dritten Grades genau eine Wendestelle hat.

d)
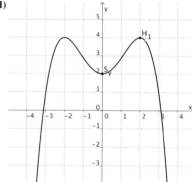
f)
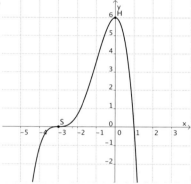

e) Die Extremstellen einer ganzrationalen Funktion 4. Grades sind die Nullstellen der 1. Ableitung, welche in diesem Fall eine ganzrationale Funktion 3. Grades ist. Da eine ganzrationale Funktion 3. Grades entweder drei Nullstellen oder nur eine Nullstelle hat, hat eine ganzrationale Funktion 4. Grades entweder drei Extremstellen oder nur eine Extremstelle. Ein Funktionsgraph mit dem Hochpunkt $H(-3|3)$ und dem Tiefpunkt $T(1|0)$ kann also nur dann der Graph einer ganzrationalen Funktion 4. Grades sein, wenn es noch einen weiteren Extrempunkt gibt.

2. **a)** **b)**

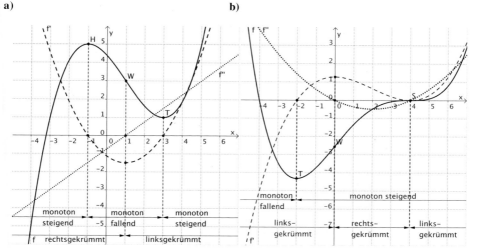

3. (1) Punktsymmetrie zu $S_y(0|2)$

$f(x) \to -\infty$ für $x \to -\infty$ und $f(x) \to +\infty$ für $x \to +\infty$

$S_y(0|2)$

$f(x_N) = 0 \Leftrightarrow x_N^3 - 12x_N + 16 = 0$
$\Leftrightarrow (x_N - 2)(x_N^2 + 2x_N - 8) = 0$
(Polynomdivision)
$\Leftrightarrow x_N = 2 \vee x_E^2 + 2x_N + 1 = 8 + 1$
$\Leftrightarrow x_N = 2 \vee (x_E + 1)^2 = 9$
$\Leftrightarrow x_N = 2 \vee x_N = -4 \vee x_N = 2$
$\to N_1(-4|0); N_{2,3}(2|0)$

$f'(x) = \frac{3}{8}x^2 - \frac{3}{2}$
$f''(x) = \frac{3}{4}x$
$f'''(x) = \frac{3}{4}$

$f'(x_E) = 0 \Leftrightarrow x_E^2 - 4 = 0$
$\Leftrightarrow x_E = -2 \vee x_E = 2$

$f'(-2) = 0 \wedge f''(-2) = -1,5 < 0 \to -2$ ist Maximalstelle.
$f(-2) = 4 \to H(-2|4)$
$f'(2) = 0 \wedge f''(2) = 1,5 > 0 \to 2$ ist Minimalstelle.
$f(2) = 0 \to T(2|0)$
$f''(x_W) = 0 \Leftrightarrow x_W = 0$
$f''(0) = 0 \wedge f'''(0) = \frac{3}{4} \Rightarrow 0$ ist Wendestelle.
$f'''(0) > 0 \to$ R-L-Übergang
$f'(0) = -1,5 \to 0$ ist nicht Sattelstelle.
$f(0) = 2 \to W(0|2)$

(2) Achsensymmetrie zur y-Achse
$g(x) \to -\infty$ sowohl für $x \to -\infty$ als auch für $x \to +\infty$
$S_y(0|-8)$
$g(x_N) = 0 \Leftrightarrow x_N^4 - 18x_N^2 + 32 = 0$
$\Leftrightarrow (z-9)^2 = 49$ (Substitution)
$\Leftrightarrow z = 2 \vee z = 16$
$\Leftrightarrow x_N = -\sqrt{2} \vee x_N = \sqrt{2} \vee x_N = -4 \vee x_N = 4$
$\to N_1(-4|0); N_2(-\sqrt{2}|0); N_3(\sqrt{2}|0); N_4(4|0)$
$g'(x) = -x^3 + 9x$
$g''(x) = -3x^2 + 9$
$g'''(x) = -6x$
$g'(x_E) = 0 \Leftrightarrow -x_E(x_E^2 - 9) = 0$
$\Leftrightarrow x_E = 0 \vee x_E = -3 \vee x_E = 3$
$g'(0) = 0 \wedge g''(0) = 9 > 0 \to 0$ ist Minimalstelle.
$g(0) = -8 \to T(0|-8)$

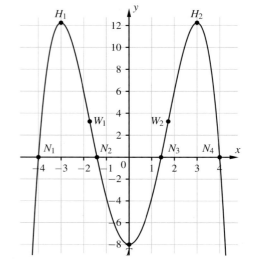

$g'(-3) = 0 \wedge g''(-3) = -18 < 0 \to -3$ ist Maximalstelle.
$g(-3) = 12,25 \to H_1(3|12,25)$
$g'(3) = 0 \wedge g''(3) = -18 < 0 \to 3$ ist Maximalstelle.
$g(3) = 12,25 \to H_2(3|12,25)$ (folgt auch aus der Symmetrie)
$g''(x_W) = 0 \Leftrightarrow x_W^2 - 3 = 0 \Leftrightarrow x_W = -\sqrt{3} \vee x_W = \sqrt{3}$
$g''(-\sqrt{3}) = 0 \wedge g'''(-\sqrt{3}) = 6\sqrt{3} \Rightarrow -\sqrt{3}$ ist Wendestelle.
$g'''(-\sqrt{3}) > 0 \to$ R-L-Übergang
$g'(-\sqrt{3}) = -6\sqrt{3} \to -\sqrt{3}$ ist nicht Sattelstelle.
$g(-\sqrt{3}) = 3,25 \to W_1(-\sqrt{3}|3,25)$
$g''(\sqrt{3}) = 0 \wedge g'''(\sqrt{3}) = -6\sqrt{3} \Rightarrow \sqrt{3}$ ist Wendestelle.
$g'''(\sqrt{3}) < 0 \to$ L-R-Übergang
$g'(\sqrt{3}) = 6\sqrt{3} \to \sqrt{3}$ ist nicht Sattelstelle.
$g(\sqrt{3}) = 3,25 \to W_2(\sqrt{3}|3,25)$ (folgt auch aus der Symmetrie)

4. a) $G(x_N) = 0 \Leftrightarrow x_N^3 - 16x_N^2 + 20x_N + 112 = 0$
$\Leftrightarrow (x_N - 4)(x_N^2 - 12x_N - 28) = 0$
(Polynomdivision)
$\Leftrightarrow x_N = 4 \vee x_N = -2 \vee x_N = 14$
$\to N_1(-2|0)$ (nicht relevant); $N_2(4|0); N_3(14|0)$
Gewinnzone: $[4; 14]$
$G'(x) = -3x^2 + 32x - 20; G''(x) = -6x + 32$
$G'(x_E) = 0 \Leftrightarrow x_E^2 - \frac{32}{3}x_E = -\frac{20}{3}$
$\Leftrightarrow (x_E - \frac{16}{3})^2 = \frac{196}{9}$
$\Leftrightarrow x_E = \frac{2}{3} \vee x_E = 10$
$G'(\frac{2}{3}) = 0 \wedge G''(\frac{2}{3}) = 28 > 0 \to \frac{2}{3}$ ist Minimalstelle.

c)

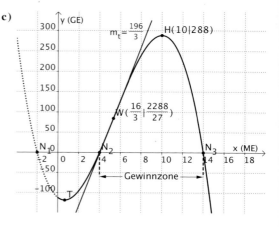

$G(\frac{2}{3}) = -\frac{3200}{27} \to T(0,\overline{6}| -118,\overline{518})$

$G'(10) = 0 \wedge G''(10) = -28 < 0 \to 10$ ist Maximalstelle.

$G(10) = 288 \to H(10|288)$

Gewinnmaximale Ausbringungsmenge: 10 ME

Maximaler Gewinn: 288 GE

b) $G''(x) = -6x + 32$

$G'''(x) = -6$

$G''(x_W) = 0 \Leftrightarrow x_W = \frac{16}{3}$

$G''(\frac{16}{3}) = 0 \wedge G'''(\frac{16}{3}) = -6 \to \frac{16}{3}$ ist Wendestelle.

$G'''(\frac{16}{3}) < 0 \to$ L-R-Übergang

$G'(\frac{16}{3}) = \frac{196}{3}$

$G(\frac{16}{3}) = \frac{2288}{27} \to W(5,\overline{3}|84,\overline{740})$

Bei $5,\overline{3}$ ME ist der Gewinnanstieg maximal und beträgt $65,\overline{3}$ GE/ME. Die Gewinne bei $5,\overline{3}$ ME betragen etwa 84,74 GE.

5. a) Die Aussage ist richtig. Im Bereich eines Hochpunkts nehmen die Steigungswerte ab, d. h., der Graph von f' fällt, folglich hat f'' rechts und links von der Extremstelle negative Funktionswerte. Das bedeutet eine Rechtskrümmung des Graphen von f.

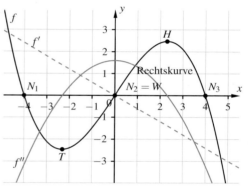

b) Die Aussage ist richtig. Die Wendestellen einer Funktion f sind Nullstellen der zweiten Ableitung der Funktion. Die zweite Ableitung ist bei einer ganzrationalen Funktion dritten Grades eine lineare, aber nicht konstante Funktion und hat somit genau eine Nullstelle. Folglich hat f höchstens eine Wendestelle. Die Ableitung einer linearen, nicht konstanten Funktion ist stets eine von null verschiedene reelle Zahl, d. h., die Bedingung $f'''(x_W) \neq 0$ ist stets erfüllt. Also hat eine ganzrationale Funktion 3. Grades genau eine Wendestelle und der Graph demnach genau einen Wendepunkt.

c) Die Aussage ist richtig. Die Extremstellen einer Funktion f sind auf jeden Fall Nullstellen der ersten Ableitung der Funktion. Diese ist im Fall einer ganzrationalen Funktion 4. Grades eine Funktion 3. Grades und hat als solche entweder eine Nullstelle oder drei Nullstellen. Also hat f **höchstens drei** Extremstellen.

Für das Verhalten im Unendlichen gilt bei einer ganzrationalen Funktion 4. Grades entweder $f(x) \to -\infty$ sowohl für $x \to -\infty$ als auch für $x \to +\infty$ oder es gilt $f(x) \to +\infty$ sowohl für $x \to -\infty$ als auch für $x \to +\infty$. Das bedeutet, dass der Graph **mindestens einen** Extrempunkt hat. Das bedeutet aber auch, dass der Fall zweier Extrempunkte nicht eintreten kann.

d) Die Aussage ist falsch. Sattelpunkte sind Wendepunkte mit waagerechter Tangente, d. h. Wendepunkte, in denen der Graph die Steigung 0 hat.

264

e) Die Aussage ist falsch. Ein Gegenbeispiel ist die Funktion f mit der Gleichung $f(x) = x^4$ und den Ableitungen $f'(x) = 4x^3$ und $f''(x) = 12x^2$. Es gilt $f'(0) = 0$ und auch $f''(0) = 0$, aber der Graph hat hier offensichtlich einen Tiefpunkt.

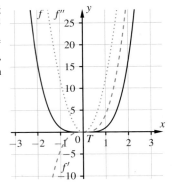

f) Die Aussage ist richtig. Da der Graph einer ganzrationalen Funktion dritten Grades stets punktsymmetrisch zu seinem Wendepunkt ist, ist der Hochpunkt der Spiegelpunkt des Tiefpunkts und umgekehrt. Für die Koordinaten der drei Punkte bedeutet das: Die x-Koordinate des Wendepunkts ist der Mittelwert der x-Koordinaten des Hoch- und des Tiefpunkts. Entsprechendes gilt für die y-Koordinaten. Diese Bedingung ist für die angegebenen Punkte erfüllt, denn es gilt für die x-Koordinaten $\frac{-2+6}{2} = 2$ und für die y-Koordinaten $\frac{5+(-7)}{2} = -1$.